El primer peronismo
De regreso a los comienzos

Raanan Rein y Rosalie Sitman
(Compiladores)

El primer peronismo

De regreso a los comienzos

LUMIERE

Rein, Raanan
El primer peronismo : de regreso a los comienzos - 1a ed. -
Buenos Aires : Lumiere, 2005.
280 p. ; 23x16 cm.

ISBN 950-9603-76-7

1. Partidos Políticos 2. Peronismo I. Título
CDD 324.2

Composición y armado: Federico A. J. Soria
Diseño de Tapa: [estudio dos], comunicación visual
Corrección: Susana A. Frugoni Villar

E-mail: info@edicioneslumiere.com
www.edicioneslumiere.com

Printed and made in Argentina
Hecho e impreso en la República Argentina

I.S.B.N.: 950-9603-76-7

Queda hecho el depósito que previene la ley 11.723.

Índice

Introducción IX

Capítulo I *(Marcela García Sebastiani)*

El Partido Socialista en la Argentina peronista: oposición y crisis de representación política, 1946-1951 1

Capítulo II *(Silvina Gvirtz)*

La politización de los contenidos escolares y la respuesta de los docentes primarios, 1949-1955 37

Capítulo III *(Mónica Rein)*

Represión versus rebelión: las universidades bajo el peronismo 51

Capítulo IV *(Flavia Fiorucci)*

¿Aliados o enemigos? Los intelectuales en los gobiernos de Vargas y Perón 83

Capítulo V *(María José Punté)*

La novela en la encrucijada de la historia: para una nueva lectura del tema "peronismo" en la narrativa argentina ... 109

Capítulo VI *(Ezequiel Abásolo)*

La dimensión política de la Corte Suprema, 1947-1955... 127

Capítulo VII *(Raanan Rein)*

Preparando el camino para el peronismo: Juan A. Bramuglia como interventor federal en la provincia de Buenos Aires 153

Capítulo VIII *(Oscar H. Aelo)*

Elites políticas en la provincia de Buenos Aires: peronistas y radicales en las elecciones de 1948 183

Capítulo IX *(Graciela Mateo)*

El gobierno de Domingo Mercante: expresión singular del peronismo clásico 211

Capítulo X *(Silvia T. Alvarez)*

La crisis de Guatemala (1954) y Haití (1991-1994): dos paradigmas de política exterior argentina 249

Introducción

A treinta años de la muerte del general Juan Perón, el debate en torno a la impronta dejada por el hombre y el movimiento que lideró sigue estando en el centro de las discusiones acerca de la historia argentina del siglo XX. Favorecida por las cambiantes circunstancias políticas que posibilitaron la vuelta al poder de distintos herederos autoproclamados del Líder, esta discusión puede enriquecer nuestra comprensión de los diversos procesos políticos, sociales y culturales que tuvieron lugar en la Argentina a partir de 1943, o incluso desde la década del treinta, sobre todo si uno quiere destacar las líneas de continuidad o de ruptura entre el período preperonista y los años de Perón en la Casa Rosada.

La historia, claro está, siempre la escriben historiadores inmersos en un contexto determinado, que influye sobre su perspectiva y sus interpretaciones de los acontecimientos. Asimismo, las necesidades del presente afectan nuestra lectura del pasado. Inevitablemente, por tanto, la lucha político-ideológica de los años cuarenta y cincuenta, entre los peronistas y los llamados gorilas, se trasladó con frecuencia a la historiografía, donde contribuyó poco a despejar el cuadro maniqueo de dos bandos, supuestamente homogéneos, en pugna; tampoco consiguió desterrar el fantasma de "las dos argentinas".

Elegido en febrero de 1946 como resultado de un proceso electoral democrático, Juan Domingo Perón procedió a establecer un Estado nacionalista, popular, dirigista y benefactor. Esos años del primer peronismo se caracterizaron por los esfuerzos para obtener protección legislativa para los trabajadores y los intentos de llevar a cabo una redistribución de los recursos económicos y de los servicios sociales a favor de los sectores urbanos asalariados. No menos importante fue el cambio simbólico efectuado en las relaciones entre las distintas clases sociales. Al mismo tiempo, no obstante, estas medidas fueron acompañadas por restricciones a las libertades cívicas y políticas impuestas sobre "los contreras", el creciente control estatal de los medios de comunicación y una mayor penetración gubernamental en la esfera privada. Todo esto contribuyó a corroborar las sospechas y azuzar el antagonismo ya existente en determinados círculos opositores, los cuales se empeñaban en negar la legitimidad misma de un gobierno elegido por consenso popular. El discurso de confrontación adoptado por ambos bandos reflejaba la polarización de las respectivas posiciones y presentaba al otro de una manera monolítica, obviando la heterogeneidad y las fricciones internas en las filas de cada cual.

Los trabajos reunidos en este volumen no pretenden ofrecer una nueva aproximación teórica al primer peronismo. Más bien, al estudiar casos específicos, contribuyen a matizar algunos aspectos de la imagen sostenida, tanto por los peronistas como por los antiperonistas, acerca de este movimiento populista en el último medio siglo. Después de todo, el trabajo empírico no es sino una puerta de entrada hacia la innovación teórica. Estos estudios se centran en la lucha político-ideológica librada en diversos campos y apuntan, por una parte, al choque entre concepciones radicalmente diferentes del Estado y de la política y al esfuerzo por forjar e imponer una identidad peronista desde arriba, que había que mantener y recrear permanentemente, así como también a distintas estrategias de resistencia adoptadas por los opositores al régimen.

Para el Partido Socialista, por ejemplo, la victoria electoral de los peronistas en 1946 constituyó una doble afrenta: no sólo perdieron su representación en el Congreso nacional, sino peor, el triunfo peronista suponía una amenaza a su propia identidad en tanto defensor de los sectores trabajadores. Sin embargo, tal como señala Marcela García Sebastiani, los socialistas no se dieron por vencidos; por un lado, recrudecieron su crítica al régimen gobernante, mientras que, por el otro, intentaron diferenciarse y reformular su identidad para no perder relevancia como una alternativa político-ideológica.

En el ámbito de la educación, después de haber perdido la batalla por la política educativa en su macro nivel, aquellos maestros poco entusiasmados con el peronismo desarrollaron estrategias de resistencia dentro del microcosmos de sus aulas. Silvina Gvirtz muestra cómo estos docentes, cuidándose de evitar un enfrentamiento abierto con las autoridades, implementaron mecanismos para contrarrestar la peronización de los contenidos escolares y la indoctrinación de los alumnos. A diferencia de la situación en las escuelas primarias y secundarias, la socialización política de los estudiantes universitarios era más problemática y la memoria del reciente protagonismo de los estudiantes en la lucha contra el gobierno militar seguía demasiado fresca, razones éstas por las que la represión gubernamental recayó con mayor fuerza en los recintos de altos estudios. Mónica Rein analiza las luchas estudiantiles para defender los logros obtenidos tras la Reforma universitaria de 1918 y resistir la transformación de las universidades en un mero instrumento al servicio del régimen.

El bloque de oposición a Perón era heterogéneo y cada segmento del mismo buscaba su propia manera de enfrentarse al poder político hegemónico. La mayoría de los intelectuales argentinos de renombre formaron parte de este amplio frente opositor. Flavia Fiorucci muestra cómo, a diferencia de Getúlio Vargas en Brasil, quien conscientemente cooptó la ayuda de los intelectuales brasileños para consolidar su posición y legitimar la implementación del Estado Novo, el primer peronismo, que recelaba del carácter progresista y cosmopolita de la intelectualidad argentina, prescindió del apoyo de estos sectores, los cuales se vieron obligados a refugiarse en ámbitos de resistencia y producción cultural autónomos. A su vez, María José Punte examina la estrecha relación entre literatura y política y revisa la manera cómo la memoria del peronismo se reflejó en algunas importantes manifestaciones novelísticas durante las distintas gestiones peronistas.

Los esfuerzos por imponer una identidad peronista desde arriba se extendieron también a la Corte Suprema de Justicia, donde casi todos los jueces fueron reemplazados por simpatizantes del régimen, con la excepción de Tomás D. Casares. Ezequiel Abásolo descubre que la supremacía de las ideas del partido dominante no era absoluta, a pesar del notable consenso peronista: de hecho, las sentencias de la época revelan la confluencia de dos líneas filosófico-jurídicas, el iusnaturalismo católico de Tomás Casares y las ideas justicialistas.

Mientras que la mayoría de los estudios sobre el peronismo se centraron en la capital federal, en los últimos años se han publicado diversos trabajos que examinan los orígenes y la constitución del peronismo en el interior del país. Los trabajos de Raanan Rein, Oscar Aelo y Graciela Mateo trazan los orígenes del peronismo en la provincia de Buenos Aires y apuntan a la diversidad de la composición del mismo, así como a la coexistencia de diversos proyectos políticos dentro del mismo bando peronista. Además, la atención prestada al rol jugado por figuras como Juan Atilio Bramuglia y Domingo Mercante, traslada el foco del debate hacia la segunda línea del liderazgo peronista y su papel en la formación de la coalición peronista y la elaboración de la doctrina justicialista.

Por último, el análisis de las crisis internacionales de Guatemala y de Haití, sobre el trasfondo de las cambiantes relaciones entre la Argentina y los Estados Unidos, sirve a Silvia Álvarez para señalar las líneas de confluencia y de ruptura que se pueden distinguir en la política exterior de Juan Domingo Perón, la llamada Tercera Posición, y aquella adoptada, años más tarde, por sus herederos.

El presente volumen recoge, en su mayoría, una recopilación de textos aparecidos originalmente en distintos números de la revista *Estudios Interdisciplinarios de América Latina y el Caribe (EIAL)*, de la Universidad de Tel Aviv. Una versión anterior del artículo de Raanan Rein se publicó en *The European Review of Latin American and Caribbean Studies* 67 (1999), mientras que una primera versión de la contribución de Mónica Rein apareció en Renate Marsiske (ed.), *Movimientos estudiantiles en la historia de América Latina*, México D.F., 2000.

Capítulo I

El Partido Socialista en la Argentina peronista: oposición y crisis de representación política, 1946-1951

Los resultados de los comicios del 24 de febrero de 1946, que certificaron el triunfo de Perón, fueron especialmente desfavorables y políticamente devastadores para el Partido Socialista (PS). Para entonces, los socialistas habían apostado fuertemente por los candidatos a la presidencia de la coalición antigubernamental de partidos, la denominada Unión Democrática. Sin embargo, los votos al PS no fueron suficientes, ni siquiera en la Capital Federal –escenario donde desde comienzos del siglo XX había sido una de las fuerzas políticas con significativa inserción y peso electoral–, para obtener una banca en la Cámara de Diputados. Tampoco había logrado algún tipo de representación en las provincias y menos, por el carácter de la convocatoria, en el ámbito municipal.[1] Desde la entrada en vigor de la llamada Ley Sáenz Peña,[2] los socialistas habían tenido una representación continua, aunque variable en número, en el Parlamento. De ese ámbito los procuraron sacar adelante las demandas procedentes de los gremios vinculados al partido, compensando con la legislación tanto las limitaciones que tenían las organizaciones gremiales en el mundo laboral como la fal-

[1] En la convocatoria de 1946 las elecciones municipales se relegaron para posteriores llamamientos. El gobierno municipal de la ciudad de Buenos Aires, y en particular su Concejo Deliberante, era un ámbito tradicional e influyente de actuación política para el PS. La intervención y suspensión de sus actividades en 1941, durante el gobierno de Castillo, habían significado un duro golpe para la actividad política de los socialistas argentinos. Las posibilidades del PS de recuperar ese espacio de debate y de práctica opositora quedaron suprimidas, porque durante todo el período peronista el gobierno municipal de la ciudad de Buenos Aires prescindió de su Concejo Deliberante. Ver, R. Walter, *Politics and Urban Growth in Buenos Aires, 1911-1942,* Cambridge, 1993. También del mismo autor, "Municipal Politics and Goverment in Buenos Aires, 1918-1930", *Journal of Interamerican Studies and World Affairs* XVI, 2 (1974): 173-197.

[2] Los socialistas estuvieron presentes en el Parlamento desde antes de la implementación de la Ley Sáenz Peña de 1912. En 1904, y debido a la aplicación del sistema de elecciones por circunscripciones, el socialista Alfredo Palacios había logrado una banca de diputado por la circunscripción de un popular barrio de la ciudad de Buenos Aires, La Boca.

ta de promoción interna para la conducción partidaria de los sindicalistas afiliados al socialismo. En la convocatoria electoral inmediatamente anterior, en 1942, los socialistas, no obstante, habían triunfado en la Capital Federal logrando 17 representantes en el Congreso de la Nación; resultados que habían significado un importante repunte electoral con respecto a convocatorias comiciales previas (1938 y 1940), evidenciando signos de recuperación para la competencia política en circunstancias no del todo favorables. Por un lado, el radicalismo había decidido participar nuevamente –desde 1935– en las elecciones y abandonar las prácticas de abstención electoral que habían favorecido a los socialistas en los primeros años de la década del treinta. Por otro, el partido había sufrido la separación, en 1937, de varios afiliados con injerencia en el mundo gremial,[3] con algunas consecuencias que hasta ese momento eran impredecibles, pero que posteriormente serían determinantes para el futuro de la agrupación política.

El peronismo había dejado a los socialistas, mediando mecanismos democráticos para la representación, sin los espacios institucionales garantizados para la confrontación política. Sin embargo, la ausencia de los socialistas en el Parlamento no implicó una retirada del partido en la lucha política. El PS expresó su crítica a través de formas y canales de diferente rango y carácter con respecto a aquellos partidos de la oposición –como la Unión Cívica Radical (UCR)– que tenían al Parlamento como principal y más conveniente foro de debate para la competencia político-partidista.[4]

[3] No fue ésa, sin embargo, la única escisión que hasta entonces se había producido desde la fundación del Partido Socialista. Las primeras rupturas datan de 1896 (al año de formarse el partido) y de 1906, y estuvieron relacionadas con la influencia del anarquismo y del sindicalismo revolucionario en las filas socialistas. En 1915, Alfredo Palacios fue separado de la dirigencia del partido por "batirse a duelo", desafiando los deberes y obligaciones de los afiliados, y fundó el Partido Socialista Argentino. En 1921, quienes apoyaron la Revolución bolchevique salieron del partido y formaron el Partido Comunista. En 1927, la escisión la protagonizó el secretario general del partido y diputado nacional, Antonio De Tomaso, dando origen al Partido Socialista Independiente, organización que se implicó en actitudes de colaboración con los sectores conservadores y radicales contrarios al retorno de Hipólito Irigoyen a la vida política argentina. En las rupturas de 1934 y 1937 tuvieron especial eco las propuestas sindicalistas que cuestionaron la política gremial llevada a cabo por el partido. Ver, E. Dickmann, *Recuerdos de un militante socialista*, 97-242; R. Walter, *The Socialist Party of Argentina, 1890-1930*, Austin, 1977, caps. 6 y 10; y H. Sanguinetti, *Los socialistas independientes*, Buenos Aires, 1981.

[4] Ver, A. Ciria, *Política y cultura popular. La Argentina peronista, 1946-1955*, Buenos Aires, 1983, capítulo II. También, M. García Sebastiani, "Peronismo y oposición política en el parlamento argentino. La dimensión del conflicto con la UCR (1946-1951)", *Revista de Indias* 221, (2001): 27-66.

Los socialistas fueron los más consecuentes y virulentos opositores al gobierno peronista; apoyaron el intento fallido de golpe militar de 1951 y colaboraron en su derrocamiento de 1955. La opinión crítica lo convirtió en el más acérrimo y feroz partido opositor a Perón. Es más, la lectura que los dirigentes hicieron del peronismo fue determinante para la configuración conceptual de una tradición antiperonista que se consolidó tras su caída en 1955.

La emergencia del peronismo en la vida política nacional había afectado profundamente a los líderes y seguidores socialistas. Perón había conseguido movilizar políticamente a la clase trabajadora como nunca antes en la Argentina –siendo éste uno de principales objetivos del partido desde su fundación en 1895– e implementar las históricas reivindicaciones del programa socialista: salarios más altos, reglamentación de la jornada de trabajo, mejoras en las condiciones de vida y laborales, voto femenino y la participación de los obreros en actividades culturales hasta entonces reservadas a otros sectores de la sociedad. Además, Perón, a partir de 1943 y desde su cargo en el Ministerio de Guerra y desde la Secretaría de Trabajo y Previsión, había sabido ahondar en las divisiones entre los socialistas y atraer a su causa a consolidados dirigentes gremiales afiliados al socialismo,[5] cuya lealtad al partido no se traducía en la promoción de la jerarquía de la organización, monopolizada por un grupo dirigente integrado por profesionales de clase media. Era el caso, por ejemplo, de Ángel G. Borlenghi, que hasta 1945 había sido Secretario General de la Federación de los Empleados de Comercio y afiliado al PS, y entre 1946 y 1955 se desempeñó como Ministro del Interior de los gobiernos peronistas.[6]

El triunfo del peronismo supuso para los socialistas verdaderos y desesperados esfuerzos para mantenerse de algún modo en la arena política, que no impidieron, sin embargo, su inminente decadencia como una de las principales fuerzas políticas en el orden nacional. En este trabajo se analizan los distintos intentos que, durante la primera presidencia de Perón, realizó el PS por articular

[5] J. C. Torre, *La vieja guardia sindical y Perón. Sobre los orígenes del peronismo*, Buenos Aires, 1990, fundamentalmente, 50-89.

[6] Puede también considerarse como ejemplo a Atilio Bramuglia, personalidad muy vinculada a la formación de la coalición peronista y que más tarde fue Ministro de Relaciones Exteriores entre 1946 y 1949; R. Rein, *Peronismo, populismo y política. Argentina 1943-1955*, Buenos Aires, 1998, 51-83.

una estrategia de oposición, desde los ámbitos extraparlamentarios,[7] que le permitiese reencontrarse con el electorado y recuperar los espacios de representación institucional perdidos tras las elecciones de 1946. La atención está puesta en la dimensión del poder de la organización política, lo que implicó centrar el análisis en los espacios de gestión y decisión partidaria y en los conflictos internos derivados por el control de los mismos.[8] El acercamiento a las pautas de acción y a las formas en que el PS expresó su oposición al peronismo intenta, asimismo, llamar la atención a que los años que gobernó Perón no se definen sólo por los posibles cambios que éste introdujo en las formas de ejercer la política en la Argentina, sino también por las acciones, ideas y los conflictos de quienes se le opusieron. El peronismo redefinió al adversario para los partidos que tradicionalmente competían en la escena política argentina y, en ese sentido, es necesario dotar de contenido analítico a la disyuntiva políticamente irreconciliable en la Argentina entre los peronistas y antiperonistas. De hecho, el interés por explicar la incorporación de los trabajadores al proyecto de Perón condicionó los análisis sobre la actividad política del PS en justificación de sus dificultades y desaciertos para conducir a los sectores obreros en la Argentina pre-peronista. Con tal presupuesto como punto de partida, los trabajos sobre la evolución política del PS concentraron su atención en aquellos años de mayor desarrollo e influencia, o sea desde sus orígenes hasta los años treinta.[9] A partir de ese período, la historia del PS se diluye en los análisis, acoplándose a los aspectos secundarios de la política argentina de los años siguientes.[10] Du-

[7] La importancia de los foros extraparlamentarios, como expresión de la lucha opositora en coyunturas y realidades determinadas es destacada por R. Dahl, *Political Oppositions in Western Democracies*, New Haven and London, 1966; G. Ionescu e I. de Madariaga, *La oposición. Pasado y presente de una institución política*, Madrid, 1977, 126 y ss. (1° edición, Londres, 1968) y E. Kolinsky (ed.), *Opposition in Western Europe*, London, 1987.

[8] Ver, A. Panebianco, *Modelos de partido. Organización y poder en los partidos políticos*, Madrid, 1990.

[9] Ver, fundamentalmente, R. Walter, *The Socialist Party of Argentina, 1890-1930*, Austin, 1977, que sigue siendo, hasta el día de hoy, la mejor historia del PS; y el sugerente análisis de J. Adelman, "Socialism and Democracy in Argentina in the Age of the Second International", *HAHR* 72/2 (1992): 211-238.

[10] Puede señalarse como excepción la interpretación de C. Tortti, "Crisis, capitalismo organizado y socialismo", en W. Ansaldi, A. Pucciarelli y J. C. Villarruel (eds.), *Representaciones inconclusas. Las clases, los actores y los discursos de la memoria, 1912-1946*, Buenos Aires, 1995.

rante la etapa peronista, la trayectoria del PS se pierde en las generalidades de obras que pretenden explicar todos los acontecimientos ocurridos en los años que Perón se mantuvo en el poder.[11] Con todo, la pugna entre socialistas y peronistas se determinó al amparo de las circunstancias propias del acontecer político –destacando, entre ellas, la contienda en el plano electoral– y de las reglas del juego en la relación entre oficialismo y oposición. No obstante, el comportamiento político del PS como oposición al peronismo estuvo condicionado por las definiciones y las concepciones ideológico-partidistas que diseñaron los socialistas para conformar los lineamientos de su acción política a lo largo del período.

El PS en el universo de la oposición al peronismo

Los resultados de las elecciones de 1946 delimitaron los espacios para la confrontación política. La UCR concentró el mayor poder de representación electoral y se convirtió en la principal fuerza de oposición al peronismo. A nivel nacional, la Cámara de Diputados quedó confinada como el centro de la competencia y en ella la oposición radical condensó sus esfuerzos contra la política gubernamental. Los antiperonistas, que carecieron de representación parlamentaria, se expresaron a través de diversos grupos o entidades con diferentes grados de opinión política. Algunos constituían partidos políticos, como era el caso de los propios socialistas, los comunistas y, en menor medida, los trotskistas.[12] Otros no tenían una vinculación directa con los partidos políticos o eran simplemente organizaciones, o núcleos, que carecían de ellos y se identificaban por una convicción ideológica o sentimental, con declarado signo antiperonista. Entre estos últimos figuraban asociaciones de estudiantes universitarios,[13] grupos de intelectuales,[14] ciertos seg-

[11] Ver, por ejemplo, F. Luna, *Perón y su tiempo. La Argentina era una fiesta*, Tomo I, Buenos Aires, 1984, 259-264; y Tomo II, 130-132; 179 y 234-238.

[12] Ver, O. Coggiola, *Historia del trotzkismo argentino 1929-1960*, Buenos Aires, 1985.

[13] R. Walter, *Student Politics in Argentina. The University Reform and Its Effects*, New York, 1968, cap. 6 y F. Luna, *Perón y su tiempo*, Tomo I, Buenos Aires, 1986, 388-390.

[14] Ver, F. Neiburg, *Los intelectuales y la invención del peronismo*, Buenos Aires, 1998, especialmente cap. IV.

mentos del ejército,[15] instituciones de grupos de interés –como la Bolsa de Comercio, la Sociedad Rural Argentina, el Jockey Club y el Círculo de Armas–, publicaciones periódicas o ciertos personajes elitistas con ideas influyentes, como los nacionalistas.[16]

En el universo opositor a Perón también tuvieron cabida algunas publicaciones periodísticas, aunque a algunas les fue difícil escapar de las restricciones gubernamentales. Durante los primeros años de su poder, Perón utilizó contra la prensa opositora un decreto presidencial emitido durante el gobierno militar encabezado por el general Edelmiro Farrell, que facultaba al ejecutivo disponer sobre la expropiación y el suministro de papel. La prensa opositora insistió en sus quejas por una ejecución discriminatoria de esas disposiciones y declaró sospechoso que no llegasen los ejemplares a sus suscriptores por correo y que sus locales de redacción fuesen objeto de dudosas agresiones.[17] La intimidación oficial a la opinión contraria se ultimó mediante procesos de desacato y detención contra los editores de los diarios opositores. Desde mediados de 1947, la clausura a la prensa opositora se aplicó bajo diferentes pretextos y dejaron de aparecer, una a una, todas las publicaciones contrarias al gobierno de Perón.

Con todo, entre la prensa diaria de tirada nacional, *La Nación* y *La Prensa* fueron los bastiones de la crítica antiperonista.[18] Otras publicaciones opositoras, con una periodicidad semanal, estaban vinculadas a los partidos políticos. *Provincias Unidas* era el vocero del sector intransigente de la UCR y el espacio exclusivo para difundir la labor parlamentaria del bloque opositor. *El Intransigente* de Salta, dirigido por David Michel Torino, tenía amplia difusión

[15] R. Potash, *El ejército y la política en la Argentina, II: 1945-1962. De Perón a Frondizi*, Buenos Aires, 1981, caps. III y IV.

[16] Ver, C. Buchrucker, *Nacionalismo y peronismo. La Argentina en la crisis ideológica mundial (1927-1955)*, Buenos Aires, 1987, 375-380, y D. Rock, *La Argentina autoritaria. Los nacionalistas, su historia y su influencia en la vida pública*, Buenos Aires, 1993, cap. VI.

[17] F. Luna, *Perón y su tiempo*, Tomo I, 122, y P. Sirven, *Perón y los medios de comunicación (1943-1955)*, Buenos Aires, 1984, 64.

[18] Al asumir Perón la presidencia, los periódicos de tirada nacional, *La Razón*, *El Mundo* y *Noticias Gráficas* atenuaron la intensidad de sus críticas al oficialismo y terminaron apoyándolo. En 1948, se sumó *Clarín*, como diario independiente. Perón tenía el soporte de *Democracia* y *El Líder*, por la mañana, y *El Laborista*, *Crítica* y *La Época*, por la tarde. Ver, F. Luna, *Perón y su tiempo*, Tomo I, 121 y 133, y Sirven, *Perón y los medios de comunicación*, 55. Sobre *La Nación*, R. Sidicaro, *La política mirada desde arriba. Las ideas del diario La Nación, 1909-1989*, Buenos Aires, 1993, cap. VIII.

LA VANGUARDIA REMAINED OPEN.

entre los seguidores del radicalismo en el interior del país. *La Vanguardia*, de los socialistas, había sobrevivido a las clausuras impuestas por los gobiernos militares desde 1943. *La Hora*, de los comunistas; *Tribuna Democrática*, de los conservadores; *El Hombre Libre*, de los demócrata-progresistas, completaban el universo periodístico relacionado con los partidos antiperonistas. La revista *Qué sucedió en siete días* apareció en agosto de 1946 y constituyó un intento periodístico de análisis e información imparcial sobre los temas políticos y económico-sociales del país, pero el tono antiperonista se hizo notar pronto en la redacción del semanario.

Además del PS, entre los partidos políticos de alcance nacional que ejercieron su oposición al peronismo fuera del Parlamento figuraba el Partido Comunista (PC). Al igual que los socialistas, los comunistas habían tenido una participación activa en la formación de la Unión Democrática, pero no se implicaron en destacados conflictos con el gobierno peronista. A ello no fue ajeno su menguada injerencia en la historia política argentina desde sus orígenes y su peso relativo en el mundo sindical. Con todo, la victoria de Perón, con el apoyo de los sectores del mundo laboral, obligó a los comunistas a reformular los postulados y a apoyar algunas políticas gubernamentales.[19] La gran diferencia que tenían respecto a los socialistas era que éstos, a pesar de pertenecer a un partido con una tendencia de izquierda y estar alineados con las pautas del socialismo internacional, desde comienzos del siglo XX, habían logrado ganar espacios para canalizar políticamente algunas de sus propuestas en materia social y difícilmente podían concebir su identidad y su forma de participación política ajena a la confrontación parlamentaria.

La lectura de la derrota socialista y el diseño de la política de oposición al peronismo

Tras la elección democrática de Perón para presidir el futuro gobierno, el PS fue fiel a su disciplina partidaria y retomó su programación interna en el orden organizativo. Si bien el gobierno en

[19] Sobre la evolución del PC en esos años, ver, P. Baldasarre, *El justicialismo frente al peronismo*, Buenos Aires, 1951; J. J. Real, *Organizar y educar*, (formulaciones del XI Congreso Nacional del PC), Buenos Aires, 15-IX-1946; V. Codovilla, *XI Congreso*

ejercicio aún no había levantado el estado de sitio,[20] el 1 de abril de 1946 el Comité Ejecutivo Nacional (CEN) del PS convocó el XXXV Congreso Nacional del partido para los días 28 y 29 de junio.[21] La celebración de dicho congreso coincidía con el 50° aniversario del PS, y para ello el comité planeó una serie de actos para conmemorar la semana socialista entre el 23 y 30 de junio.

El triunfo de Perón en las elecciones de febrero de 1946 fue inesperado para la mayoría de los actores políticos de la Argentina. Entre los partidos políticos perdedores, el elemento de sorpresa no se correspondió con una reformulación inmediata de los principios programáticos, ni con una apresurada autocrítica post-electoral sobre los métodos utilizados para capitalizar votos favorables entre amplios sectores de la población. Más bien, la derrota electoral les llevó a replantearse ciertos postulados y a considerar la incorporación necesaria de nuevas fuerzas para la lucha opositora en el nuevo panorama político que presidiría Perón. Ese proceso no se decantó de un día para otro, sino que se fue perfilando conforme a las

---

Nacional del PC, Buenos Aires, 14 a 18 de agosto de 1946. ¿A dónde desembocará la situación política argentina? (Informe sobre proyecto de tesis), Buenos Aires, 1946; J. J. Real, *Treinta años de historia argentina*, Buenos Aires, 1962; y F. Luna, *Perón y su tiempo*, Tomo II, 403-404.

[20] El PE promulgó el levantamiento del estado de sitio el 24 de mayo de 1946, *La Nación* (en adelante, *LN*), 25-V-1946.

[21] En orden descendente, el poder en el interior del PS provenía de los congresos ordinarios y extraordinarios, del CEN y de los comités provinciales y locales. Entre las obligaciones del congreso estaban escuchar y aprobar el informe bianual sobre las actividades del partido que elaboraba el CEN y elegir nuevos miembros de ese comité. Las decisiones del congreso, tras el voto general, tenían el carácter de definitivas y sellaban la unidad en el partido. Los siete hombres del CEN, que debían ser de nacionalidad argentina, llevaban al día los asuntos del partido. Este comité resultó ser, a la larga, la más poderosa unidad administrativa dentro de la estructura organizativa. Los miembros servían al comité por dos años, podían ser destituidos o reelectos. El comité llevaba a cabo las resoluciones de los congresos o del voto general, organizaba los congresos, manejaba la mecánica de los votos generales, administraba los fondos, dirigía la propaganda, aseguraba los miembros para el programa del partido y establecía relaciones con similares partidos y organizaciones de otros países. Las organizaciones locales y provinciales estaban también dirigidas por comités ejecutivos, cuyos miembros también debían tener ciudadanía argentina. Sus deberes se correspondían con aquéllos del CEN. Asimismo, el CEN supervisaba la publicación del órgano central del partido, *La Vanguardia*. El periódico lo dirigía un equipo editorial de cinco hombres, elegidos por el congreso del partido. Este equipo no era parte del CEN, aunque el director jefe tenía voz en los menesteres del comité. Cualquier disputa entre el equipo editorial y el comité se resolvía en una reunión conjunta de los dos cuerpos por una mayoría de votos; los siete miembros del CEN disfrutaban de una evidente ventaja en tales temas. R. Walter, *The Socialist Party*, 26 y ss.

implicaciones sociales y políticas de las resoluciones y acciones del nuevo gobierno. El tipo de alianza que Perón había demostrado establecer con los trabajadores cuestionaba la labor política del PS como el tradicional defensor de los intereses de esos sectores. Sin embargo, la lectura de los socialistas de los resultados electorales no pareció recoger el significado que tendría la victoria en las urnas del movimiento que encabezaba Perón para su futuro político. En el primer comunicado oficial del PS tras las elecciones de febrero, dicha agrupación reconoció que había sido derrotada legalmente y que tal circunstancia no le condicionaba a "[...] consagrarse por entero a su tarea específica de partido de la clase trabajadora".[22]

Los dirigentes socialistas evaluaron los escasos votos de sus candidatos en función de la necesidad de un recambio generacional para potenciar la actividad del partido. El PS se pronunció por "nuevos métodos (y la) colaboración fervorosa de un admirable contingente de jóvenes, que se ha incorporado al movimiento socialista para prestarle [...] su entusiasmo y su decisión"[23] y reconoció a la juventud estudiantil, y a la comunidad universitaria en general, por su "lucha contra la dictadura". Por eso, el CEN apoyó la celebración del I Congreso de Juventudes Socialistas en la provincia de Buenos Aires en mayo de 1946.[24] Las deliberaciones de esa reunión, sin embargo, no trascendieron demasiado. Asimismo, en septiembre de 1946 se organizó la "Primera Conferencia de Juventudes Socialistas de la Capital Federal", pero la presencia de representantes socialistas de España, Alemania e Italia contribuyó a que las resoluciones se enfocasen más en los problemas internacionales que en los nacionales.[25]

El XXXV Congreso se celebró en la Casa del Pueblo de Buenos Aires entre el 12 y 14 de julio de 1946. Por entonces, Perón llevaba algo más de 40 días en el poder y no llegaba a un mes la inauguración del período de Sesiones del Congreso Nacional. La reflexión final que tuvo lugar en dicho evento recogió, más bien, el criterio general con que el partido planteó su política de enfrentamiento al gobierno militar surgido del movimiento revolucionario de 1943 y que, desde su perspectiva, continuaba con Perón. Como síntesis de las deliberaciones de la más elevada reunión partidaria, el CEN

[22] *LN*, 7-V-1946.
[23] *LN*, 7-V-1946.
[24] *LN*, 9-IV-1946 y 24-V-1946.
[25] *La Prensa* (en adelante, *LP*), 29 y 30-IX-1946.

concibió a Perón "el jefe según modelos conocidos en los países totalitarios"[26] y defendió los principios de libertad, democracia y justicia social como propios del socialismo y con los que trabajaría "sobre las masas para clarificar su mente y despertar el sentimiento de libertad adormecido por la campaña oficial y las místicas sugestiones caudillistas".[27] Tales conclusiones no parecieron distanciarse demasiado de la consigna de «Libertad y Democracia contra el nazifascismo» que los socialistas defendieron durante la campaña electoral contra Perón.

Sin embargo, las resoluciones y las declaraciones políticas que se debatieron en dicho congreso dieron cuenta de la necesidad de introducir algunos cambios en el interior del partido para recuperar credibilidad en el electorado, en la nueva coyuntura. Estaba en juego la propia supervivencia política del PS. En los mensajes de apertura, el CEN se pronunció por propiciar nuevas afiliaciones e incentivar la acción proselitista.[28] La apelación por incorporar nuevos miembros al partido era amplia y no iba dirigida a un sector determinado; lo fundamental estaba en la potencial capacidad electoral con la que podrían favorecer al partido para superar su desventaja respecto de las fuerzas políticas que habían logrado el gobierno y los restantes contrincantes de la oposición. No obstante, el requerimiento de nuevas incorporaciones no se conjugó con propuestas claras de apertura de nuevos elencos en la conducción partidaria, que celosamente procuraban conservar un reducido grupo de profesionales que componían el CEN, las listas de candidaturas y los puestos de responsabilidad de las publicaciones oficiales del partido. Era ése un viejo problema que los socialistas fueron incapaces de resolver a lo largo de su historia y que en gran parte marcó la evolución del PS –y, por qué no, los límites de la izquierda– en la política argentina. Las dificultades de promoción interna

[26] "Mensaje del CEN del PS", agosto de 1946, *Anuario del Partido Socialista*, Buenos Aires, 1947, 15.

[27] *Anuario 1947*, 13.

[28] "[...] cada afiliado debe convertirse en un protagonista y atraer nuevos compañeros y simpatizantes a nuestras filas (para que) por el aumento de suscriptores y la obtención de recursos pueda aparecer nuevamente *La Vanguardia* como diario [...] Intensificar por todos los medios la labor proselitista y de divulgación de la obra y los principios del movimiento socialista en todas las oportunidades y lugares, vinculando a él el mayor número de ciudadanos, trabajadores, mujeres y jóvenes dispuestos a luchar por la defensa de las libertades públicas y la efectiva redención del pueblo [...]", *Anuario 1947*, 17.

les había provocado no pocos problemas con las fuerzas gremiales vinculadas al partido a lo largo de la década del treinta, y se habían ahondado con el acercamiento de "la vieja guardia sindical" a las propuestas de Perón. Los resultados electorales evidenciaron que algo había que cambiar en la dinámica partidaria. En ese sentido, el XXXV Congreso autorizó al CEN para actualizar la Carta Orgánica y el programa del partido, una vez encauzada la reorganización interna, pero "desestimando cualquier alteración a la declaración de principios".[29] Con esa perspectiva, en dicha reunión se dio prioridad al estudio de los "problemas argentinos", cuyos resultados serían la base sobre la que trabajaría posteriormente el CEN para la actualización del programa y para la formulación de las plataformas nacionales, provinciales y municipales, de cara a futuras confrontaciones electorales.

La comparación de las formas de conducción de la política argentina con los modelos totalitarios de la Europa de entreguerras marcó los rasgos distintivos de las denuncias de la oposición socialista. Desde esa lectura, sus dirigentes acusaron al gobierno de tener un "plan persecutorio" contra los funcionarios democráticos; de conducir un proceso de centralización económica relacionado con una desfavorable política de nacionalizaciones de las empresas de servicios públicos; de coartar la independencia del movimiento sindical;[30] de acrecentar los gastos militares y de tolerar exigencias clericales. Las consecuencias directas de la "política demagógica del gobierno militar", decían, afectaban los intereses de los sectores populares que el PS defendía y sobre los que elaboraba proyectos y posibles soluciones. Por eso, culpaban al gobierno de descontrolar los precios que regulaban el mercado interno y de provocar "la carestía de vida". En el desesperado esfuerzo de mantenerse en el debate político, los socialistas reclamaron al nuevo gobierno cuestiones precisas que conjugaban exigencias congruentes con su visión de la coyuntura política,[31] con principios históri-

[29] *Anuario 1947*, 19.

[30] A. Ghioldi, "Perspectivas para 1947: superar, no esperar", *Anuario 1947*, 35-39.

[31] Como la normalización del gobierno municipal, la autonomía universitaria y el reconocimiento de la lucha por la libertad democrática contra la dictadura de los estudiantes y profesores.

cos defendidos por el partido[32] y, por último, con el sentido internacionalista que generalmente no faltaron en sus propuestas.[33]

Aunque ajustadas a la crítica que el PS desarrolló durante la frenética y virulenta coyuntura política de 1945[34] y a lo largo de la campaña electoral contra Perón, y con el reconocimiento de que debían hacer frente a la inesperada pérdida de votos, las declaraciones del XXXV Congreso sentaron las directrices político-ideológicas sobre las que trabajaría el partido para oponerse al peronismo. Los dirigentes socialistas asumieron las limitaciones en el juego político que suponía la falta de representación parlamentaria y, debido a ello, procuraron encuadrar la tarea opositora hacia el gobierno peronista a través de procedimientos alternativos. En ese sentido, el PS tenía ciertas ventajas válidas para rentabilizar políticamente, a pesar de su desfavorable situación en términos de competencia partidaria que había provocado la contundente derrota en los comicios de 1946. La trayectoria y el trabajo del partido en la política argentina desde finales del siglo XIX, y su contribución al proceso de consolidación de un sistema de gobierno representativo y con garantías democráticas, disfrutaban de un consenso reconocido entre los formadores de opinión. Difícilmente podía ser soslayado el papel del PS como una de las principales fuerzas de la historia política del país, con una reconocida y perseverante actuación en el Parlamento y en el Concejo Deliberante de la ciudad de Buenos Aires. La continuidad de *La Vanguardia* como publicación periódica partidaria desde 1905 –excepcionalmente interrumpida durante determinados períodos–[35] y su crítica al gobierno convertían a la opinión de los dirigentes socialistas, y de los intelectuales

[32] La separación de la Iglesia del Estado, la reducción del servicio militar a tres meses, la propulsión de la inmigración como parte de una política de poblamiento, el cumplimiento de leyes de arrendamiento agrícola y la provincialización de los territorios.

[33] Solidaridad con los republicanos españoles, con la república italiana y con los exilados y deportados; apoyo a la cuestión judía; y el pronunciamiento por una pronta constitución de una internacional socialista que diseñe una política de liquidación del totalitarismo.

[34] Ver, F. Luna, *El 45. Un año decisivo*, Buenos Aires, 1971.

[35] *La Vanguardia* (en adelante, *LV*) había aparecido el 7 de abril de 1894 como semanario, bajo la dirección de Juan B. Justo. Se convirtió en periódico en septiembre de 1905. Fue suspendida por vez primera a finales de 1902. Se sucedieron las clausuras a finales de 1904, en respuesta a la participación del PS en movimientos huelguísticos, y en febrero de 1905, a raíz de la "revolución radical". Las agitaciones sociales y políticas que empañaron el "Centenario" repercutieron en la publicación

vinculados al partido, en espacios de atención tanto para la información y reflexión de la prensa de tirada nacional como para la construcción de discursos políticos alternativos y contestatarios que irían configurando los signos de identidad de la prédica antiperonista.

Durante los últimos meses de 1946 y los primeros de 1947, el PS diseñó una estrategia de oposición que se centró en dos frentes: por un lado, frecuentes reuniones en los centros y en actos públicos del partido, fundamentalmente en aquellos lugares que en el pasado garantizaron electores, como era el caso de la Capital Federal y varios municipios de la provincia de Buenos Aires; por otro, la edición y la opinión crítica al gobierno desde *La Vanguardia*. Los socialistas pretendieron recuperar la actividad proselitista y potenciar la opinión opositora del partido acercándose a los centros de reunión de los afiliados y allegados al partido.[36] Una vez finalizado el XXXV Congreso, la Junta Ejecutiva del PS aprobó un plan de acción política para dar a conocer aquellas iniciativas que hubieran preocupado a los representantes socialistas en el Parlamento y debatir los problemas de interés público que se planteaban en ese ámbito. Las autoridades del partido aconsejaron la realización mensual de reuniones en los centros socialistas, que denominaron «Tribuna Parlamentaria Socialista», en las que participaron destacados dirigentes. En los actos públicos, los oradores socialistas divulgaron aquellas temáticas que eran motivo de preocupación y análisis para el partido[37] y criticaron las disposiciones y propuestas legisla-

normal del periódico socialista. Durante las presidencias de Hipólito Yrigoyen (1916-1922 y 1928-30); Marcelo T. de Alvear (1922-1928); Agustín P. Justo (1932-1938) y Roberto M. Ortiz (1939-1941), *La Vanguardia* no sufrió clausura alguna. Interrupciones esporádicas se sucedieron durante los gobiernos militares de Uriburu (julio de 1931), de Ramírez (julio, agosto y septiembre de 1943), y de Farrell (abril de 1944-enero de 1945). O. Reinoso (comp.), *La Vanguardia: selección de textos: 1894-1955*, Buenos Aires, 1985.

[36] "Esas actividades tienen dos objetivos. Por un lado, mantener latente en los barrios, el interés por nuestra actividad, hacer que se conozcan nuestros puntos de vista sobre los problemas de interés público del momento, y particularmente, los del pueblo trabajador, así como la de labor crítica que pueda merecernos el gobierno [...] Por otro lado, estas reuniones darían oportunidad de que a los centros llegaran mensualmente afiliados quienes, como los candidatos, los miembros de los cuerpos directivos y otros caracterizados compañeros, llevarían estímulo y emulación para la acción, fortaleciendo, además con su presencia, el vínculo partidario". "Actividades que realizó el PS", *Apéndice al informe de la Junta Ejecutiva del año 1943. Convocatoria. Proposiciones*, Federación Socialista de la Capital, Casa del Pueblo, s/f.

[37] Ver, al respecto, *LP*, 3, 4, 19, 28-IX-1946, 23-I-1947 y 2-VIII-1947.

tivas gubernamentales. Tanto las reuniones en los centros del partido como los actos públicos organizados por los socialistas estaban relacionados con la necesidad de recuperar los votos perdidos, por lo que no faltaron, en algunos casos, bailes y comidas de camaradería una vez finalizadas las reuniones.[38]

Las condenas públicas a la política gubernamental constituyeron el aspecto más severo de la crítica opositora de los socialistas en el período. Las mismas se acoplaron a las directivas señaladas por las autoridades del partido, sin cuestionar las propias bases programáticas y haciéndose eco del clima de opinión que trasmitían los debates parlamentarios. Denunciaron la operación de compra de los servicios telefónicos por el Estado a una compañía norteamericana;[39] cuestionaron el "Plan Quinquenal" del gobierno; condenaron la enseñanza religiosa,[40] la derogación de las elecciones municipales de la provincia de Buenos Aires,[41] la política oficial en materia agraria en defensa de la libre comercialización de las cosechas,[42] y calificaron los gastos públicos del gobierno como la causa principal del "desorden existente en el abastecimiento de la población y la creciente carestía de la vida".[43] Las agresiones a los manifestantes de los actos socialistas constituyeron otro conjunto de acusaciones al gobierno,[44] convirtiendo al PS en el partido más sacrificado de la oposición, de cara a la opinión pública. Sin embargo,

[38] *LP*, 26-I-1947.

[39] "Wall Street y la City negocian con Perón" (octubre de 1946), en "Documentos del PS", *Nuevas Bases* (en adelante, *NB*) (31-X-50). También, J. A. Solari, "De ayer a mañana", *Anuario 1947*, 43.

[40] *LP*, 14-III-1947.

[41] "El orden constitucional no existe en la provincia de Buenos Aires" (18 de marzo de 1947), en "Documentos del PS", *NB* (15-XII-1950). El 13 de noviembre de 1946, el Poder Ejecutivo de la provincia de Buenos Aires había convocado a elecciones comunales para el 30 de marzo de 1947. Sin embargo, fueron suspendidas un mes antes de la convocatoria.

[42] "Despojo a los agricultores" (marzo de 1947); "Declaración de la conferencia socialista" (18 de abril de 1947) y "Política oficial de despojo a los agricultores" (CEN del PS, 31 de mayo de 1947), en "Documentos del PS", *NB* (31-X-1950).

[43] "Los gastos públicos y el costo de la vida" (mayo de 1947), en "Documentos del PS", *NB* (31-X-1950). Asimismo, en agosto de 1947, el PS anunció una publicación divulgativa, como parte de una serie destinada a estudiar los problemas del país, con el siguiente orden de prioridades: 1. "Gastos públicos"; 2. "Plan Quinquenal" y 3. "Hacia la bancarrota. Despilfarro, inflación, carestía", *LP*, 7-VIII-1947.

[44] "Amparo a elementos nazis que atacan a las reuniones socialistas" (1947), en "Documentos del PS", *NB*, (15-XII-1950). También, "Agresión al centro de la 17°" (mayo de 1947); "El PS denuncia el clima de violencia imperante" (30 de junio de 1947), en *LP*, 2-I-1947. También, *Qué pasó en Siete Días* (8-VII-1947).

a los dirigentes socialistas les preocupaba especialmente la política gubernamental en materia gremial, ya que el respaldo de los trabajadores a Perón había provocado consecuencias directas en la pérdida de influencia del PS entre ese sector del electorado. En junio de 1947 se llevó a cabo una conferencia de gremialistas socialistas. Criticaron la injerencia del gobierno en los conflictos sindicales, pero sus conclusiones no avanzaron más allá de pronunciamientos por la libertad de los gremios, que creían limitada por las finalidades totalitarias de la política sindical peronista.

La clausura de *La Vanguardia* y el PS en los comicios de marzo de 1948

La opinión periodística de *La Vanguardia* constituyó la crítica más áspera que tuvo Perón desde que asumió la presidencia. Desde su reaparición en enero de 1945, el semanario socialista estaba bajo la dirección de Américo Ghioldi y su lectura comprometió a los afiliados y allegados al partido, con una amplia aceptación entre cierto grupo de profesionales, estudiantes y en general un público que se declaraba defensor de los principios democráticos y progresistas que marcaba la época.[45] La crítica a Perón, su esposa Eva y a destacados miembros del equipo gubernamental fue progresivamente más estridente a través de sus editoriales, comentarios, informaciones y caricaturas de José A. Ginzo, alias "Tristán". La aguda opinión de *La Vanguardia* se enmarcó en la estrategia de oposición que elaboró el PS como alternativa más idónea a su falta de representación institucional. Las molestias del gobierno ante la crítica ruidosa del semanario socialista se expresaron mediante frecuentes visitas de inspectores municipales, judiciales y de hacienda a los talleres de la imprenta para encontrar alguna irregularidad que

[45] El número y perfil de suscriptores a *La Vanguardia* confirmaría o no estas apreciaciones. Es importante destacar, sin embargo, que el periódico se mantenía, fundamentalmente, con los anuncios profesionales de los doctores, odontólogos, abogados, contables, comerciantes, profesores; que eran, en definitiva, los miembros responsables de la conducción del partido. Además, *La Vanguardia* era una editorial que no publicaba exclusivamente materiales del PS, sino que, manteniendo una línea de difusión sobre temas de debate de actualidad, también editaba libros sobre salud, educación, economía, derecho, historia, memorias, etc. Como tal, la editorial de *La Vanguardia* tenía como lectores a un público amplio, lo que ayudaba al prestigio del semanario socialista.

se pudiese ajustar a cualquier disposición legal para declarar el cierre del semanario. Tanto las condiciones de las instalaciones como la adaptación a las reglamentaciones administrativas no justificaron su clausura. No faltaron detenciones temporales de su director por acusaciones de desacato a la autoridad,[46] incidentes frente a los talleres,[47] o el secuestro de alguna de las ediciones de la publicación socialista.[48]

Las objeciones de los diferentes organismos de opinión pública a las disposiciones adoptadas por el gobierno referentes a la importación del papel de diario y a las iniciativas legislativas lesivas a la libertad de prensa se sucedieron desde mediados de 1947 y alcanzaron su punto culminante en el mes de agosto. Por entonces, *La Prensa*, que mantuvo una línea contraria desde los orígenes del movimiento peronista, se embarcó en una campaña de publicación de los análisis y los comentarios de diferentes órganos y colectivos de opinión para gestionar la derogación de las medidas restrictivas a la libre información.[49] El clima se agudizó a raíz del decreto presidencial de intimidación al cierre del semanario *Provincias Unidas*.[50] El gobierno aspiraba a dar un golpe de mayor alcance a la prensa opositora que le molestaba y aprovechó el motivo de la clausura del periódico de los sectores renovadores e «intransigentes» del radicalismo para trasmitir un comunicado oficial por la Red Argentina de Radiodifusión a raíz de unos comentarios aparecidos en la prensa socialista sobre el viaje a Italia de Eva Perón.[51]

El turno le había llegado al portavoz del PS. El 27 de agosto, por orden de la Dirección General de la Policía Municipal de la ciudad de Buenos Aires, se clausuró la imprenta de *La Vanguardia*. El informe oficial alegó inconvenientes por la carga y descarga del papel, "las molestias que deben soportar los vecinos que se ven obligados a tolerar ruidos que se producen muchas veces en horas de la noche", y la falta de una sala de primeros auxilios debidamente instalada.[52] El CEN protestó por el cierre de los talleres de *La Vanguardia* y denunció el suceso como "un nuevo atentado a la liber-

[46] *LP*, 2 y 4-I-1947.
[47] *LP*, 25-I-1947 y 21-II-1947.
[48] *LP*, 2-VII-1947.
[49] *LP*, del 31-VII al 30-VIII-1947.
[50] *LP*, 21 y 26-VIII-1947.
[51] *LP*, 21-VIII-1947.
[52] *LP*, 28-VIII-1947.

tad constitucional de imprenta y [...] un episodio definitivo del proceso encaminado a destruir los derechos democráticos fundamentales".[53] Los contenidos de la crítica de los socialistas se endurecieron tras el incidente con *La Vanguardia*. Lo singular del caso es que tales contenidos pasaron a formar parte de las alocuciones más aguerridas que podía pronunciar cualquier antiperonista, aun con el paso de los años. Se imputaban al oficialismo métodos prepotentes, propios de los sistemas totalitarios, para cercenar las libertades y derechos esenciales para el ejercicio de la democracia. Achacaban al gobierno de haberse "convertido en una máquina de propaganda, destinada a endiosar a la pareja presidencial (con el fin de) preparar las elecciones de marzo y a ganarlas para su imposible partido –que no termina de organizarse– y para asegurarse los dos tercios de la Cámara. Para ello (decían) tendremos de nuevo promesas copiosas, aguinaldos dobles, pan dulce, sidra, juguetes, dinero distribuido a la marchanta (*sic*), discursos sobre los 'derechos del trabajador' y nuevos anuncios de independencia económica, justicia social y regeneración política y administrativa [...] y el consejo de 'casa al trabajo y del trabajo a casa' termina por advertirles la política de sumisión y servilismo a que se los quiere condenar".[54]

La Vanguardia, pese a su clausura, continuó saliendo clandestinamente.[55] Se componían y editaban escasas tiradas, con aportes extraordinarios de afiliados y simpatizantes,[56] en talleres de las afueras de Buenos Aires y se trasladaban cautelosamente en coches a la ciudad capital para burlar la intimidación policial y distribuirse, generalmente de mano en mano, entre sus más fieles lectores. La edición clandestina de *La Vanguardia* pareció tener, sin embargo, cierta permisividad, de lo contrario el CEN no la hubiese defendido públicamente ante la aparición de falsas publicaciones que procuraban imitar al semanario del partido.[57]

[53] "Declaración del CEN ante la clausura de los talleres de La Vanguardia", *LP*, 29-VIII-1947.

[54] J. A. Solari, "El año político", *Anuario 1948*, 20-22.

[55] Según el PS, cuatro meses antes de la clausura de *La Vanguardia* se imprimían 200.000 ejemplares y en el momento del cierre, 300.000. *LV*, 7-X-1947. La última edición clandestina de *La Vanguardia* a la que pudimos tener acceso era del mes de marzo de 1950. La misma consistía en dos pequeñas hojas de papel muy fino. Agradezco al personal de la "Biblioteca Obrera Juan B. Justo" la posibilidad de consultar este material.

[56] *LV*, 7-X-1947 y 4-XI-1947.

[57] "Declaración del Comité Ejecutivo sobre publicaciones apócrifas", 9-X-1947.

Como se ha mencionado oportunamente, a la clausura de *La Vanguardia* se sucedieron otros cierres de publicaciones opositoras a lo largo de 1947. Para el PS, tales restricciones a la libertad de expresión contra del gobierno peronista conformaron los argumentos esenciales para diseñar la confrontación política de cara a las elecciones de renovación de miembros de la Cámara de Diputados y de autoridades municipales. Las mismas se celebrarían en marzo de 1948 y constituían una oportunidad del partido para orientar estrategias en la búsqueda de votos necesarios para obtener alguna representación institucional y aligerar sus condicionamientos en términos de competencia como oposición política. "El clima está hecho para que los socialistas vayan al Congreso", comentaba uno de las editoriales de *La Vanguardia* clandestina en vísperas de la celebración de los comicios.[58]

La estrategia electoral decidida por los socialistas para los comicios de marzo de 1948 produjo desacuerdos en el interior de la organización partidaria. Algunos dirigentes cuestionaron algunas comunicaciones oficiales del partido contrarias al gobierno peronista y las formas de articular la oposición. A comienzos de diciembre de 1947 se reunió el Consejo Nacional para oficializar las listas de candidatos y organizar la campaña electoral, que se inició a mediados de enero de 1948.[59] Se resolvió presentar candidatos propios, sin aceptar acuerdos con otros partidos contra el oficialismo. Esta resolución negó los rumores sobre la preparación de un "Frente Democrático Unido" de cara a las elecciones, integrado por la UCR, el Partido Demócrata Progresista y el PS.[60] Tales rumores comprometieron a destacados dirigentes del partido. De hecho, Alfredo Palacios, influyente dirigente socialista desde los comienzos de la agrupación política, había hecho pública una propuesta al CEN para votar a los candidatos de la UCR. Aunque Palacios había renunciado a su cargo como miembro del CEN por desavenencias internas un año antes,[61] y sus relaciones con el partido habían sido históricamente desafiantes, su opinión y su trayectoria política gozaban de resonancia pública y eran atendidas por las autoridades socialistas para la elaboración de acciones y actitudes partidarias. Palacios fundamentó el apoyo a los radicales en las supuestas po-

[58] *LV*, 4-III-1948.
[59] *LP*, 13-I-1948.
[60] "Declaración del CEN del PS sobre publicaciones apócrifas", 9-X-1947.
[61] *LP*, 16-I-1947.

sibilidades que tenía la unión de la oposición para derrotar al peronismo y paralizar el proyecto gubernamental de reforma constitucional proyectada por el gobierno. El propósito de reforma ya había sido presentado en la Cámara de Diputados y Palacios prevenía sobre las posibilidades de reelección de Perón como presidente.[62] El CEN rechazó la oferta electoral del viejo dirigente socialista, ya que creía que "la posición del radicalismo no es [...] una prenda segura de oposición orgánica e indeclinable",[63] pero evitó provocar conflictos internos con la decisión. Aunque su moción de unidad electoral de la oposición al oficialismo tuvo el apoyo de parte de otros veteranos dirigentes del partido,[64] Palacios renunció a su candidatura por la Capital Federal.

Las discrepancias entre los socialistas terminaron manifestándose en las votaciones internas para la elaboración de las listas de candidatos del partido. Por primera vez desde la presentación del PS en las elecciones nacionales, Enrique Dickmann no era reelegido como candidato a diputado. En su apoyo, Nicolás Repetto también renunció a su candidatura como diputado por la Capital Federal. ¿La solución del PS estaba, acaso, en la depuración de la más genuina y vieja generación de líderes socialistas? En cualquier caso, tanto los más viejos dirigentes como quienes aconsejaban el relevo generacional en la conducción del socialismo comenzaban a admitir que el peronismo estaba propiciando cambios impredecibles en la vida política argentina. Repetto justificó su decisión porque "[...] todo parece indicar que se inicia un nuevo período histórico".[65] Américo Ghioldi, por su parte, entendió que el desplazamiento de Dickmann de las listas de candidatos respondía a que "la revolución de junio, por explotación demagógica, se ha lanzado al grito de renovación de hombres y cosas".[66]

[62] *LP*, 12-I-1948.

[63] *LP*, 13-I-1948.

[64] En un acto socialista de la campaña, N. Repetto dijo: "[...] en estas elecciones toda la oposición del país debería presentarse unida para saber si el oficialismo cuenta todavía con el 55% de los votos [...]". *LP*, 25-I-1948.

[65] *LP*, 23-I-1948.

[66] Carta de Américo Ghioldi a Enrique Dickmann, 6 de febrero de 1948, en E. Dickmann, *Recuerdos*, 484.

Los socialistas logran representación y anuncian reformas para la organización y la labor política del partido

El esfuerzo propagandístico en la campaña electoral para mejorar los resultados había sido enorme[67] y el número de votos al PS en los comicios del 7 de marzo para la renovación de diputados nacionales había aumentado un 10% con respecto a 1946.[68] Pero, una vez más, no fueron suficientes para que los socialistas entraran en el Parlamento. El balance de la campaña electoral elaborado por la Comisión Electoral Nacional del PS advirtió sobre la conveniencia de introducir nuevos métodos en la organización proselitista para obtener rentabilidad, en términos de votos, en futuras campañas. Si bien convinieron que la prensa del partido era fundamental para acercar a los afiliados y valoraron la iniciativa de las "imprentas caseras" para activar la campaña, también rescataron la utilización de pintadas de cal en paredes con leyendas partidarias, porque era "más barato y menos cansador (sic) que pegar afiches". Mediante esa propuesta reconocían como válidos aquellos métodos de propaganda política de los que había logrado sacar partido el peronismo. Fueron aún más lejos y propusieron descentralizar las funciones organizativas de las campañas electorales, que hasta el momento estaban bajo la dirección única de la Federación de la Capital Federal del PS. La futura incorporación de las mujeres al padrón electoral por la inminente sanción del derecho al voto femenino y la adaptación a nuevas tácticas de propaganda política eran indicios de que el PS necesitaba ajustarse a las normas que exigía la práctica política y a diferentes procedimientos proselitistas para conseguir seguidores. Las cuestiones planteadas por los coordinadores de la campaña electoral de 1948 propiciarían un debate en el próximo congreso nacional del partido sobre las formas más convenientes para llegar al electorado.

Los resultados de las elecciones comunales celebradas una semana después –el 14 de marzo– en la provincia de Buenos Aires fueron más alentadores. La normalidad de la vida municipal era una de las peticiones más reiteradas del socialismo, ya que el partido tenía, tradicionalmente, más posibilidades de obtener repre-

[67] Ver, "Informe de la Comisión electoral Nacional", en *XXXVI Congreso Nacional del Partido Socialista: 28 ordinario y 9 extraordinario*, Buenos Aires, 1948.

[68] En las elecciones de febrero de 1946 habían obtenido 103.841 votos y en las de marzo de 1948, 114.500, "Informe de la Comisión".

sentación política en aquellos espacios donde se disputaba el poder local. Sin embargo, como se señaló oportunamente, la Capital Federal quedó fuera de la convocatoria para la elección de autoridades municipales, siendo ésa una de las principales exigencias electorales del PS.[69] En los años veinte, los socialistas habían accedido al control del gobierno comunal de Mar del Plata, ciudad balnearia de la provincia de Buenos Aires. Teodoro Bronzini había logrado mantenerse como intendente de esa ciudad hasta finalizar la década.[70] El control del gobierno municipal de Mar del Plata por los socialistas era una circunstancia bastante excepcional en el panorama del PS en el resto del país, debido, en parte, al poder de las relaciones personales como vínculo de incorporación al partido.[71] Por los resultados de las elecciones municipales de marzo de 1948, los socialistas volvieron a tener representación en el poder municipal con seis concejales y tres consejeros escolares.[72] También obtuvieron concejales en otras comunas bonaerenses como Baradero, Lobería, Bahía Blanca y Cuatro de Junio. Pero lo más favorable para el PS fue que los sufragios de General Pueyrredón –unidad administrativa local a la que pertenecía el municipio de Mar del Plata– , sumados a los restantes obtenidos en las otras comunas bonaereneses, posibilitaron que Bronzini fuese diputado de la provincia de Buenos Aires. Con él, el PS logró la máxima representación institucional en el gobierno presidido por Perón.

Bronzini y su labor en la Cámara de Diputados de la provincia de Buenos Aires se convirtieron en centro de atención para el PS en su intento de recuperar seguidores. Desde el cierre de *La Vanguardia*, el partido carecía de un órgano de difusión doctrinaria. Era ésa una cuestión preocupante para la dirigencia socialista, ya que el periódico era, desde su fundación, un elemento clave para las actividades proselitistas y programáticas del partido. La elección de Bronzini como diputado provincial reactivó a las fuerzas socialistas y alentó a lanzar una nueva publicación. El 1 de mayo

[69] *El Socialista* (en adelante, *ES*) (27-VII-1948).

[70] M. L. da Orden, "Los socialistas en el poder: Higienismo, consumo y cultura popular: continuidad y cambio en las intendencias de Mar del Plata, 1920-1929", *Anuario IEHS* 6 (1991): 267-283.

[71] M. L. da Orden, "¿Prácticas tradicionales en un partido moderno? Socialismo y poder local, Mar del Plata 1916-1929", en F. Devoto y M. Ferrari (eds.), *La construcción de las democracias rioplatenses: proyectos institucionales y prácticas políticas (1900-1930)*, Buenos Aires, 1994, 229-246.

[72] Los socialistas logran 7.300 votos frente a 8.900 del partido en el gobierno. *ES* (1-V-1948).

de 1948 apareció *El Socialista* "como órgano oficial y público del PS". Lejos de procurar reemplazar a *La Vanguardia*, con la nueva publicación se pretendió mantener informado a los afiliados y seguidores del PS de las actividades de la agrupación y de los análisis políticos de los dirigentes socialistas y de sus contemporáneos europeos y americanos. Con una periodicidad quincenal, *El Socialista* presentó la labor política de Bronzini en la Cámara de Diputados de la provincia de Buenos Aires como la más ponderada y ejemplar acción de oposición socialista a la administración peronista y el margen de confianza para mejorar en las futuras convocatorias electorales.[73]

El PS procuró sacar la máxima rentabilidad política de la representación de Bronzini y de los demás socialistas en las comunas bonaerenses, por lo que las autoridades del partido decidieron celebrar su XXXVI Congreso Ordinario en Mar del Plata. La fecha de su celebración se fijó, en un principio, para el 27 y 28 de mayo, mientras que el 29 y 30 tendría lugar el congreso extraordinario para redactar una nueva Carta Orgánica, el programa y los estatutos del partido.[74] Finalmente, la reunión del XXXVI Congreso ordinario y el extraordinario se desplazó para un mes después. La idea de que el PS "debía combatir al fascismo que se había apoderado del país" pervivió en las declaraciones; no obstante, los debates y los pronunciamientos que tuvieron lugar en el congreso de 1948 dieron cuenta de interesantes reflexiones e intenciones partidarias. Por un lado, por parte de las máximas autoridades hubo un reconocimiento explícito de que el socialismo debía llevar a cabo algunos cambios si quería adaptarse a las nuevas pautas de la competencia político-partidista. Por otro lado, si bien se tomaron ciertas medidas de orden organizativo para superar los obstáculos que condicionaban la representación socialista en las instituciones, las proposiciones de los dirigentes no ocultaron actitudes políticas de resignación, impotencia, indecisión, y hasta de dispersión ideológica.

El propio informe del CEN para debatir en el congreso, firmado por su secretario general, Juan A. Solari, señalaba como principales "deberes socialistas" el perfeccionamiento de los medios de or-

[73] *ES* (18-V-1948); (27-VII-1948); (12-X-1948); (28-XII-1948); (10-V-1949); (19-VII-1949).

[74] *ES* (1-V-1948).

ganización y de trabajo y la necesidad primordial y perentoria de aumentar el número de afiliados. Asimismo, en el discurso de inauguración del congreso, Bronzini alegó, como presidente de dicha reunión, que el problema de los socialistas era "un problema de organización" y que había que "asimilar hombres nuevos que trabajen al lado de los viejos militantes".[75] Enrique Dickmann, por su parte, fue el encargado de elaborar las conclusiones de la comisión de asuntos gremiales y dio cuenta tanto del estado de incertidumbre para proyectar las prácticas políticas más convenientes como del reconocimiento de los errores del partido en referencia al problema gremial. En su discurso, reconoció la impotencia frente al debate político sobre el tema y justificó las dificultades del socialismo para generar la conciencia obrera en la necesidad de superar las elaboraciones teóricas del partido y saber qué hacer con "un movimiento gremial heterogéneo".[76] La vacilación sobre la mejor actitud que debían tomar sobre el movimiento obrero se reflejó en la recomendación de Dickmann: "[...] que cada uno actúe según el medio y lo que dicte su conciencia".[77] Era ésa la más explícita declaración que, desde el triunfo del peronismo, había pronunciado uno de los más respetados y veteranos dirigentes socialistas, dando cuenta del declive del PS como referente político de un amplio sector de los argentinos.

En términos generales, las propuestas socialistas del XXXVI Congreso no se apartaron de las emitidas en la reunión general de 1946. Proclamaron una política sindical libre de lo que denominaban "la sujeción totalitaria", apoyaron la acción femenina –ya que era un hecho la participación de la mujer en la próxima convocatoria electoral– y denunciaron la intromisión del clero en la vida nacional. También defendieron los derechos de los agricultores a la libre circulación de sus cosechas y ratificaron las críticas al gobierno en materia económica. Objetaron, asimismo, el proyecto de reforma constitucional, argumentando la intención de Perón de re-

[75] *ES* (12-VII-1948).

[76] "[...] Es fácil resolver las cosas en el papel. Con un lápiz y un papel se puede redactar una magnífica resolución y creer así que el problema queda resuelto [...] Teóricamente la cuestión gremial está agotada. Hemos de ser prácticos. Hemos de adoptar una actitud de modestia y comprender la mentalidad de la clase obrera y tratar de modificarla, modesta y humildemente [...] Es la hora de poner manos en la acción y de resolver, aunque sea una parte, mucho de lo que resolvemos en el papel". *ES* (12-VII-1948).

[77] *ES* (12-VII-1948).

novar su mandato por un nuevo período presidencial, y denunciaron la injerencia gubernativa en los medios de información y propaganda.

El Congreso Extraordinario del PS, celebrado el 29 y 30 de junio de 1948, se convocó con la finalidad de redactar una nueva Carta Orgánica y de reformar el programa. Las declaraciones en ese sentido no eran nuevas. Ya en el congreso del partido de 1946 se habían formulado pronunciamientos sobre la necesidad de reestructurar la organización del partido y reconsiderar varias de las cuestiones programáticas. Entonces, se había pedido a los centros y federaciones socialistas la presentación de propuestas para que el CEN elaborase un informe de proyecto de reforma de la Carta Orgánica para debatir en la reunión general del partido de 1948. Al calor de las reformas proyectadas y el debate interno suscitado, las autoridades socialistas aceptaron que si el partido quería proseguir en la contienda política y reafirmarse en el panorama político nacional con un número de votantes que garantizara cuotas de representación institucional del partido, debía realizar transformaciones en la organización de los elencos dirigentes y de sus programas. Era, tal vez, uno de los más serios planteamientos de supervivencia política que el PS se había hecho desde su fundación.

Los nuevos aspectos de la Carta Orgánica tendieron a agilizar tanto la acción política como la organización interna del partido, en función de la merma de votos y de afiliados desde el triunfo del peronismo. Desde entonces, se aceptó que fueran 10, en lugar de 15, los afiliados necesarios para abrir centros socialistas en las provincias. Se redactaron nuevas normativas referentes a la composición de órganos directivos: el CEN se amplió a 17 miembros y 8 suplentes, elegidos por voto directo por un período de dos años y con el requisito de tener una antigüedad de cuatro años de afiliación. Aquellos afiliados que formaran parte de las Juntas Ejecutivas de Distrito no podían ejercer funciones en el Comité. Quedaron suprimidos aspectos tales como la condición de poseer la nacionalidad argentina para formar parte del CEN o la posibilidad de la reelección de los miembros. Asimismo, para abrir espacios de debate entre los elementos más jóvenes del partido, se aprobó la incorporación de algún miembro de la juventud al Consejo Nacional. Como síntoma de la necesaria e inmediata incorporación de nuevas generaciones de afiliados, se redujo a 22 años, en vez de 25, la edad de admisión de jóvenes al partido.

La proclamación de candidaturas generó un interesante debate acerca de la posibilidad de autorizar el nombramiento de no afiliados al partido para las elecciones municipales. Aunque finalmente esa propuesta no cuajó, dejó constancia del interés de un sector del PS por desligarse de los férreos condicionamientos burocráticos y de extender las inquietudes del partido a la sociedad para obtener mejores resultados electorales. Relacionadas con esta idea, se aprobaron disposiciones para impulsar a los grupos femeninos, gremialistas y de la juventud a insertarse en medios culturales, deportivos y de esparcimiento para encauzar actividades útiles que difundieran las ideas socialistas. Hasta entonces, la creación de organismos al servicio de la cultura eran atribuciones propias de las autoridades del partido.[78] ¿Significaba esta iniciativa aceptar como idóneos los mecanismos políticos que el peronismo utilizaba para lograr el apoyo de amplios sectores de la sociedad civil?

Las expresiones de cambio organizativo contemplaron, asimismo, la descentralización de determinadas decisiones del partido. Así, por ejemplo, se facultó a las Juntas Ejecutivas de Distrito para opinar sobre aspectos y circunstancias que pudiesen interesar al partido para elaborar demandas e integrar listas de candidatos con afiliados que se destacasen en los centros de la agrupación.[79] Por último, se levantaron ciertas restricciones que condicionaban la afiliación al PS. Desde los tiempos de su fundación, los estatutos del partido no permitían la incorporación de personas que se batieran a duelo (la separación de A. Palacios del partido en 1915 había demostrado el cumplimiento de esta medida) o aceptaran ser padrinos en las llamadas cuestiones de honor, o que se ocupasen profesional o comercialmente en los juegos de azar. Los afiliados tampoco podían contraer matrimonio religioso.[80] El levantamiento de esas imposiciones no sólo hay que evaluarlo conforme a las intenciones del PS por adaptarse a los nuevos mecanismos de la pugna interpartidaria, sino también por evitar el sectarismo y modernizar su estructura organizativa para contactar con la sociedad civil.

Fuera del debate interno y de la elaboración de ciertas líneas de proyecto partidario, quedó pendiente la reforma del programa del PS. Decidieron no ocuparse de ello "[...] por las circunstancias

[78] *ES* (24-VIII-1948).

[79] Discurso de P. Verde Tello en el Congreso Extraordinario del PS para informar del proyecto de reforma de la Carta Orgánica. *ES* (24-VIII-1948).

[80] *ES* (14-IX-1948).

del país [...] que no permiten afrontar esa tarea en las condiciones más propicias".[81] Finalmente, el CEN designó una comisión especial para preparar y actualizar el programa del partido, cuya opinión se sometería a un nuevo congreso extraordinario. La falta de reelaboración programática obedecía a cierta dispersión ideológica y a una general indecisión sobre qué contenidos priorizar en el nuevo programa que le permitiese reencontrarse con un electorado que no se resignaba a perder. Por eso, los delegados pidieron al CEN la publicación regular, hasta el próximo congreso del partido, de una revista, periódico o boletín que contuviese tanto los programas de partidos socialistas extranjeros como los proyectos remitidos por las federaciones, centros, o simples afiliados.[82]

El PS frente a la reforma constitucional de 1949: la justificación de la abstención electoral

Desde que el gobierno había anunciado públicamente su intención de reformar la Constitución Nacional, los socialistas se definieron en contra.[83] Los pronunciamientos iniciales del PS se reafirmaron y se cristalizaron en decididas acciones políticas cuando los objetivos gubernamentales se transformaron en un declarado proyecto parlamentario, y fue evidente el propósito de asegurar la reelección de Perón. A mediados de septiembre de 1948, ya se sabía que el 5 de diciembre se elegirían los diputados que participarían en la Convención reformadora y que dicho acto electoral serviría, asimismo, para votar por algunas nuevas autoridades provinciales, legislativas y comunales. Desde un comienzo, el partido expresó su oposición a la reforma de la Constitución a través de la celebración de diversos actos en la Casa del Pueblo, que se extendieron durante los meses de agosto y septiembre de 1948. Las reuniones y los debates se organizaron bajo un conocido lema de definición socialista: "Contra la reforma fascista de la Constitución". Los socialistas no se oponían a una reforma constitucional, siempre y cuando la misma se hiciese conforme al desarrollo de ideas y a la adaptación de otras realidades nacionales. Sin embargo, justificaron su negativa y descalificación a la reforma peronista con los

[81] *ES* (12-VII-1948).
[82] *ES* (10-VIII-1948).
[83] *ES* (25-VI-1948).

conocidos argumentos y denuncias que, desde antes de 1946, fueron construyendo los pilares de la crítica socialista. Considerada como un elemento adicional de la presión totalitaria que asolaba al país, para los socialistas la reforma violaba principios básicos de igualdad y libertad que inspiraba la Constitución vigente desde 1853.

Conforme a las disposiciones del último congreso del PS, el CEN convocó al Consejo Nacional para decidir qué actitud política seguir respecto a la reforma y a la convocatoria de elecciones constituyentes. En octubre de 1948, "los afiliados de larga actuación" que integraban el Consejo resolvieron no presentar candidatos a las elecciones del 5 de diciembre y se pronunciaron por la "abstención activa". Esta actitud significaba, en términos de *praxis* política, no abandonar la lucha opositora, sino intensificar la campaña de repudio a la reforma y concurrir a los comicios votando en blanco o con un lema.[84] La abstención, a pesar de ser una resolución discordante con la tradición política socialista, se justificó en razones tácticas para "no prestarse al juego fascista del gobierno" y «asegurar la eficacia de la lucha frente a un régimen que cierra los caminos de la libertad democrática».[85] Según la lectura socialista, el gobierno no quería una nueva Carta Magna sino "una Constitución de Perón".[86]

Días antes de que la Asamblea Constituyente comenzara sus sesiones de trabajo, el CEN elaboró una declaración en la que ratificó la posición contraria de los socialistas a la reforma constitucional.[87] En contrapartida, el PS dio publicidad a un manifiesto que contemplaba "Las Bases para una Constitución Socialista".[88] Apelando al anhelo de querer una "República democrática, laica y fundada en el trabajo", la "Constitución Socialista" procuraba la realización de ciertos principios que resumían las líneas programáticas que históricamente defendieron los socialistas. Entre ellos, el reco-

[84] En el mensaje del PS para las elecciones de constituyentes del 5 de diciembre de 1948, se indicaba: "Votar en blanco significa que en el sobre debe ponerse un papel en blanco o un papel con esta leyenda 'CONTRA LA REFORMA FASCISTA DE LA CONSTITUCIÓN'," *LV*, 30-XI-1948.

[85] *ES* (26-X-1948).

[86] El alcance de la propuesta socialista podría valorarse por los resultados de las elecciones para la Convención Nacional Constituyente, celebradas el 5 de diciembre de 1948: el partido peronista, 1.590.634 votos; la UCR 834.436; el PC 85.355; en blanco (entre ellos podrían estar los del PS, pero también los anulados) 180.000.

[87] *ES* (25-I-1949).

[88] *Anuario del Partido Socialista*, Buenos Aires, 1949, 111-114.

nocimiento de los derechos humanos de libertad e igualdad, de las minorías, de los trabajadores y de las mujeres; el apoyo a una instrumentación democrática de la economía que beneficiase a la pequeña propiedad y al régimen de cooperativas; la defensa del equilibrio de los poderes del Estado; la separación entre éste y la Iglesia y la negativa a que las fuerzas armadas participaran en la vida política del país.[89]

Con todo, la decisión política de oposición a la reforma reabrió un nuevo capítulo de posiciones enfrentadas en el interior del PS. La decisión del CEN de votar en blanco desató el cuestionamiento público a la orientación oficial del partido por parte de algunos afiliados con cargos intermedios en la organización, pero con limitadas compensaciones de promoción en los cargos de máxima responsabilidad. El grupo de socialistas disidentes presionó a la dirección del partido elevando sus propuestas al Consejo Nacional. En ellas sugirieron, fundamentalmente, dos cosas: una mejor predisposición analítica sobre el fenómeno peronista y ciertas políticas de apoyo al gobierno tendentes a superar las acciones de oposición recurrente sobre los mismos principios que, en definitiva, no sacaban al socialismo de su estado de decadencia política. La discrepancia era manifiesta, ya que editaron una publicación – llamada *Unidad Socialista*– para polemizar acerca de las declaraciones y acciones oficiales del PS. La actitud del grupo preocupaba especialmente a los dirigentes, porque sospechaban que detrás de la estrategia de los disidentes existían planes gubernamentales para deshacerse de la enconada oposición socialista.

Las sospechas eran fundadas, ya que los periódicos peronistas publicaban las actividades y juicios de esos socialistas disidentes. Entre ellos figuraba Alfredo López, a quien se le acusó de haber entablado conversaciones con el gobierno al margen de las disposiciones partidarias. Meses antes, en el seno de la comisión nacional de coordinación gremial socialista, se había manifestado por cambiar la dirección del partido y colaborar con la política peronista. En la misma línea, había exteriorizado sus diferencias Carlos María Bravo ante la comisión de administración de un centro socialista de la provincia de Buenos Aires (de Vicente López): acusó a los dirigentes del partido de no interpretar la realidad social y política de la Argentina. La decisión de no concurrir a las elecciones aleja-

[89] *Anuario 1949*, 111-114.

ba al partido por completo de la clase obrera y, para él, la solución estaba en alternar la dirección del partido. José Oriente Cavalieri fue un tercer afiliado que expresó, mediante una nota a *El Socialista*, la preocupación porque el partido se acercara y apoyase al gobierno peronista. El CEN se reunió especialmente a finales de 1948 para tratar la situación de esos afiliados.[90] Fueron acusados de colaboracionistas con el gobierno y de desprestigiar al partido. La dirigencia no vaciló en aplicar la disciplina socialista y resolvió expulsar a los tres. A pesar de la medida tomada por el CEN, la necesidad de abrir el debate en las filas del PS para entender por qué un amplio sector de la ciudadanía argentina seguía al peronismo comprometió a los afiliados de más alto rango en las estructuras del partido. Las diferencias sobre la mejor actitud que podría asumir el PS hacia el peronismo, manifestadas desde 1946, ahondaron en el interior del partido. Las discrepancias se pusieron al descubierto, de manera especial, en la reunión general de 1950.

La disidencia ideológica en el interior del partido: González vs. Ghioldi

La celebración del XXXVII Congreso Nacional gozó de especial expectación en las filas partidarias, por dos circunstancias. Primero, porque mediría el grado de éxito o de fracaso de las medidas propuestas en la reunión anterior. Segundo, porque en él se decidirían las principales líneas de acción del partido de cara a la próxima confrontación electoral general que se realizaría a comienzos de 1952.[91] En definitiva, ambos elementos eran de suficiente peso para el diseño de una estrategia de oposición que, al menos, pudiera elevar la escasa representación del partido en las instituciones. En el período abierto con la reforma constitucional se endurecieron los mecanismos oficiales de acoso a las actividades de la oposición.[92] Pero, además, en los meses posteriores a la reforma ningún

[90] *ES* (14-XII-1948).

[91] Finalmente, dichas elecciones se desplazaron para noviembre de 1951. Sobre las mismas, ver M. García, "Peronistas y radicales en la política argentina: las elecciones generales de 1951", en R. Sevilla Soler (coord.), *Consolidación republicana en América Latina*, Sevilla, 1999, 35-58.

[92] Ver, al respecto, P. Waldmann, *El peronismo, 1943-1955*, Buenos Aires, 1981, 61-173; M. Plotkin, *Mañana es San Perón. Propaganda, rituales políticos y educación en el régimen peronista*, Buenos Aires, 1994; C. Buchrucker, *Nacionalismo y peronismo*,

partido emprendió una definida estrategia contra las acciones del oficialismo. Iniciada en 1950, esta situación comenzó a cambiar y los partidos políticos opuestos al peronismo comenzaron a activar sus fuerzas y a perfilar propuestas y prácticas específicas de cara a la coyuntura abierta para las próximas elecciones generales.

El PS, consecuente con la idea de difundir sus principios y acercar la información a sus afiliados y seguidores, emprendió a mediados de 1950 una nueva empresa periodística. Ante las dificultades para seguir publicando en el hasta entonces órgano oficial del partido, *El Socialista*, comenzó a editar *Nuevas Bases*,[93] bajo la dirección de A. Ghioldi. Paralelamente al lanzamiento de la nueva publicación socialista, el CEN convocó a los centros del partido a la celebración de un nuevo congreso en octubre de 1950.[94] La asamblea ordinaria se celebró el 1 y 2 de noviembre, y la extraordinaria en los dos días siguientes.[95] Esta última fue escenario de un interesante debate que dividió las opiniones de ciertos dirigentes socialistas sobre el rumbo que debía seguir el partido.

En la reunión general del partido se trazaron las líneas rectoras de la campaña proselitista del PS en 1951, de cara a la contienda electoral. Los miembros de la comisión de propaganda defendieron la necesidad de conocer y de difundir la realidad del país a través de datos estadísticos fidedignos. Para la "campaña de esclarecimiento", se pronunciaron por el método de difusión individual como el más conveniente en esas circunstancias. Dispusieron que cada centro socialista expandiera su radio de influencia y que cada afiliado multiplicase su tarea. La organización del partido debía mantener los cuadros de militantes activos, difundir periódicos e impresos de propaganda y "las ideas socialistas entre los sectores obreros y sectores populares".[96] De una u otra manera, había que "movilizar nuevas conciencias e iluminar las mentes hoy adormeci-

---

372-389 y C. Tcach, *Sabattinismo y peronismo. Partidos políticos en Córdoba 1943-1955*, Buenos Aires, 1991, 195-208.

[93] El nombre de la nueva aventura editorial pretendía recuperar la tradición liberal alberdiana que el PS creía avasallada por la reforma constitucional peronista. Ya en 1948, el CEN había redactado "Las Bases de la Constitución Socialista", en respuesta a la reforma de Perón. Ver, *NB* (28-VI-1950).

[94] *NB* (31-VII-1950).

[95] *NB* (30-IX-1950) y NB (15-XI-1950), y *Anuario del Partido Socialista*, Buenos Aires, 1951, 131-144.

[96] *NB* (15-XI-1950).

das o engañadas".[97] Para divulgar las propuestas del partido entre los sectores trabajadores, en el congreso se elaboró especialmente un "Plan de Acción para la Clase Trabajadora", que recogió los aspectos centrales que los socialistas defendieron contra la política peronista.[98]

El Congreso Extraordinario de 1950 se reunió para discutir el programa del partido. El debate se centró en dos proyectos ideológicamente divergentes en el seno de la dirigencia partidaria. *Nuevas Bases* publicó, entre sus notas bibliográficas, la aparición de un libro de Julio V. González, que se titulaba *La oportunidad del Partido Socialista*, escasos meses antes de la programada reunión.[99] Julio V. González era uno de los más jóvenes integrantes del CEN, en el que era vocal. Había participado en el movimiento de la reforma estudiantil de 1918 y se había incorporado al PS después de 1930 para luchar contra el régimen militar. Por su experiencia política y encuadramiento generacional se distanciaba de los viejos conductores del partido, como Repetto, Dickmann, o incluso de los menos veteranos, como era el caso de Ghioldi. La propuesta de González conformó la moción minoritaria de la reunión. Sin embargo, la misma constituyó el intento hasta ese momento más elaborado, y con pretensiones de debatirse públicamente y en el ámbito partidario, formulado por un integrante del grupo dirigente del socialismo argentino en el afán por entender por qué había sido el peronismo, y no el PS, el que había logrado movilizar políticamente

97 *NB* (15-XI-1950).

98 En concreto, "1. Por un estado democrático y un gobierno civil: contra el totalitarismo[...]; 2. Por la conquista de los derechos fundamentales de asociación, de reunión y de expresión; contra la política represiva que impide su ejercicio [...]; 3. Por la estabilización de los precios y el aumento del poder adquisitivo de los salarios. Contra la inflación fomentada por el gobierno [...]; 4. Por la socialización de los servicios públicos nacionalizados y contra el capitalismo de Estado de orientación totalitaria [...]; 5. Por la socialización de los servicios destinados a salvaguardar la salud de la población y contra el desarrollo del corporativismo sanitario [...]; 6. Por la vivienda sana [...]; 7. Por el laicismo y contra la intervención del clero en el gobierno [...]; 8. Por el libre acceso a la educación de todas las etapas y contra la propaganda de la política oficial en las aulas". *Anuario 1951*, 130-131 y *NB* (15-XI-1950).

99 En septiembre de 1950 se dio conocimiento de que el libro estaba en prensa, y al mes siguiente se publicó en la prensa partidaria que dicho libro acababa de aparecer. A pesar de que la editorial de *La Vanguardia* se hizo cargo de su publicación, finalmente los ejemplares editados se rubricaron con el sello de "No sale", paralizándose así su difusión. Algunos llegaron a distribuirse entre algunos afiliados del PS. *NB* (30-IX-1950 y 15-X-1950) y J. V. González, *La oportunidad del Partido Socialista. Reflexiones sobre su acción futura*, Buenos Aires, 1950.

a los sectores trabajadores argentinos. Planteadas desde esa perspectiva, las proposiciones de González procuraron encarrilar alternativas programáticas para evitar la desaparición política del socialismo en la Argentina. Sus intenciones, si bien se exteriorizaron en esa asamblea del partido, ya se habían manifestado en publicaciones socialistas con anterioridad. En concreto, en septiembre de 1948, y como resultado de la ya señalada indecisión general sobre la redacción del nuevo programa que se había puesto de manifiesto en el congreso del partido celebrado meses antes, González publicó dos artículos acerca del tema en *El Socialista*. En ellos reflexionó sobre los propósitos del partido desde su fundación y sobre la posibilidad de reformular los objetivos programáticos.[100]

Para González, la discusión interna acerca del programa socialista propuesto en el Congreso Extraordinario significaba «tocar fondo», ya que en sí misma daba cuenta sobre las posibilidades de la propia existencia de la agrupación política. Sus ideas se fundaban en la falta de autocrítica para encontrar las causas del fracaso político inmediato y en la incapacidad para penetrar en la clase obrera y convertirse en el gran partido nacional después de cincuenta años de vida política. Su tesis contenía un replanteamiento general de las tareas y del programa socialistas. Según González, el partido se encontraba en un «punto muerto» desde comienzos de los años treinta, por estar excesivamente preocupado por las realizaciones inmediatas del "Programa Mínimo", elaborado en los momentos de su fundación. La realización de dicho programa ya no se distinguía como exclusivo de los socialistas, porque otros grupos políticos se habían adueñado de las ideas y realizado parte de sus propuestas. El PS había perdido la mira revolucionaria y se había convertido en un "partido reformista". Según su opinión, el capitalismo argentino estaba en el momento preciso de crisis para activar la etapa revolucionaria, "el programa máximo", que había propuesto Juan B. Justo.[101]

[100] *ES* (14-IX-1948 y 28-IX-1948). En la "Declaración de Principios", Juan B. Justo había desarrollado la evolución programática por la que debía pasar el PS. A grandes rasgos, el "programa mínimo" se traducía en las conquistas políticas de la clase obrera obtenidas mediante el ejercicio del sufragio y la representación en las instituciones de las democracias burguesas. Era precondición necesaria para llevar a cabo el "programa máximo" de transformaciones económicas y de sustitución del sistema de propiedad privada de los medios de producción del capitalismo por el sistema socialista de propiedad colectiva.

[101] *NB* (15-XI-1950) y J. González, *La oportunidad*, 3-32.

Américo Ghioldi asumió la réplica, en la asamblea partidaria, de las ideas de González. Sus posturas en defensa del programa socialista fueron mayoritariamente compartidas por los miembros de la dirigencia. Para Ghioldi, el PS estaba doctrinariamente bien orientado y, en ese momento, constituía la fuerza política más avanzada de izquierda en el país. Al partido no le faltaban ideas sino militantes, ya que, según Ghioldi, no carecía de programa y sus propuestas más claras estaban expuestas en el manifiesto de finales de 1948 sobre las "Bases para la Constitución Socialista". En opinión del consolidado dirigente, las nuevas corrientes del PS no veían con claridad el problema del totalitarismo y estaban confundidas, porque este último constituía un movimiento de masas, «que invocaba la justicia social y realizaba estatizaciones» (*sic*), aspectos centrales del programa socialista. Tampoco Ghioldi compartía la idea de González con respecto a que el capitalismo estaba a punto de caer y que la clase obrera argentina había llegado al momento de su madurez política y social.[102]

Tanto Ghioldi como González coincidían en que sus posiciones eran irreconciliables; una y otra invocaban orientaciones enfrentadas para el partido y diferentes posiciones frente al régimen peronista. González no logró reunir el apoyo suficiente entre los elencos más jóvenes del partido y fue derrotado internamente. El PS se afianzó a una línea de acción opositora sin mayores divergencias respecto de la seguida desde los comienzos del peronismo, incapaz de superar los condicionantes programáticos y teóricos que acabarían socavando su existencia como uno de los referentes políticos de un amplio segmento de ciudadanos argentinos.[103] Más allá de si se encuadraba en la línea internacionalista prosoviética, se alineaba o no a las posturas trotskistas, o si era la más adecuada para recobrar cierta identidad política entre determinados sectores de la sociedad, González abrió una línea de disidencia ideológica en el seno del socialismo que ahondaría en clave a las posibilidades de acción de la izquierda durante –y después de– la Argentina peronista.

[102] *NB* (15-XI-1950) y A. Ghioldi, *Los trabajadores, el señor Perón y el Partido Socialista. ¿Perón es progresista o retrógrado?*, Discurso pronunciado en el 37° congreso del PS, Buenos Aires, 1950.

[103] Ver, al respecto, Adelman, "Socialism and Democracy".

Cuando el congreso socialista acababa de concluir, el PS se vio envuelto en uno de los conflictos gremiales de mayor alcance y resonancia del primer gobierno peronista. A finales de 1950, los trabajadores ferroviarios emprendieron varias huelgas por reivindicaciones de aumento de salarios.[104] Desde el comienzo del conflicto, el partido expresó su solidaridad con los huelguistas. Para los socialistas, el movimiento de los ferroviarios era consecuencia de la política inflacionista del gobierno, cuestión que reclamaba un cambio en la orientación oficial, en aras de asegurar la independencia del movimiento sindical. El gobierno acabó accediendo a las reivindicaciones de los huelguistas y el PS festejó el triunfo de los ferroviarios. Sin embargo, el ánimo de exaltación por la atención de las mejoras reclamadas por los huelguistas indujo a los socialistas a proseguir la lucha por el control interno del gremio ferroviario. Fue éste un objetivo bastante inalcanzable debido al grado de unidad del sindicato mayoritario del gremio –la Unión Ferroviaria– con la Confederación General de Trabajadores (CGT), que se había convertido en la organización sectorial clave para el control del gobierno peronista sobre los trabajadores.

Finalmente, el conflicto ferroviario fue utilizado por Perón para deslegitimar las acciones políticas de la oposición. El gobierno encarceló a varios trabajadores ferroviarios en huelga y a políticos implicados. Tanto gremialistas vinculados al socialismo como dirigentes del partido fueron perseguidos y encarcelados. El mantenimiento de los socialistas en la cárcel, semanas después de acabado el conflicto, proyectó la última etapa de oposición del PS al primer gobierno peronista en la defensa de sus afiliados inculpados. Según el PS, las detenciones eran un castigo premeditado de Perón a la agrupación por haber ejercido una "ejemplar política de oposición al gobierno".[105] A finales de mayo de 1951, el PS pedía la liberación de más de 200 obreros encarcelados.[106] El indulto concedido por el gobierno en junio a más de 600 personas excluyó a varios ferroviarios de militancia socialista. Entre ellos, el más destacado era Jacinto Oddone. También estaban bajo orden de detención

[104] Sobre los conflictos laborales entre finales de 1950 y comienzos de 1951, ver, W. Little, "La organización obrera y el estado peronista, 1943-1955", *Desarrollo Económico* 75 (1979): 331-376 y L. Doyon, "Conflictos obreros durante el régimen peronista", *Desarrollo Económico* 67 (1977).

[105] *NB* (1ª quincena de marzo de 1951).

[106] *NB* (15-V-1951 y 31-V-1951).

miembros del CEN como Solari y Ghioldi. La forma en que el gobierno decantó la participación socialista en el conflicto ferroviario terminó por descalabrar electoralmente al partido. En las elecciones generales de noviembre de 1951, los votos socialistas no alcanzaron el 1% del total. A pesar de los esfuerzos, los socialistas no encontraron el rumbo adecuado para reintroducirse en las formas de pensar la política entre los sectores trabajadores durante todo el período peronista.

Conclusión

Entre el conjunto de antiperonistas, los socialistas se destacaron por una virulenta crítica que, sin duda, molestaba al gobierno. La victoria de Perón en los comicios de 1946 significó un descalabro inesperado para los socialistas, porque se quedaron sin representación institucional, cuestionando la identidad de los socialistas como defensores de los intereses de los sectores trabajadores de la Argentina. Los intentos del partido de recobrar posiciones en la arena política durante el primer gobierno peronista acabaron configurando el preludio de la decadencia de una de las principales fuerzas políticas argentinas de la primera mitad del siglo XX.

El triunfo de Perón no se correspondió con una inmediata reelaboración ideológica ni con una reformulación de los métodos de propaganda política del PS. La equiparación del peronismo con el «nazifascismo» constituyó, a lo largo del período estudiado, la base de toda la argumentación de la crítica socialista, condensando la opinión más acérrima contra el peronismo. Tenues pronunciamientos partidarios invocaron en reuniones generales la necesidad de potenciar transformaciones en el interior del partido para recobrar la credibilidad política en algunos segmentos del electorado. Si bien los cambios eran claves para garantizar la supervivencia política del PS, su dirigencia estaba preocupada por superar las desventajas que, en términos de competencia político-partidaria, provocaba la falta de representación parlamentaria. Ante esa situación, el PS no vaciló en aprovechar ciertos recursos políticos con consenso histórico y que le habían proporcionado ventajas oportunas, como la actividad proselitista y la difusión del órgano de prensa del partido, *La Vanguardia*. La clausura de esta publicación significó un momento clave para evaluar tanto los mecanismos utilizados por el partido para expresar la disidencia con el gobierno como los condicionamientos del socialismo para repercutir en las decisiones políticas del electorado. Por un lado, el PS endureció su crítica a Perón, haciéndola más áspera y estridente. Por otro, se aceleraron los pronunciamientos de cambio en el interior del partido para articular una oposición que garantizara la representación institucional. Pero, en general, el debate socialista se derivó en actitudes de incertidumbre sobre las iniciativas y prácticas políticas socialistas más adecuadas para la situación política. El PS estaba condicionado por el empeño de proseguir con prácticas que ya parecían desfasadas de la nueva realidad política.

La decisión de votar en blanco para la elección de constituyentes fue novedosa entre las opciones electorales históricamente defendidas por el PS y exteriorizó las disidencias de afiliados que bregaban por un acercamiento al peronismo. La prioridad por encauzar las acciones del PS sobre nuevos contenidos programáticos que superasen las dificultades electorales ahondó las diferencias de opinión de la dirigencia en el congreso de 1950. Las propuestas de González reclamaron un cambio de posición frente al régimen peronista, y en ese sentido fueron al menos las que iniciaron una discusión sobre la viabilidad del programa socialista en la Argentina. Si bien no lograron imponerse, pronosticaron futuras discrepancias en el seno de la organización, no ajenas al intento de encontrar algún hueco en la escena política que perfiló el peronismo.

La excesiva preocupación del PS desde su fundación por difundir sus ideas, acciones y proyectos a través de publicaciones doctrinarias, adquirió singular prioridad en aquellos tiempos de ausencia de representación institucional. Aunque debieron enfrentarse a la persecución oficialista y salvar los obstáculos de aventuras clandestinas, fueron el mejor testimonio de una frenética actividad opositora para denunciar su actitud contraria a las medidas y acciones gubernamentales. La entrada de Bronzini al Parlamento de la provincia de Buenos Aires tras las elecciones de 1948 fue el máximo logro de representación socialista en la política nacional. Aunque su labor fue exaltada como el mejor valor partidario, su entrada a la Cámara de Diputados bonaerense no anticipó una escalada del PS en términos de votos. La persistente actitud de oposición hacia el peronismo, si bien no cuajó para recuperar su perfil como partido defensor de los obreros argentinos, sí ayudó a construir los más elementales criterios antiperonistas.

Capítulo II

La politización de los contenidos escolares y la respuesta de los docentes primarios, 1949-1955

El estudio que se presenta tiene como objetivo describir la recepción, dentro de la escuela primaria argentina, de los principios de la doctrina justicialista que formaron parte de los contenidos escolares entre los años 1949 y 1955. La hipótesis del trabajo sostiene que la institución escolar, a través de sus docentes y de ciertos mecanismos institucionales, neutralizaron el efecto de estos contenidos, cambiando su sentido inicial explícito. Cabe aclarar que este proceso, al que se denominó como "despolitización de la educación" o "escolarización de la política", remite a fenómenos de oposición docente "pedagógico-políticos" y no a fenómenos contestatarios que se podrían caracterizar como "político-gremiales".

Por otra parte, un objetivo colateral del estudio es plantear la posibilidad de construir una historia de la educación que trascienda la historia de las políticas educativas, en tanto puede vislumbrarse que estas últimas no tienen efectos lineales en la primera. Entre las políticas educativas y las instituciones escolares parece poco pertinente establecer una relación causa-efecto. Como se observará en este trabajo, a través del análisis de un caso, las instituciones educativas producen regularidades propias, que no dependen mayormente de los desarrollos macro-políticos.

Para estudiar el problema se han utilizado como fuente primaria 127 cuadernos de clase[1] de la época (de diversos grados y jurisdicciones), en los que quedan registradas las modalidades de ejecución de los ejercicios escolares. A través de ellos es posible ob-

[1] El cuaderno de clase es, en la escuela primaria argentina, un espacio en el que se deja registrada gran parte de la labor cotidiana realizada en el aula. Todos los días se escrituran sistemáticamente en él todas o la mayoría de las tareas realizadas. El mismo viene siendo utilizado con esta estructura desde los años 20 del siglo XX. Sobre éste y otros aspectos del cuaderno puede verse la tesis de doctorado: Gvirtz (1996), *El discurso escolar a través de los cuadernos de clase. Argentina: 1930-1970*. Allí fueron analizados 781 cuadernos de clase, base sobre la cual se realizó el presente informe.

servar tanto la acción gubernamental como la respuesta docente frente a la obligatoriedad de transmitir ciertos contenidos. El cuaderno de clase, en tanto fuente de acceso a lo enseñado, ofrece información nada desdeñable a los historiadores interesados en la problemática de la institución escolar.

El peronismo y la "politización" de los contenidos escolares

En lo que respecta a la educación escolar, los dos primeros gobiernos de Perón priorizaron estrategias de cambio que implicaron, a grandes rasgos, modificaciones en tres aspectos del sistema. De los tres aspectos reformados sólo el primero tuvo continuidad en el tiempo. El segundo, al decir de algunos autores, fue modificado por presiones del alumnado (Tedesco, 1980) y el tercero, del que habremos de ocuparnos, fue resistido por el cuerpo docente.

La primera modificación radica en una importante expansión matricular. Son de destacarse las altísimas tasas de crecimiento matricular de este período comparadas con períodos anteriores. Los aumentos más importantes se registran en la educación media y superior, ya que para 1945 las tres cuartas partes de la población en edad escolar asistía a la escuela primaria. Las estadísticas indican que la matrícula secundaria se duplica y la matrícula universitaria se triplica en estos años (Tedesco, 1980).

El segundo aspecto implicó una reorganización estructural del sistema educativo y un intento de reorientar la matrícula hacia la enseñanza técnica. Entre las muchas medidas que se toman con este fin se destaca la creación de la Comisión Nacional de Aprendizaje y Orientación Profesional, dependiente del Ministerio de Trabajo y que va a tener a su cargo varias escuelas técnicas nuevas. La orientación técnica estaría destinada a los sectores tradicionalmente excluidos o expulsados del sistema.

El tercer aspecto implicó modificaciones en los contenidos de la enseñanza escolar. Modificaciones que afectarían a todos los niveles del sistema y a todos los sectores de la población incluidos en él. En principio, hay que destacar que se comienza a introducir en la escuela una mayor cantidad de contenidos vinculados a la vida cotidiana y al presente. Como señalan Wainerman y Raijman (1987), la visión del mundo es menos idealizada y ahistórica.

Asimismo, a lo largo de los dos primeros gobiernos peronistas (1946-1955) se produce en el sistema educativo argentino lo que algunos historiadores (Halperín Donghi, 1972; Tedesco, 1980; Escudé, 1990; Plotkin, 1994; Bianchi, 1996; Rein y Rein, 1996) han denominado "politización" de los contenidos escolares. Por este fenómeno se entiende la introducción y enseñanza obligatoria en los distintos niveles del sistema, sobre todo a partir de 1949, de contenidos de corte político-partidario. Las reformas llevadas a cabo en los planes y programas de estudio (desde 1946 en las escuelas normales, en 1950 en las primarias), así como en los libros de texto de la época (Wainerman y Raijman, 1987; Gvirtz, 1991; Plotkin, 1994 y Amuchástegui, 1995), dan clara cuenta de este intento.

Al respecto, es ilustrativo el cambio en los planes y programas que se produce en las escuelas normales (de formación de maestros y profesores secundarios), por el cual se incluyen en 1953 las asignaturas de "Doctrina Nacional", que son cuatro: Estudios Sociales, Estudios Económicos, Estudios Políticos y Cultura Argentina. Las mismas dedican un 25% del programa al estudio de la labor del gobierno de Perón (Gvirtz, 1991).

Paralelamente, se observa un cambio relevante en los libros de lectura para la enseñanza de la lecto-escritura y en los libros de texto obligatorios en las escuelas. Muchos textos tradicionales sufrieron importantes cambios, mientras que nuevos libros «peronistas» ocuparon el lugar de los antiguos. Entre estos últimos cabe citar, a modo de ejemplo: *Justicialismo* (1953), *Tiempos Nuevos* (1954), *Privilegiados* (1953), *Evita* (1953), *Patria Justa* (1955), *Pueblo Feliz* (1954) y muchos otros. Para que los libros de texto fueran aprobados por el Ministerio de Educación (condición *sine qua non* para su utilización en las escuelas) debían estar acordes a los nuevos tiempos políticos del país.

En lo que se refiere a los textos, la figura de Eva, esposa del presidente Perón, a quien el Congreso Nacional designara como Guía Espiritual de la Nación, comienza a ocupar un lugar muy destacado. Por ejemplo, en algunos libros de primer grado, la tradicional frase "Yo amo a mi mamá" es reemplazada por "Yo amo a Evita". Como observan Wainerman y Raijman (1987) en p. 73, Evita es presentada en los textos como madre y figura celestial, mezcla de hada y virgen. En las ilustraciones, su cabeza aparece a veces coronada por una estrella, como las hadas, o por una aureola de santidad. Al morir Eva Perón, en 1952, el gobierno introduce su autobiografía, *La razón de mi vida*, como libro de texto de lectura obligatoria en todas las escuelas argentinas.

El cuerpo docente, o cierta parte del mismo, no obstante, parecía, por diversas razones, ser reacio a la transmisión de estos contenidos partidarios.[2] Para conseguir que los mismos fueran impartidos en la escuela, el gobierno recurrió a diversas estrategias, algunas represivas y otras de cooptación, aunque privilegiadamente, como sostiene Puiggrós (1993), "la estrategia del peronismo hacia los docentes fue de enfrentamiento" (p. 227). Entre estos mecanismos pueden mencionarse: los ascensos y designaciones para aquellos docentes que acreditaran lealtad a la doctrina (Escudé, 1990, p. 159), cesantías para los docentes que no se consideraran leales (Tedesco, 1980, p.118; Halperín Dongui, 1972, p. 69) y, en otros casos, amenazas abiertas o encubiertas.

Los estudios sobre el tema dan cuenta de una amplia gama de documentación respecto de las políticas educativas del gobierno peronista. Algunos muestran también las reacciones de la docencia: las políticas (Puiggrós, 1993) –desde el ámbito sindical y de la prensa– y las emocionales (Escudé, 1990).[3] Sin embargo, hasta el momento de escribir este trabajo, no se conocen estudios que observen lo ocurrido dentro de la institución escolar con y a partir de esas mismas políticas: los libros de texto "peronistas", ¿eran utilizados por los maestros? En la escuela, ¿se leía el libro de Eva Perón, *La razón de mi vida*? ¿Cómo incluían los docentes estos contenidos? En otras palabras, interesa reparar en la relación entre la macropolítica educativa (y su interés de ideologización y adoctrinamiento) y la realidad de la institución escolar.[4] Otros estudios, como el de Bianchi (1996), ya advierten, para el caso de los contenidos religiosos, que en esta época la distancia entre la propuesta estatal y la realidad cotidiana escolar era significativa.

[2] Puiggrós (1993) sostiene: "Aquellos docentes no aceptaban la intromisión de la Iglesia en su espacio técnico-profesional como tampoco la del Estado-partido y en relación a tales peligros, predominaba su alianza con los sectores laicos" (227).

[3] Entre ellas, el temor. Esta reacción es observada por los historiadores a partir de la lectura de ciertos censos de la época. En ellos se preguntaba a los docentes por la afiliación o deseo de afiliación partidaria al justicialismo: la respuesta afirmativa obtenía una adhesión superior al 80% (Escudé, 1990, 166; Puiggrós y Bernetti, 1993, 224).

[4] En este sentido, se hace interesante notar las profundas diferencias que separan los trabajos de Plotkin (1994) y Escudé (1990). Mientras el primero se cuida muy bien de inferir conclusiones sobre el éxito y la continuidad de estas políticas, el segundo considera que incluso ciertas conductas sociales del presente tienen raigambre en las políticas educativas de aquel entonces.

A continuación se presentan dos apartados sobre el tema. La hipótesis del primero de ellos es que la escuela puso en juego mecanismos institucionales para neutralizar la connotación político-partidaria de los contenidos. En el segundo apartado se muestran los mecanismos que ponen en juego los docentes para neutralizar esta connotación.

La "despolitización" de los contenidos o la escolarización de los saberes

Hay que esperar al año 1949, transcurridos más de tres años de la primera presidencia de Perón, para encontrar en los cuadernos de clase de la escuela primaria contenidos vinculados a la llamada "Doctrina Peronista". Estos se presentan procesados de una manera muy particular.

En primer lugar, cabría señalar que estos saberes doctrinarios eran convertidos en materia prima de la ejercitación escolar, y no en discurso con valor político o ético propio. En base a ellos, los alumnos debían realizar una actividad determinada por el docente. Y este último, a partir de determinadas reglas de la institución, podía llegar a hacer que el contenido de la tarea fuera irrelevante, por estar subordinado a objetivos didácticos más generales. Con estos contenidos doctrinarios como telón de fondo, los estudiantes debían "subrayar", "resumir", "redactar", "copiar", "escribir dictados", etc., sin reparar en el contenido ideológico de lo escrito.

A continuación se presenta un ejemplo interesante sobre la cuestión, extraído de un cuaderno de la época (1954), que registra la siguiente actividad:

> San Rafael, 3 de mayo de 1954
> Tarea N° 15
> Lenguaje
> Redactar oraciones con las siguientes palabras:
> Trabajadores, Lealtad popular, Plaza de Mayo.
>
> Mi hermano es muy trabajador.
> En la vida hay que cultivar la lealtad.
> La Plaza de Mayo es muy linda.

Los tres conceptos que los alumnos debían emplear estaban directamente vinculados a la fraseología propia de la liturgia del peronismo: los *trabajadores* como eje político de la sociedad argentina; la *lealtad popular* hacia el líder, Perón, y la *Plaza de Mayo*, un espacio público ubicado en Buenos Aires, en el que se encuentra la Casa de Gobierno desde cuyo balcón Perón se comunicaba con el pueblo en multitudinarias manifestaciones de adhesión. No obstante, en la resolución del ejercicio no se respetó el contenido ideológico de las palabras.

La tarea fue calificada con siete sobre un total de diez puntos (que es una muy buena calificación en la tradición del cuaderno argentino). La preocupación y el objetivo general de la tarea no era, sin duda, el darle un sentido político específico a las palabras enumeradas en primera instancia. Por el contrario, se trataba de redactar oraciones en función de la consigna y sin importar la carga ideológica de las mismas. En el caso de la segunda oración, aquella en la que se pedía la utilización de la palabra "lealtad popular", en la cual el sentido político era más difícil de ser obviado, se elimina incluso uno de los términos componentes. El presunto error no se corrige. La "despolitización" se presenta aquí de manera obvia. Pocas palabras, como las del ejemplo, están tan cargadas de significado en los escritos doctrinarios, a la vez que "neutralizadas" en el cuaderno.

En otro cuaderno de clase se le pide al alumno realizar un resumen del capítulo XII de *La razón de mi vida*. El texto, también de 1954, se presenta así:

En el capítulo XII la señora Eva Perón habla sobre el porqué es "Demasiado peronista".

Dice que ama al Gral. Perón y a sus obras y confía tanto en él que hasta el último día de su vida será fanáticamente peronista.

En el resumen se obvian ciertas cuestiones del capítulo del libro, que le otorgan su especificidad doctrinaria. En este capítulo ella niega, en principio, ser "demasiado peronista" y se reconoce como "fanáticamente peronista". Para ella, la causa tiene valor infinito y entonces nada de lo que se haga por ella es "demasiado".

Además explica, entre otras cosas, qué es el feminismo para ella, por qué su causa es feminista y por qué las mujeres de la patria deben entregarse a la causa de Perón. En este marco, se entiende que el resumen «neutraliza» o «despolitiza» el contenido del libro y lo reduce casi a un tema personal, a un problema de amor entre dos personas.

Otra forma de despolitización (en la escuela primaria) se producía por la inclusión de los contenidos partidarios en las disciplinas escolares tradicionales. Estos contenidos eran incorporados –mayoritariamente— en alguna de las asignaturas curriculares. Historia, Geografía o Lengua era el encuadre bajo el cual se presentaban, en no pocos casos, estos saberes, por lo que sólo merecían destacarse en función de la enseñanza de una asignatura.[5]

La razón de mi vida, este libro de Eva Perón, fue incluido en los cuadernos en la materia "Lengua". Se observaron cuadernos que registraban "copias caligráficas" con algunos párrafos del texto y otros que lo incluían como materia para los "dictados" en los que se revisaban cuestiones ortográficas. El denominador común era, también en estos casos, la poca relevancia asignada al aspecto semántico del texto, a la comprensión y el trabajo con el significado.

A continuación se presenta un ejercicio de 1952 en el que se solicita a un alumno copiar un párrafo de la autobiografía de Eva Perón. El mismo tiene errores y está incompleto. Se vuelve, por lo tanto, incomprensible una parte de su significado.

Trabajo N° 261.

Copia del libro: "La razón de mi vida".

He hallado en mi corazón un sentimiento fondamental que domina desde alli en forma total mi espirito y mi vida: ese sentimiento es mi indigancion frente a la injusticia. Desde que yo me acuerdo cada injusticia me doler el alma como si algon ella.

En este punto, cabría hacer algunas precisiones conceptuales. Los dos mecanismos recién destacados, la subordinación de los contenidos a una actividad y su inclusión en una disciplina curricular, son mecanismos institucionales, aunque conlleven a una despolitización. Este proceso (de subordinación de los contenidos a una actividad primero y a una disciplina después) acontecía en la Argentina con todos los saberes a ser incluidos en el cuaderno, fueran éstos de corte político o de otro tipo. Es probable,

[5] Esto parecía no ser una tarea simple, y contenidos similares están incluidos aleatoriamente, sobre todo en los primeros años, en distintas disciplinas tales como Historia, Lengua o Geografía. Es ésta la única época, desde 1930 hasta 1990, en que los cuadernos registran tal ambigüedad. Al respecto, puede verse Gvirtz (1996).

como lo esboza Bianchi (1996), que los saberes de corte religioso hayan sufrido procesos de escolarización similares. Por ello, en el título del apartado, se hizo referencia a la "escolarización de los saberes". No obstante, los cuadernos de la época registran un segundo tipo de procesos -vinculados a los primeros, pero que parecen implicar una participación más activa de los maestros[6]- que sin duda refieren a tácticas sistemáticas de confrontación de los docentes frente a la introducción curricular de contenidos partidarios.

La doctrina peronista y las nuevas formas de resistencia docente

Como lo señalaron varios autores ya citados (Escudé, 1990; Puiggrós, 1993), oponerse abiertamente a las directrices pedagógicas y doctrinarias del gobierno peronista podía traer consecuencias negativas para quienes lo intentaran. No obstante, parecieron crearse en la escuela formas sistemáticas y solapadas de oposición. Éstas se observan menos en el plano de la actividad política tradicional y más en las formas específicas de desarrollo de la práctica profesional. Es decir, que se trataba no de una confrontación o respuesta de corte político-gremial sino, como se observara antes, de una respuesta político-pedagógica, producida en y por los actores de la institución escolar.

Esta oposición a la política gubernamental se manifiesta en los cuadernos de diversas formas. Se podrían clasificar las respuestas de los docentes en dos tipos básicos, que son: (A) las que afectan el texto y (B) las que afectan la evaluación. A su vez, dentro de cada tipo pueden encontrarse subtipos.

[6] Este segundo tipo de procesos puede observarse también en el ejemplo antes expuesto. La copia del párrafo de la autobiografía de Eva Perón tiene, como puede observarse, un importante número de errores en la transcripción. El maestro no corrigió ninguno de esos errores y no le puso nota al trabajo. Esta práctica era muy poco común en la época. Todos los trabajos se calificaban y se corregían, por lo menos en sus aspectos centrales. La hipótesis es que la falta de corrección y calificación es una respuesta docente a la imposición de impartir estos contenidos doctrinarios.

Cuadro de clasificación de las respuestas docentes de oposición a la introducción de contenidos curriculares político-partidarios

A. Texto	A.1. Ruptura del principio de no contradicción	A.1.1. Intratextual A.1.2. Intertextual
	A.2. Presentación de textos incompletos	
B. Evaluación	B.1. Calificación	B.1.1. No calificar B.1.2. Calificar parcialmente

A. Respuestas que implican al texto:

Dentro del primer tipo de respuestas, se pueden encontrar dos subtipos, como se observa en el cuadro. El primero (A.1) implicaba una ruptura en el principio de no contradicción de los ejercicios. Es el subtipo más corriente. Consistía en romper la congruencia que caracterizara hasta entonces los textos del cuaderno. Se producía un fenómeno atípico: la incongruencia, la ruptura de la lógica clásica del texto. Uno de los rasgos más salientes del cuaderno era su tendencia a la estabilización lógica, reducción al mínimo de las ambigüedades, para lo cual se vale de procesos como la estereotipia y el maniqueísmo.

Esta estabilización lógica se interrumpe con la introducción de los saberes doctrinarios, ya que frente a la obligación de incluir estos contenidos, los docentes parecen reaccionar de diversas maneras, aunque consiguiendo un mismo objetivo: romper el principio de no contradicción. Esto se manifiesta, a su vez, en los cuadernos de dos formas diferentes. La primera (A.1.1. Intratextual) consiste en incluir en algunos párrafos de un mismo ejercicio información que contradice la presentada en otros párrafos del mismo trabajo. Se presentan afirmaciones vinculadas a la doctrina peronista y luego se las niega. A continuación se presenta el siguiente ejemplo, de un cuaderno de sexto grado de 1949:

Ejercicio N° 354.
Historia.
Carácter actual de la enseñanza.
Primaria, Secundaria y Superior.

> La enseñanza actual no es igual a la de antes. Ahora es gratuita antes se tenía que pagar. Ahora hay mayor facilidad de estudios. Fueron Sarmiento primero y después Avellaneda los que fomentaron los estudios. Sarmiento gran maestro. Avellaneda creador de tantas escuelas. Así a ido aumentando la enseñanza. Hay miles de escuelas en nuestro país. Se empieza en las escuelas primarias y muchos llegan hasta el estudio superior que son las universidades. Nuestro país es uno de los mejores paises en el carácter de estudios. El presidente de la Nación ha también establecido la creación de 5.000 escuelas para que los niños estudien y salgan hombres de provecho para el bien de la patria.

Obsérvense las dificultades de comprensión lógica que presenta este párrafo. En la primera oración, "antes" se presenta comparativamente al "ahora" como un período poco feliz. No obstante, a pesar de este planteo inicial, las siguientes oraciones muestran el «ahora» como una consecuencia del pasado, como resultado de un «progreso». Frente a la categoría de *ruptura* histórica que propone la doctrina peronista para comprender la relación pasado-presente, "antes, malo - ahora, bueno", los maestros oponen la vieja categoría de *progreso* histórico, tan cara a la escuela argentina, en el mismo texto y a continuación de la primera oración.

La segunda (A.1.2. Ruptura del principio de no-contradicción intertextual) consiste en incluir otras apreciaciones en los ejercicios siguientes al ejercicio en cuestión, de forma tal que lo que se afirma en un ejercicio se niegue en el siguiente, más o menos explícitamente. En ciertos cuadernos, a continuación de ejercicios que destacan la labor del gobierno de Perón en el presente frente a los tiempos pasados, otros donde se rescata el pasado como tiempo de bonanza, crecimiento y progreso de la nación. En otros casos, a continuación de ejercicios que exaltan la figura de Perón por ser un líder popular, se destacan figuras históricas de la talla de San Martín, ya no por sus hazañas militares, ni por tratarse del «Libertador» del yugo español, sino por rechazar los honores que le ofreciera el pueblo y no caer en actos de demagogia.

La resistencia del cuerpo docente se manifiesta también mediante otras tácticas vinculadas al texto. En general, se trata de textos incompletos cuando se hace necesario hacer referencia a la doctrina justicialista o al peronismo como tema (A.2). En algunos cuadernos no se incorporan los contenidos curriculares vinculados a la doctrina, o bien sólo se los incorpora en el título, quedando los ejercicios incompletos. Un cuaderno de sexto grado del año 1949 propone un ejercicio denominado "Períodos de nuestra historia: 1853-1949". No obstante esto, la periodización termina en el año 1942. A partir de allí, el silencio.

B. Respuestas que afectan la evaluación

Dentro del segundo tipo de respuestas (las que hemos considerado como B), se encuentran las que afectan la evaluación de los trabajos de los niños. La evaluación llevada a cabo en los cuadernos podría subdividirse en dos acciones bien diferenciadas. Por un lado, se presenta la calificación (B.1.), que es la operación mediante la cual el docente le otorga una nota a la actividad desarrollada. Los cuadernos manifiestan que muchas actividades con contenidos partidarios no eran calificadas (siendo que, en general, en épocas anteriores o posteriores la calificación se hace en todas las tareas del cuaderno) y, en otros casos, se calificaba sólo las cuestiones vinculadas a la parte más formal de la tarea. Así puede recordarse, en uno de los ejemplos antes presentados, la calificación que recibió la tarea en la que se pedía la redacción de oraciones a partir de palabras vinculadas a la liturgia peronista.

Por otro lado, una segunda actividad, la corrección (B.2.), que consiste en señalar en los cuadernos los errores cometidos por los alumnos e indicar lo que hubiera sido esperable o correcto, es también susceptible de manifestar conductas opositoras. Respecto de este punto, los cuadernos manifiestan que los maestros podían resistir la imposición doctrinaria de las siguientes formas:

B.2.1. No corregir los errores;

B.2.2. Corregir los errores de forma tal de alterar la significación original.

En el primer caso, los maestros no corrigen ni los errores vinculados al aspecto semántico del texto ni aquellos vinculados a la sintaxis u ortografía. En el segundo, poco común (se manifestó en sólo dos ejercicios), por cierto, los maestros alteran el significado original del texto doctrinario con la corrección. A modo de ejemplo, se relata el siguiente ejercicio: en 1949 el gobierno de Perón realiza una reforma a la Constitución. El nuevo preámbulo es copiado por los alumnos de sexto grado, a quienes un docente les pide que subrayen los párrafos más significativos. El niño subraya los nuevos contenidos partidarios incorporados al preámbulo y el docente lo corrige y le subraya aquellos párrafos que se mantuvieron de la Constitución previa al peronismo.

En síntesis, puede decirse que aquellos docentes que, discordando con el gobierno, no lo enfrentaron abiertamente, tampoco se subordinaron a él. Implementaron mecanismos para responder escriturados y cotidianos, de corte pedagógico-político, tal vez poco comunes, tal vez poco eficaces, aunque no por ello menos opositores.

Bibliografía

Amuchástegui, P., "Los rituales patrióticos en la escuela pública", en A. Puiggrós, *Discursos pedagógicos e imaginario social en el peronismo (1945-1955)*, Buenos Aires, 1995.

Bianchi, S., "Catolicismo y peronismo: la educación como campo de conflicto", en *Anuario del Instituto de Estudios Histórico-sociales* 11 (1996).

Escudé, C., *El fracaso del proyecto argentino. Educación e ideología*, Buenos Aires, 1990.

Gvirtz, S., *El discurso escolar a través de los cuadernos de clase. Argentina 1930-1990*, Tesis de doctorado, UBA, Buenos Aires,1996 (mimeo).

—, *Nuevas y viejas tendencias en la docencia. Argentina 1945-1955*, Buenos Aires, 1991.

Halperín Donghi, T., *La democracia de masas*, Buenos Aires, 1972.

Plotkin, M., *Mañana es San Perón. Propaganda, rituales políticos y educación en el régimen peronista (1946-1955)*, Buenos Aires, 1994.

Puiggrós, A. y Bernetti, J., *Peronismo, cultura política y educación*, Buenos Aires, 1993.

Rein, M. y Rein, R., "Populismo y educación: el caso peronista", en *Revista del Instituto de Investigaciones en Ciencias de la Educación*, año V, N° 8 (1996).

Tedesco, J. C., "La educación argentina entre 1930 y 1955", en *Primera Historia Integral*, Buenos Aires, 1980.

Wainerman, C. H. y Bark de Raijman, R., *Sexismo en los libros de lectura de la escuela primaria*, Buenos Aires, 1987.

Libros de texto citados

Albornoz de Videla, G., *Evita*, Buenos Aires, 1953.
—, *Justicialismo*, Buenos Aires, 1953.
Arena, L., *Tiempos nuevos*, Buenos Aires, 1954.
de García, L. F., *Patria justa*, Buenos Aires, 1955 (3ª edición).
Gutiérrez Bueno, A., *Privilegiados*, Buenos Aires, 1953.
Raggi, A., *Pueblo feliz*, Buenos Aires, 1954 (3ª edición).

Capítulo III

Represión versus rebelión: las universidades bajo el peronismo

El sistema educativo argentino bajo la presidencia de Juan Domingo Perón se caracterizó por grandes cambios, tanto desde el punto de vista estructural como en los contenidos de la enseñanza. El número de escuelas primarias y secundarias creció en forma notable, al igual que el de los alumnos. Se abrieron diferentes tipos de establecimientos, entre ellos numerosas escuelas técnicas destinadas a capacitar buenos profesionales que pudieran contribuir al proceso de industrialización y modernización que el gobierno deseaba profundizar. Nuevos materiales de enseñanza y textos escolares inundaron el sistema, principalmente en su ciclo primario; los mensajes transmitidos a los alumnos se hacían cada vez más partidarios, al tiempo que se intentaba crear una equivalencia entre la lealtad al partido gobernante y la nación. El sistema educativo se convirtió en un medio por el cual el régimen inculcaba la doctrina justicialista y entonaba loas a la obra de la pareja presidencial.[1] La política universitaria del peronismo complementaba la adoptada hacia las escuelas y era parte de un programa general que aspiraba a dominar diversos agentes culturales del país, tales como la prensa escrita y la electrónica.

Al examinar el sistema educativo argentino, puede aclararse desde un ángulo adicional el carácter y la esencia del régimen peronista, tan arduamente investigado en los últimos años, lo cual supone un aporte adicional al debate historiográfico existente con

[1] Sobre el proceso de peronización del sistema educativo se han publicado en los últimos años numerosos estudios; véase, por ejemplo, Jorge Luis Bernetti y Adriana Puigróss, *Peronismo. Cultura política y educación. (1945-1955)*, Buenos Aires, 1993; Mariano Plotkin, *Mañana es San Perón*, Buenos Aires, 1994; Mónica E. Rein, *Politics and Education in Argentina, 1946-1962*, Nueva York, 1998; Mónica Rein y Raanan Rein, "Populismo y educación: El caso peronista (1946-1955)", en *Revista del Instituto de Investigaciones en Ciencias de la Educación* N° 8, Año 5 (1996): 50-57; Silvina Gvirtz, "La politización de los contenidos escolares y la respuesta de los docentes primarios en los primeros gobiernos de Perón", en *Estudios Interdisciplinarios de América Latina y el Caribe* 10/1: 25-35.

respecto a la definición del mismo.[2] Una observación de los diversos niveles de la educación en Argentina en este período muestra un gobierno elegido democráticamente en 1946, pero que comenzó con rapidez a revelar su aspecto autoritario y quizás hasta sus aspiraciones totalitarias. El Presidente procuró acoplar el sistema educativo a sus necesidades políticas y modelar una generación de "nuevos argentinos" sobre el regazo de su ideología partidaria.

A fin de llevar a cabo el plan del líder, fueron movilizados los colegios primarios y secundarios, e incluso se llegó a fundar un movimiento juvenil peronista (la UES), a cuyas filas, si bien no era obligatorio participar, numerosos alumnos y padres se sintieron presionados a adherirse de todos modos. Las universidades se diferencian –claro está– de los establecimientos primarios y secundarios, por lo cual también la actitud adoptada por el régimen hacia las mismas fue distinta. Asimismo, los estudiantes actuaron de modo diferente al de los alumnos de nivel elemental; al menos durante cierta parte del período puede distinguirse una constante actividad estudiantil, que se expresaba, entre otras formas, en manifestaciones contra el régimen, paros y huelgas, toma de las diversas facultades, etc. Los alumnos que estudiaban en dichas instituciones no recibieron de buena gana la victoria de Perón y protestaban por su elección, mientras que el gobierno, que por su parte intentaba eliminar todo foco de oposición, utilizó medios rígidos para silenciar a los estudiantes y restaurar la calma en las universidades. La intervención del régimen en las seis universidades estatales del país (Córdoba, Buenos Aires, La Plata, el Litoral, Tucumán y Cuyo) comenzó ya tras el golpe de estado de junio de 1943, uno de cuyos líderes más destacados era Perón.[3] La política de intervención en las casas de altos estudios acompañaría al peronismo a lo largo de toda su estancia en el poder.

Estas intervenciones incluían la designación de rectores y decanos para las diversas facultades, todos ellos leales al régimen; la

[2] Carlos Fayt, *La naturaleza del peronismo*, Buenos Aires, 1967; Alberto Ciria, *Perón y el justicialismo*, Buenos Aires, 1971; Cristián Buchrucker, *Nacionalismo y peronismo*, Buenos Aires, 1987; Mariano Plotkin, "The Changing Perceptions of Peronism: A Review Essay", en James P. Brennan (ed.) *Peronism and Argentina*, Wilmington, DE, 1998, 29-54.

[3] Sobre el golpe de 1943, véase Robert Potash, *The Army and Politics in Argentina, 1928-1945*, Stanford, 1969, cap. 7; Enrique Díaz Araujo, *La conspiración del 43*, Buenos Aires, 1971. Importantes documentos sobre la organización y la ideología del GOU se encuentran en Robert Potash, *Perón y el GOU*, Buenos Aires, 1984.

expulsión de profesores y docentes que no se identificaran con la línea oficial y su ideología y su remplazo por otros que ocasionalmente tenían menores méritos académicos, mas se encontraban alineados con el oficialismo; la sustitución de personal administrativo por "allegados" al régimen; la expulsión de estudiantes o suspensión de sus estudios por participar en manifestaciones y disturbios; la sanción de nuevas leyes que remodelaron la forma de administración de las universidades y la enseñanza en éstas; el cierre de universidades por lapsos indeterminados a causa de "irregularidades", así como otras acciones cuyo objetivo era socavar la autonomía de que gozaban los centros de enseñanza terciaria.

El movimiento de reforma universitaria comenzó en la Argentina a principios de siglo y obtuvo logros destacados en 1918. Entre ellos merece mencionarse aquí la concesión de la autonomía a las instituciones en todo lo referente a su administración y a la determinación de programas de estudio, así como en la participación de los estudiantes en los consejos universitarios.[4] El gobierno militar y luego el peronismo intentaron anular estos logros y no se escatimaron esfuerzos para lograr dicho objetivo. Una universidad autónoma e independiente era incompatible con la política peronista, que bregaba por imponer una hegemonía ideológica en la sociedad argentina.

Las casas de altos estudios se convirtieron en focos de oposición al gobierno y, en consecuencia, en objeto de represión. Las universidades, que por su misma naturaleza son fuente de crítica y debate contra casi cualquier régimen, se caracterizaron en ese entonces por una clara actividad antiperonista. Los estudiantes consideraban la política intervencionista como perjudicial para su autonomía y una violación de los acuerdos avenidos con los reformistas tras largas luchas a comienzos del siglo. Y no sólo los estudiantes salieron a las calles a manifestarse: la mayor parte de los docentes universitarios del período peronista pertenecían a la generación que veinticinco años antes había actuado en el marco de la "revolución reformista" y no estaban dispuestos a perder sus logros ahora, a causa de un militar que jamás había asistido a ninguna facultad.

[4] Sobre la reforma universtaria de 1918 y sus logros, véase Julio V. González, *La universidad, teoría y acción de la Reforma*, Buenos Aires, 1945; Gabriel del Mazo, *Estudiantes y gobierno universitario*, Buenos Aires, 1955; Alberto Ciria y Horacio Sanguinetti, *La reforma universitaria*, Buenos Aires, 1983, cap. II; Richard J. Walter, *Student Politics in Argentina*, Nueva York, 1963, cap. 3.

Por su parte, los estudiantes no querían parecer menos democráticos que sus maestros.

Estudiantes y docentes, por lo tanto, condujeron una lucha acompañada por manifestaciones, huelgas y solicitudes al régimen para que modificara su política y saliera de las universidades. Eventualmente hubo también derramamiento de sangre, arrestos y expulsiones. La Federación Universitaria Argentina (FUA) estaba al frente de la lucha contra el gobierno y sus ramas en las diversas universidades trabajaban en forma coordinada, activando a los estudiantes en todo el territorio nacional. A los estudiantes se sumaron a veces diversas organizaciones del país, pues no se limitaban a oponerse sólo a temas relacionados con sus estudios y con frecuencia se manifestaban junto a grupos obreros en sus demandas sociales.

El objetivo de este artículo es examinar la situación de las instituciones de altos estudios en el período peronista y las relaciones entre el régimen que se autodenominaba justicialismo y el sistema educativo en su nivel terciario. Las cuestiones que intentaré examinar aquí, utilizando para ello una variedad de fuentes primarias y secundarias, son cómo se integraron las universidades en el proceso de dominio del sistema educativo, cuáles fueron los medios adoptados por el régimen en ese campo y cómo reaccionaron frente a ello los estudiantes y los docentes. La investigación realizada indica que el gobierno de Perón canalizó su energía principalmente a la opresión de la oposición al régimen que se vislumbró en las universidades, a fin de interrumpir las actividades políticas en las aulas y acallar las voces de los opositores.

A diferencia de los esfuerzos doctrinarios en la educación primaria y secundaria, la característica más sobresaliente de las relaciones entre el régimen y las instituciones de altos estudios fue el enfrentamiento, la protesta estudiantil que comenzó durante el gobierno militar, junto a la recia represión de la que fue objeto. Bajo este gobierno militar y la sombra de la Segunda Guerra Mundial,[5] se repitió este círculo vicioso en las relaciones del régimen con las universidades una y otra vez, como fue notable también durante

[5] Sobre la postura neutral de Argentina y las tensiones con Estados Unidos por tal motivo, véase Mario Rapoport, *Gran Bretaña, Estados Unidos y las clases dirigentes argentinas: 1940-1945*, Buenos Aires, 1980; Carlos Escudé, *Gran Bretaña,Estados Unidos y la declinación argentina, 1942-1949*, Buenos Aires, 1943; Joseph S. Tulchin, *Argentina and the United States. A Conflicted Relationship*, Boston, 1990, cap. 6.

1945. El año comenzó con intenciones de reconciliación y reorganización, sobre el trasfondo de la victoria de los Aliados y el próximo final de la guerra. Parecía que las universidades regresaban a la situación imperante tras las reformas de 1918. Los estudiantes eran copartícipes junto a las autoridades; se llevaron a cabo elecciones del rectorado y de los consejos directivos y la autonomía fue restaurada -al menos en apariencia- en los campos universitarios. Sin embargo, muy pronto hubo un retroceso y volvieron a aparecer las mismas pautas de represión, huelgas y cierre de las facultades.[6]

Hacia el final del año, con la promesa de regresar a un régimen civil, el presidente Farrell volvió a abrir las instituciones de altos estudios y el país entró en un período de campaña electoral. Con estas circunstancias como telón de fondo, junto a las obligaciones, tanto internas como externas, el gobierno no adoptó una política clara, y la forma en que trató la cuestión de las universidades sufrió agudos vaivenes. Por una parte, era importante reconciliarse con diversos sectores en el país, entre ellos las universidades, antes de encarar las elecciones; por otra, resultaba difícil para los oficiales tolerar los disturbios y las voces de apoyo a los Aliados, así como aceptar la autonomía de la que gozaban estas instituciones. La política general del régimen militar -opresión del movimiento estudiantil, cierre de las casas de estudio y cese de gran cantidad del personal- no se interrumpió cuando la autonomía fue restituida. Frente a los intentos de represión se formó en dicho año una fuerza unida de estudiantes y docentes. Los diversos grupos políticos en las universidades, desde los liberales conservadores, al que pertenecían muchos de los docentes, hasta las nuevas posturas de los estudiantes reformistas, se presentaron como un solo bloque militante en contra del régimen.[7]

Las elecciones que se avecinaban llevaron a los estudiantes a pronunciarse en forma categórica contra el gobierno militar y la candidatura de Perón. Las organizaciones apoyaron en forma decisiva la coalición de partidos que formaba la Unión Democrática y la FUA participó como tal en eventos organizados por la misma. Muchos de los estudiantes veían en el peronismo una especie de fas-

[6] Sobre las demandas estudiantiles en esta etapa, véase Augusto J. Durelli, *Forma y sentido de la resistencia universitaria de octubre de 1945*, Buenos Aires, 1945.

[7] Tulio Halperín Donghi, *Historia de la Universidad de Buenos Aires*, Buenos Aires, 1962, 178.

cismo, como lo expresara Américo Ghioldi, quien a la sazón cursaba la carrera de ingeniería. Cuando relata sobre la organización estudiantil en su Facultad, cuenta que "estábamos opuestos al peronismo, éramos demócratas".[8]

La derrota de la Unión Democrática en las elecciones de febrero de 1946 significó un golpe rotundo para la FUA. Uno de los problemas más graves de los estudiantes de la época fue la alienación que se creó entre ellos y la clase obrera, dado el apoyo masivo que tenía Perón entre las masas de trabajadores; este público fue dirigido en contra dc los cstudiantes dando origen al lema que contribuyó a consolidar la imagen antiintelectual del peronismo: "!Alpargatas sí, libros no!".[9]

Perón es elegido y el desorden continúa

Se entiende que el apoyo de los estudiantes a la Unión Democrática no contribuyó a garantizar sus derechos tras la victoria de Perón en las elecciones, sino más bien todo lo contrario. El 30 de abril Perón ordenó al presidente en ejercicio, el general Farrell, realizar una nueva intervención en esas instituciones.[10] Como responsable de la Universidad de Buenos Aires –UBA– fue nombrado Oscar Ivanissevich, médico y cirujano de gran prestigio, que ocupó posteriormente el puesto de ministro de Educación en el gobierno de Perón. La respuesta de los docentes y los estudiantes a esta nueva intervención no se hizo esperar. Nuevamente comenzaron las manifestaciones, las huelgas y las declaraciones en contra del régimen. Ya el 3 de mayo, apenas una jornada después de la designación del nuevo interventor, los estudiantes de la Universidad del Litoral enarbolaron el estandarte de la lucha e iniciaron una huelga de veinticuatro horas. Rápidamente dicha medida se extendió a todas las universidades del país, y se prolongó hasta el 12 de mayo.[11]

[8] Entrevista con Américo Ghioldi (6 de sep. de 1989), Proyecto de Historia Oral de la UBA, (HO) dirigido por Dora Schwarzstein y Pablo Yankelevich, Sistema de Información Bibliográfica (SISBI), Buenos Aires.

[9] Walter, *Student Politics*, 132.

[10] *Anales de Legislación Argentina* (ALA), 1946, VI-C, decreto núm. 12.195, 30 de abril de 1996.

[11] León Berdichevsky, *Universidad y peronismo*, Buenos Aires, 1965, 171-172. También los periódicos informaban sobre los acontecimientos en el ámbito universitario en aquellos días. Véase, por ejemplo, *La Prensa*, 4-V-1946, 5; 5-V-946, 7.

De un informe de la embajada de los Estados Unidos en Buenos Aires se desprende que la huelga no fue muy significativa, al menos si se comparaba con las actividades estudiantiles que caracterizaron los días del régimen militar. Los estudiantes no tenían un plan de acción conjunto y pareciera que la mayoría prefirió continuar con sus actividades académicas.[12] La militancia de los estudiantes, como veremos, fue en descenso a lo largo del período que Perón estuvo en el gobierno y sólo en vísperas de su derrocamiento, cuando arreciaron las voces opositoras de diversos signos a partir de fines de 1954, volvieron a manifestarse y protestar contra el régimen en forma consistente.

Cuando Perón entró al palacio presidencial en junio de 1946, continuó la política de mano dura contra las universidades y, paralelamente al nombramiento de interventores, comenzó una ola de despidos y expulsiones de maestros y profesores cuyas concepciones no concordaban con la línea peronista. Los últimos meses de aquel año fueron especialmente duros. Los datos hablan de la expulsión de unos 1.250 profesores universitarios, es decir, un tercio del total de docentes e investigadores. Los puestos de los despedidos fueron ocupados por allegados al régimen, aunque los méritos académicos de algunos de ellos hayan sido objeto de serias dudas.[13] En una entrevista con uno de los estudiantes de la Facultad de Ciencias Económicas de la capital en aquellos años, se traza una imagen similar. Relata que sabía de la existencia de pésimos profesores que habían sido nombrados sólo por el hecho de contar con una credencial de afiliación al partido oficialista, pese a que entre ellos había algunos buenos catedráticos.[14] Estos últimos se sentían a gusto en las universidades; uno de ellos, que dictó clases

[12] National Archives, Records of the Department of State, Washington D.C. (NA), 835.00/5-846, from Cody to State Department, 8 de mayo de 1946.

[13] República Argentina, *Libro negro de la segunda tiranía*, Buenos Aires, Comisión Nacional de Investigaciones, 1958, 60. Los periódicos informaban a diario sobre los despidos; véase, por ejemplo, *La Prensa*, 1-10-XII-1946. Walter sostiene que más del 70% del plantel académico debió abandonar su cargo (136-137). Los docentes designados por el peronismo recibieron el apodo peyorativo de "flor de ceibo", que se utilizaba en aquellos días para aludir a productos de consumo de baja calidad. Así lo relató Miguel Murmis en una entrevista (Mario Toer [coord.], *El movimiento estudiantil de Perón a Alfonsín. 1*, Buenos Aires, 1988, 21). Murmis criticó a los nuevos nombrados alegando que lo único que debía estudiarse eran las clases que dictaban los propios docentes, quienes no remitían a sus alumnos a consultar textos bibliográficos (23-24).

[14] Entrevista con el doctor William Chapman (1 de marzo de 1988), HO.

en la Facultad de Derecho en Buenos Aires, contaba que en la época de Perón hubo un florecimiento en las universidades en lo que respecta a investigaciones. Se posibilitó a todos el estudio mediante la abolición de aranceles y se prestaban libros a quienes lo necesitaban. Cuando en la entrevista se menciona que hubo muchos intelectuales que se opusieron a Perón, señala que hubo muchos que lo apoyaron. Respecto a las cesantías y a la ola de despidos, dice: "En realidad, los desplazados fueron los que se fueron, esos que no interpretaron ni entendieron lo que era el Justicialismo que llegaba. Los que no se fueron, esos quedaron y hubo mucha gente buena que quedó [...] y que fueron buenos profesores".[15]

Otro estudiante, que finalizó sus estudios de ingeniería en 1952, destaca el tema de las intervenciones y de los nombramientos políticos: "Se llegó a decir en ese momento que lo importante era ser justicialista, antes que ser idóneo[...]". El mismo fue detenido una vez en aquellos años, "simplemente por ser estudiantes que participaban en la Federación Universitaria. Los centros de estudiantes tradicionales que eran reformistas [...] eran considerados un factor de perturbación, un factor de disturbio".[16]

Los estudiantes sintieron la mano dura del flamante régimen cuando el nuevo interventor de la UBA anunció el cierre del edificio en que se encontraba el Centro de Estudiantes de esa casa, debido a que habían publicado volantes que condenaban al gobierno.[17] En la Universidad del Litoral se pudo apreciar los cambios mediante los vuelcos que sufrió, una vez más, la revista *Universidad*. Esta publicación reapareció en abril de 1945, tras la normalización y regularización de las instituciones de enseñanza terciaria. Hasta abril de 1946 aparecieron cuatro números; el 19 (enero-abril de 1946) fue el último que se imprimió, distribuyéndose cuando la universidad se encontraba ya intervenida, aunque sin un artículo editorial que esclareciera el cambio ocurrido en la institución, a diferencia de lo ocurrido un año antes, cuando se había incluido una nota que explicaba la restitución de un rector elegido por uno designado. El número siguiente volvería a aparecer no antes de

[15] Entrevista con el doctor Alberto Luis Rocamora, ídem. Ver también Alejandro B. Gómez, *No nos han vencido... Historia del Centro de Estudiantes de Derecho – UBA*, Buenos Aires, 1995.

[16] Entrevista con Ludovico Ivanissevich Machado (8 de oct. de 1989), ídem.

[17] *Archivos de la UBA*, t. XXI, enero-dic. 1946 (28 de oct. de 1946), Buenos Aires, 1947.

diciembre de 1948, tras una pausa de casi un año y medio.[18] A partir de entonces se publicó en forma irregular, tanto que llegó a aparecer sólo un número por año.

Existen informes de la embajada norteamericana referentes a la embarazosa situación generada en las universidades por el abandono masivo de personal, en señal de apoyo y de solidaridad con los declarados cesantes, y la falta de control de los interventores ante la situación creada. Hubo ocasiones en que los encargados intentaron retardar la renuncia de uno u otro profesor, si bien todas las reuniones de asesoramiento y consulta realizadas sobre el tema entre el ministro y los rectores-interventores no tuvieron gran éxito. De uno de los informes diplomáticos se desprende que en la reunión de consulta de los seis rectores con el ministro se resolvió, a mediados de noviembre, interrumpir la política de despidos. Por ejemplo, el interventor en el Litoral, Julio de Tezanos Pinto, anunció al regreso de esta reunión el término de la reorganización del plantel académico de la institución y rechazó la renuncia de cuatro profesores; de este modo impidió que recibieran indemnización por despido. El objetivo era amenazar con el látigo económico e impedir que la universidad se quedara sin personal académico. Todo se encontraba bajo el control absoluto del rector y éste se podía permitir adoptar semejante medida.[19]

Oscar Ivanissevich, nombrado interventor en la UBA al poco tiempo de asumir Perón la presidencia (y que en el futuro sería fundador del Ministerio de Educación, separado del de Justicia), informaba a fines de agosto –al evaluar sus tres meses a la cabeza de dicha institución– que hubo ocho profesores universitarios que pidieron abandonar la institución y ampararse bajo el régimen de jubilación, y que en esos meses había nombrado 34 profesores adjuntos y siete profesores honorarios. No se hacía mención alguna del número de catedráticos despedidos por las autoridades.[20]

[18] *Universidad* 19 (enero-abril 1946); 20 (dic. 1948).

[19] *NA*, 835.4214/12-204, from the Embassy in Buenos Aires to State Department, 20 de dic. de 1946.

[20] Oscar Ivanissevich, "Tres meses en la UBA", informe presentado al ministro de Justicia e Instrucción Pública por el interventor Nacional de la UBA, Oscar Ivanissevich, UBA, Buenos Aires, 1946. Una lista de profesores y auxiliares de enseñanza exonerados, cesantes y renunciantes como protesta o por solidaridad con los expulsados, puede verse en Federación de Agrupaciones para la Defensa y Progreso de la Universidad Autónoma, *Avasallamiento de la universidad argentina*, Buenos Aires, 1947, 7 y ss.

Noviembre y diciembre fueron meses de esfuerzos por organizar una reacción estudiantil masiva a los acontecimientos. La FUA convocó a una huelga general en todas las instituciones de altos estudios, tras el despido de numerosos profesores y la designación de un nuevo interventor en la capital. En reemplazo de Ivanissevich, que fue enviado a ponerse al frente de la embajada en Washington, asumió el cargo Fernando Bustos. La FUBA (Federación Universitaria de Buenos Aires) publicó un anuncio sobre la huelga general, en el que explicaba que la situación política del país, y la incidencia de esa situación sobre el problema universitario, exigían la adopción de medidas pertinentes.[21] Durante los primeros días de diciembre se plegaron a los huelguistas más estudiantes; así, la Agrupación Reformista de Estudiantes de Veterinaria resolvió adherirse "en esta hora trágica para la Universidad Argentina" e invitó a sus afiliados a defender esa actitud contra la intervención.[22]

Era época de exámenes y resulta difícil estimar cuál fue la participación en la huelga en Buenos Aires. De distintos informes se desprende que su efecto fue sólo parcial y que alrededor del 70% de los estudiantes no respondió al llamado de la organización. Por ejemplo, sabemos que la Asociación Estudiantil de Ciencias Económicas publicó una declaración que llamaba a los alumnos de esa Facultad a presentarse a los exámenes y no responder a la convocatoria de la FUBA.[23] Si agregamos a eso la actividad de la policía para impedir disturbios, se podrá entender cómo fue que el año lectivo finalizó de hecho sin mayores problemas. En la Universidad de La Plata, la medida de fuerza tuvo mayor acogida y también se prolongó durante más tiempo. El anuncio del gobierno de que aquel estudiante que no se presentara a un examen tampoco podría presentarse a los restantes, causó en gran medida la quiebra de la protesta. El 12 de aquel mes anunciaron los organizadores el final de la huelga, a pesar de que en La Plata duró algunos días más.[24] Esta resolución no fue aceptada unánimemente por todos los estu-

[21] *LP*, 1-XII-1946, 10; Roberto Almaraz *et al.*, *¡Aquí FUBA! Las luchas estudiantiles en tiempos de Perón (1943-1955)*, Buenos Aires, 2001.

[22] *Ibíd..*, 2-XII-1946, 16.

[23] *Ídem.*

[24] Carlos Mangone y Jorge A. Warley, *Universidad y peronismo (1946-1955)*, Buenos Aires, 1984, 25-26; E. F. Sánchez Zinny, *El culto de la infamia*, t. I, Buenos Aires, 1958, 169. Los periódicos informaron ampliamente sobre la huelga en La Plata, señalando que la respuesta estudiantil fue casi unánime y que el número de alumnos que se presentó a los exámenes fue mínimo. Véase *LP*, 6-7-XII-1946.

diantes: los representantes de Derecho y de Filosofía y Letras se contaban entre los principales opositores, mientras que los de Ingeniería se abstuvieron.

Los partidarios del cese de la huelga sostenían que en la coyuntura que se presentaba debían pensarse nuevas formas de lucha que fueran más efectivas para triunfar y para promover las ideas reformistas y democráticas.[25] Esta ola de actividades a fines de 1946 fue, en cierto modo, la última reacción seria a la decidida política del régimen peronista, que apuntaba al dominio de las universidades. El debate llevado a cabo entre los estudiantes de la FUBA –que resultó en el final de la huelga– ejemplifica esta tendencia a reducir las actividades de oposición al gobierno. Los años siguientes se caracterizarían por una actividad limitada. El último intento de resistencia de los estudiantes tuvo lugar con motivo de la sanción de la nueva ley universitaria en 1947, tras lo cual la FUA interrumpió casi por completo sus acciones contra el régimen. Puede decirse que el gobierno ganó en esa vuelta, por lo que los estudiantes prefirieron concentrar sus esfuerzos en otros sentidos.

La organización de los estudiantes fue declarada ilegal una vez más a comienzos de 1947, y todo cuanto eventualmente hiciera fue clandestino y pasó prácticamente desapercibido. Pareciera que los estudiantes se cansaron de enfrentarse frontalmente con el régimen y prefirieron conformarse con pelear por asuntos específicos. Pero hubo también otras razones.

"Silencio" en el frente universitario

Es posible que esta falta de actividad por parte de los estudiantes tuviera su origen en ciertos logros de que gozó el alumnado universitario en el período peronista y que garantizaban al régimen una relativa tranquilidad en aquel ámbito. El proceso de democratización y popularización por el que pasó el sistema educativo en sus distintos niveles, que se expresó en una construcción masiva de escuelas y de aulas y un impresionante crecimiento en el número de alumnos, no pasó por alto a las instituciones de estudios superiores, aunque en proporción mucho más reducida y siempre que la situación económica lo permitiera.

[25] *Ibíd.*, 12-XII-1946, 16.

Perón dispuso en el primer plan quinquenal del año 1947 que se asignaran 200 millones de pesos para la construcción de universidades en el país.[26] A pesar de que el régimen comenzó varias de estas obras, las mismas se vieron interrumpidas a consecuencia de la crisis económica que comenzó en 1949.

De igual manera, el gobierno de Perón fue responsable de algunas de las iniciativas de construcción de nuevas sedes, particularmente en la UBA, como los nuevos edificios de las facultades de Odontología y de Arquitectura y la inauguración de la nueva Facultad de Derecho en la capital. Los planes de reconstrucción y reorganización de las universidades fueron intentos del gobierno por dar respuesta al creciente número de matriculados; en la mayor parte de los casos, la situación en los campos era difícil y los vetustos edificios, en su mayoría construidos durante el siglo XIX, no alcanzaban para albergar a los estudiantes, cuya cantidad aumentaba. Un ejemplo fue el recinto de la Facultad de Ciencias Exactas, Física y Ciencias Naturales, del que decían –ya en 1942, cuando el número de estudiantes no llegaba a 500– que "Es verdaderamente vergonzoso que nuestra facultad funcione aún en este edificio viejo, inadecuado, insuficiente, sucio y malsano". Posteriormente, el número de alumnos llegó a 2.700, todavía en el mismo edificio inaugurado en 1806.[27] Aun así, a pesar de que hubo planes de construcción y mejoras en las condiciones físicas de las universidades, la aplicación de este programa fue incompleta, a diferencia de lo ocurrido en el nivel primario y el secundario, donde la construcción fue masiva.

En 1950 se trasladó la Facultad de Ciencias Exactas al antiguo edificio que ocupaba Derecho en la calle Las Heras. El régimen presentó este hecho como un logro peronista, aun cuando los estudiantes, particularmente los de izquierda, lo veían como un éxito propio, ya que la mudanza se posibilitó tras una lucha ardua por su parte. Desde 1948, no cesaban de presentar peticiones y de expresar su protesta por las duras condiciones en que estudiaban, haciendo todo lo posible, tras la inauguración de la nueva Facultad de Derecho, por recibir la casa que albergara los estudios de abogacía.

[26] República Argentina, *Plan quinquenal del gobierno*, Buenos Aires, 1947.

[27] Bernardo Kleiner, *Veinte años de movimiento estudiantil reformista, 1943-1963*, Buenos Aires, 1964, 74.

El presupuesto universitario se fue reduciendo como consecuencia de las dificultades económicas que atravesaba la nación, especialmente desde 1950,[28] lo que se reflejó de inmediato en las construcciones. Éste fue también el año del mayor incremento en el número de matriculados a las instituciones de altos estudios, por lo que la penuria iba en aumento. Es posible establecer entonces que, a pesar de la existencia de un programa de edificación y de mejora de las condiciones físicas de las universidades, su puesta en marcha fue fragmentaria.

Por su parte, el aumento de los matriculados en las diversas facultades se debió a la resolución por la cual se anulaban todos los aranceles universitarios, incluyendo los de inscripción y derecho a exámenes.[29] En junio de 1949, el Presidente había anunciado dicha medida en uno de sus mensajes radiofónicos, adelantándose algunos meses al decreto, que en realidad fue aceptado y publicado en marzo de 1950. No cabe duda acerca de la importancia de esta medida en el marco de los intentos de democratización del sistema educativo y la conversión de sus distintos niveles en propiedad de todos los argentinos. El decreto daba la oportunidad de inscribirse a las universidades a quienes lo desearan, sin tomar en cuenta su situación económica. Por otra parte, causaba no pocas dificultades, tales como una carga presupuestaria inmensa para el Ministerio de Educación y para las universidades, que debían desde entonces recibir y financiar a un número creciente de estudiantes.

Esta nueva disposición fue seguida por dos resoluciones del Consejo Nacional Universitario para el año lectivo de 1950, según las cuales no sólo se aplicaría una multa de 30 pesos al estudiante que anulara su inscripción a un curso, sino que además cada candidato debía presentar al inscribirse un certificado de buena conducta expedido por la policía.[30] Aun cuando el objetivo de esta última disposición fuera limitar el creciente número de inscritos, tras haber anulado los aranceles, se trataba de un medio inusual, espe-

[28] Sobre la situación económica de la Argentina en esta época, véase David Rock, *Argentina 1516-1982*, Berkeley, 1985, 289-302.

[29] *ALA*, t. X-A, decreto núm. 6.401, 25 de marzo de 1950.

[30] Kleiner, *Veinte años*, 111-112. Sobre las nuevas condiciones de ingreso, puede leerse también en los periódicos; por ejemplo, *La Prensa* de enero de 1950, p. 7. En las notas periodísticas se recoge el rechazo de 10 estudiantes al requisito del certificado de buena conducta: *ibíd.*, 13-I-1950, 6.

cialmente en países democráticos. Esta medida tenía un objetivo político, ya que numerosos estudiantes eran activos opositores a Perón y las fuerzas del orden contaban con información sobre su participación en huelgas y manifestaciones contra el régimen. El peronismo quería universidades libres de agitación política y desórdenes: quienes habían participado en el pasado en enfrentamientos con las autoridades, y cuyos antecedentes se registraron en los archivos policiales, no eran deseados en las universidades justicialistas.

Uno de los medios que adoptó el gobierno peronista para contrarrestar el aumento del número de estudiantes fue la imposición de exámenes de ingreso a las diversas facultades.[31] Este método era habitual en diferentes casas de estudio en América Latina, aunque no en la Argentina hasta ese momento. El sentido era doble: elevar el nivel de los estudiantes y limitar su número, especialmente ante la dura situación económica en que se veía sumido el país. O sea que, junto a la resolución populista de anular los aranceles, el régimen adoptó una medida poco popular que despertó enconadas protestas, por lo que tuvo que retractarse de la misma ante la presión masiva ejercida por las organizaciones estudiantiles. Perón se encontró sometido a presiones contradictorias: por una parte, benefició al público más débil cuando pudo hacerlo y, por otra, debió reducir las implicaciones de su decreto ante las coyunturas objetivas en que se encontraban las arcas del Estado.

Pese a todas estas medidas, los datos indican un impresionante crecimiento en el número de matriculados a las universidades durante el período peronista. En 1947 había 51.272 estudiantes inscritos; hacia 1955, la cifra llegó a 143.542.[32] Es obvio que Perón estaba conforme con tal incremento, aunque le produjera dificultades económicas; esto significaba un gran éxito para el régimen y un estandarte que podía enarbolarse como argumento contra los opositores. Hay quienes sostienen, no obstante, que este proceso debe ser visto en el contexto más amplio del crecimiento de la población universitaria en toda América Latina en aquellos años, y que por lo tanto este aumento se hubiera dado también bajo otro gobierno, no necesariamente peronista[33]. Pese a ello, al menos parte

[31] Mangone y Warley, *Universidad y peronismo*, 31.

[32] Kleiner, *Veinte años*, 71.

[33] Kleiner menciona en *ibíd.*, (68) datos sobre el crecimiento en la matriculación universitaria en distintos países latinoamericanos durante los años cuarenta y cin-

de este desarrollo debe acreditarse al régimen peronista, que concentró numerosos esfuerzos en acrecentar el número de estudiantes. Esta política debe ser analizada en el contexto general del justicialismo, que aportó, como ya se dijo, un crecimiento significativo también en la población de alumnos de nivel primario y secundario.

Es interesante señalar que a pesar del crecimiento en el número de inscritos a las universidades, no se modificó su distribución entre las diversas facultades. Este dato destaca frente al hecho de que en este período el país atravesaba un proceso de industrialización y la educación fue adaptada, al menos nominalmente, aunque muchas veces también en la práctica, a tal fin. El sistema de educación secundario, en particular, se caracterizó en esta época, entre otros aspectos, por la creación de escuelas especializadas y técnicas, las cuales dirigían a numerosos alumnos en este sentido,[34] aunque su efecto, en el nivel universitario, casi no se dejó sentir. La mayor parte de las inscripciones era para las facultades de Economía, Medicina o Derecho, que concentraban entre 1943 y 1945 a dos tercios del estudiantado de la UBA.[35]

La fundación de la Universidad Obrera —mediante la ley 13.229 de agosto de 1948— no conllevó un cambio significativo en el área de la capacitación profesional. El primer artículo de esa ley establecía que se dictarían cursos de capacitación técnica en las escuelas dependientes de la Comisión Nacional de Aprendizaje y Orientación Profesional y que los egresados se acreditarían como técnicos de fábrica; el segundo se refería a los estudios técnicos profesionales académicos, a los que sólo podrían ingresar quienes tuvieran el título mencionado, con una colación de grado, al final del ciclo, como ingenieros de fábrica. Esta universidad no comenzó a funcionar hasta el año lectivo 1953, y ello sólo después de que se publicara un reglamento adecuado mediante decreto, el 7 de abril de 1952.[36]

---

cuenta. Según éstos, en Argentina el incremento fue del 11.7%, en Chile 9.4%, en Panamá 9.1%, Paraguay 12.9% y en México casi 20%.

[34] Pablo Pineau, *Sindicatos, estado y educación técnica (1936-1968)*, Buenos Aires, 1991; Inés Dussel y Pablo Pineau, "De cuando la clase obrera entró al paraíso: la educación técnica estatal en el primer peronismo", en Adriana Puiggrós (coord.), *Discursos pedagógicos e imaginario social en el peronismo, 1945 -1955*, Buenos Aires, 1995, 107-173.

[35] Kleiner, *Veinte años*, 71-72.

[36] República Argentina, *Cámara de Diputados de la Nación, (Dip.)* 1948, t. III, 21

Es innegable la importancia que tuvo esta universidad en el marco de los objetivos generales del régimen y el proceso de desarrollo y modernización que atravesaba el país a la sazón. Para concretar los programas económicos trazados, entre ellos el de llevar a la Argentina a una etapa industrial moderna, debía capacitarse mano de obra calificada y adaptada a las nuevas condiciones. Este papel cupo a las escuelas técnicas y a la Universidad Obrera, que debía –entre otras cosas– complementar la educación de los egresados de aquéllas. Por to tanto, la importancia de esta casa de estudios se encontraba tanto en el marco del plan general de ampliación de la educación como en el de la realización de los objetivos económicos nacionales.

En la práctica, fueron pocos los que lograron iniciar sus estudios en esta universidad, y muchos menos quienes los completaron. A los trabajadores les resultaba difícil combinar el trabajo con los estudios, que eran muy exigentes y requerían la presencia en clase. Este problema del número de egresados era común a todas las universidades: si bien hubo un aumento considerable en el número de inscritos como consecuencia directa de la eliminación de los aranceles y, desde 1953, de los exámenes de ingreso establecidos tres años antes, fueron muy numerosos los que abandonaron, en una u otra etapa. La principal dificultad consistía en la supervivencia, tanto académica como económica. Un ejemplo numérico puede ilustrar esta situación: en la Facultad de Ingeniería de la UBA se inscribieron al primer año, en 1953, 3.401 estudiantes; de ellos quedaban 1.095 al año siguiente, y en 1955 cursaron el tercer año sólo 505. El porcentaje de egresados respecto de los inscritos descendió a lo largo de la década peronista. Si en 1947 se graduó un 12% del total de los alumnos registrados, en 1950 esta cifra era del 8% y en 1955 había descendido al 4.7%. Como regla, puede decirse que de cada 10.000 habitantes, 80 comenzaban estudios universitarios y sólo cinco los finalizaban.[37] Después que fueron revocados los exámenes de ingreso, se realizó en la práctica otro tipo de filtro: los estudiantes debían estudiar en horarios no

de jul. de 1948; sobre la educación técnica y la Universidad Obrera, véase el trabajo historiográfico de Pablo Pineau, "De zoológicos y carnavales: las interpretaciones sobre la Universidad Obrera Nacional", en Héctor Rubén Cucuzza (ed.), *Estudios de historia de la educación durante el primer peronismo, 1943-1955*, Luján, 1997, 205-227.

[37] Kleiner, *Veinte años*, 80 y 407, N° 52; Mangone y Warley, *Universidad y peronismo*, 29.

continuados, los materiales requeridos eran muy onerosos, algunas asignaturas podían cursarse sólo si se habían aprobado otras obligatorias, había una carencia de aulas y de espacio físico, etc. Estas limitaciones hacían muy difícil la compleción de la carrera, en particular para los estudiantes de bajos recursos. El proceso de democratización de las instituciones de altos estudios fue, por consiguiente, bastante limitado, especialmente si se lo compara con lo ocurrido en el nivel primario y secundario.

Los logros del aumento del número de inscritos y la construcción de nuevas facultades se ajustaban, en varios aspectos, a los objetivos del movimiento de la reforma universitaria de comienzos de siglo y en cierta medida fueron los que mantuvieron el relativo silencio de los estudiantes. Éstos prefirieron ahora concentrarse en temas como la anulación de los exámenes de ingreso o la mejora de las condiciones de estudio mediante la mudanza a uno u otro edificio, en lugar de salir en forma dura contra el gobierno, que de cualquier manera actuaba en favor del alumnado. Pero esta explicación del relativo silencio de los estudiantes es válida sólo para los primeros años del gobierno de Perón, ya que, a partir de 1951 –cuando el régimen tropezó con numerosos obstáculos financieros que dificultaban la instauración de sus planes–, comenzó una recesión en los programas de construcción y las condiciones de estudio se fueron deteriorando: escaseaban los equipos para los laboratorios, los libros eran muy caros, las becas se vieron reducidas. Por lo demás, tampoco resultaba suficiente puesto que, de hecho, en dos áreas de fundamental importancia para este público durante el gobierno militar, y por las que habían combatido arduamente –la autonomía universitaria y la libertad de cátedra–, sus aspiraciones seguían muy lejos de su realización. Los estudiantes optaron, aparentemente, por continuar con sus estudios en calma y no entrar en conflictos agotadores con un régimen que intervenía en forma tan destacada en el quehacer del sistema educativo. Existía, además, un problema objetivo que impedía la acción y era la proscripción de la organización estudiantil. La nueva ley universitaria de 1947 puso punto final a todo tipo de autonomía posible. En la práctica, el régimen determinaba que las casas de altos estudios serían regidas por el gobierno.

La ley universitaria número 13.031

El anteproyecto de la ley universitaria fue presentado al Congreso en febrero de 1947 y, tras pequeñas modificaciones, se comenzó a debatir en julio de aquel año, culminando con la adopción de la ley 13.031, por la cual comenzarían a gestionarse las universidades.[38] En las sesiones críticas que tuvieron lugar, los diputados opositores no dejaron pasar la oportunidad de expresar sus protestas, su rechazo y su disgusto por la ley, aunque sabían que el resultado era previsible. Los argumentos expuestos durante el debate de la ley de enseñanza religiosa unos meses antes se repitieron, en numerosos casos en boca de los mismos oradores. La minoría opositora veía en este proyecto otra etapa en el camino que hacía el poder ejecutivo para dominar las instituciones educativas y modelar el espíritu y la identidad del pueblo. Según la concepción radical, se trataba de un nuevo eslabón en la cadena legislativa antidemocrática en el ámbito de la educación, que pretendía modelar gente con capacitación profesional-técnica y no intelectuales y críticos.

Desde el punto de vista de los peronistas, que impulsaron la ley, se enfatizaba la necesidad de una mayor democratización del sistema educativo, incluyendo el nivel universitario. Perón sostenía que el marco se encontraba lejos de ser democrático, aunque pretendiera presentarse como tal. Las elecciones internas en las universidades, acusaba el Presidente, estaban sometidas a un círculo pequeño y cerrado de personas que las habían convertido en instituciones aristocráticas. Los profesores, sostenía, eran gente conservadora, que no dedicaba nada de su tiempo a la docencia y prefería ocuparse de sus investigaciones particulares, que le resultaban más interesantes y eran más rentables.[39] Con estas palabras del líder, de las que se hicieron eco algunos voceros oficialistas en el debate, se atacaba el elitismo que caracterizó al antiguo sistema educativo y debe ser considerado en el marco de la continua lucha de Perón contra la oligarquía. Cabe la duda de si efectivamente

[38] Sobre la ley y el debate en el Cogreso, véase Marcela A. Pronko, "Peronismo y universidad: una mirada histórica, reflexiones en torno al debate de la ley 13.031 de 1947", mimeo, Universidad de Luján, Argentina.

[39] Perón, Juan D., "Conceptos sobre justicia e Instrucción pública en el acto de la apertura de las sesiones del Congreso de la Nación", 26 de jun. de 1946, en República Argentina, *Boletín del Ministerio de Justicia e Instrucción Pública*, 1946, 1604-1606.

Perón quitó a las universidades su carácter elitista. La nueva reglamentación, como veremos, distaba de liberar a las instituciones académicas de su dependencia del régimen.

El primero de los oradores de la oposición fue el diputado radical Calcagno. Seguramente se trataba de una de las personas más apropiadas para responder, en nombre de la minoría, al proyecto de ley, en cuanto académico de La Plata, que se encontraba entre los que fueron alejados de la universidad en una de las olas de depuración anteriores.[40] Según Calcagno, había en la propuesta tres características que le parecían inaceptables y opresoras: la anulación de la autonomía y de la democracia en las universidades; la disolución del gobierno conjunto en los consejos de las universidades y, por último, la creación de una cultura dictada desde arriba; sostenía que las instituciones académicas pasaban a depender del Estado.[41] Éste parece ser el punto central con que los opositores increpaban al régimen, intentando evitar que un organismo más pasara a ser un instrumento para sus programas e ideas.

Tras describir las funciones de las instituciones, la nueva ley indicaba que "[l]os profesores o alumnos no podrán actuar directa, ni indirectamente en política invocando su carácter de miembros de la corporación universitaria, ni formular declaraciones conjuntas con otros profesores que supongan militancia política o intervención ajena a su función específica [...]". Es indudable que este párrafo pretendía impedir las declaraciones políticas de académicos, que frecuentemente expresaban posturas opositoras. La declaración de Perón en el sentido de que debía alejarse la política de la universidad –siempre que no fuera política peronista– y alejar a la universidad de la política, encontraba aquí su puesta en práctica.[42] La libertad de expresión de los académicos sufrió un duro golpe.

Pese a las declaraciones en sentido contrario, también la autonomía de las universidades padeció un gran revés. La nueva ley determinaba que los rectores serían elegidos por el gobierno y que ellos presentarían ante los representantes de las diversas facultades una nómina de tres profesores, de la cual se escogería al decano. Puede suponerse de antemano cuáles serían los criterios de un rector designado por el régimen al confeccionar dicha lista. El Con-

[40] *Dip.*, t. II, 23 y 24 de jul. de 1947, 699-795.
[41] *Ibíd.*, 700.
[42] *Ibíd.*, Proyecto de ley universitaria, 5 de marzo de 1947, 8.388-8.394.

sejo Universitario se formaba con el rector, los decanos y vicedecanos.

Asimismo, se anulaba también la participación de los estudiantes en los consejos, aunque aparentemente se les dejaba cierta función en los mismos. Según la ley, en el Consejo de la facultad debía participar un estudiante, mas no aquel que fuera elegido por sus condiscípulos, sino quien tuviera las más altas calificaciones entre los que cursaban el último año; éste podía expresar su opinión sobre cualquier asunto, aunque no contaba con el derecho al voto. Esta ley no dejaba muchos vestigios de los logros obtenidos por la gran reforma de 1918 en cuanto a autonomía y libertad académica.[43]

Otro inciso de la ley que fue blanco de las críticas desde los escaños de la oposición, trataba sobre el pago de los aranceles y la distribución de becas para asistir a quienes tuvieran dificultades en el financiamiento de sus estudios. Perón, que enarbolaba el estandarte de la "justicia social", trató de aplicar dicho principio también a las universidades, de modo similar al que utilizó para que la mayor cantidad de niños argentinos, incluso los de las poblaciones más alejadas, estuvieran escolarizados (aunque sus padres los necesitaran en las casas como mano de obra) mediante becas y fondos de asistencia a las familias.

La ley establecía que todo aquel que completara sus estudios secundarios y deseara estudiar en una universidad podría hacerlo. Se argumentaba que no se aceptaría que problemas de índole económica privaran a una persona de su posibilidad de estudiar. Por ello se establecieron dos tipos de becas para los estudiantes de escasos recursos: el primero era para cubrir los aranceles (que aún no habían sido abolidos) y el otro consistía en becas de manutención para aquellos a los que la familia no podía ayudar mientras estudiaran.

Pero no todo lo que brilla es oro. De acuerdo con la ley, las becas eran otorgadas por el gobierno a los estudiantes por interme-

[43] El nuevo texto de la ley reflejaba las propuestas de varios docentes. La idea de reducir la influencia de los estudiantes sobre las autoridades universitarias pertenece a Ivanissevich, interventor de la UBA durante los tres primeros meses de la presidencia de Perón. En su propuesta, escribió al Congreso: "Veintiocho años, desde 1918 hasta 1946, permiten afirmar categóricamente que el co-gobierno estudiantil, con electoralismo a que obliga, es nefasto para la enseñanza y para la disciplina. Los estudiantes deben ser oídos en las respectivas escuelas. Los alumnos sobresalientes de cada curso serán representantes natos de los estudiantes". Oscar Ivanissevich, "Tres meses en la UBA".

dio de las autoridades universitarias. El gobierno debía decidir quién tenía derecho a recibir la ayuda, así como cuándo interrumpirla. En uno de los artículos se explicaban los criterios para quitar las becas a un alumno, uno de los cuales era por "observar mala conducta pública, dentro o fuera de la universidad, o por realizar en el recinto de la misma actividades políticas". ¿Cómo se resolvería que una conducta pública fuera mala? Al respecto decía Calcagno que la universidad abría sus puertas a los pobres, bajo la condición que estos pobres fueran peronistas. Por esta frase recibió una ovación de su bancada.[44] No obstante, tres años más tarde, se anularían los aranceles en todas las casas de estudios.

"Formación política" y organización estudiantil

Tal como cabía esperar, la ley fue aceptada y los interventores designados en 1946 fueron reemplazados por otros, también nombrados por el gobierno de Perón. Aparentemente, los estudiantes resolvieron abandonar este principio, al menos durante un tiempo, posiblemente por una visión realista que les indicaba no continuar en una lucha cuando las probabilidades de éxito eran escasas; así que prefirieron concentrarse en sus misiones académicas. Tras la intervención e introducción a las universidades de personas leales al régimen, esta vez según una ley sancionada de acuerdo con los cánones democráticos en el Congreso de la Nación, se completó de hecho la labor de preparación de la infraestructura y los cambios estructurales en las instituciones de altos estudios. En el nuevo marco se permitía a cada vez más egresados de colegios secundarios acceder al nivel terciario, aumentando la gama de posibilidades. Con la reorganización, se resolvió en el Ministerio de Educación crear una Subsecretaría Universitaria, junto al Consejo Nacional de Educación, para que sirviera de nexo entre el primero y las casas de estudios.[45] Esta medida sometió aún más a las instituciones al control ministerial: no sólo el ministro era miembro, junto con los seis rectores, del Consejo Nacional Universitario, sino que además tenía la prerrogativa de decidir por intermedio de la nueva

[44] *Ibíd..*, 706.
[45] *Boletín de Comunicacion del Ministerio de Educación (BCME)*, 1949, decreto N° 6233, 12 de marzo de 1949.

Subsecretaría y del Ministerio. Esto concuerda con el proceso de centralización del sistema en general, que colocaba a todos los niveles educativos bajo un mismo techo, y que se hizo evidente en 1948, con la creación del Ministerio de Educación, bajo la dirección de Oscar Ivanissevich.

Este mismo proceso ocurría en forma más o menos paralela en los sectores de educación primaria y secundaria. También allí puede observarse una primera etapa de reorganización del sistema: construcción de nuevas escuelas, despido de maestros que no se ajustaban a la concepción justicialista, creación del nuevo ministerio, etc. La siguiente etapa en el proceso de peronización de los dos primeros niveles fue la de adoctrinación, en cuyo transcurso se introdujeron nuevos contenidos a las asignaturas y se publicaron nuevos libros de estudio. Su función era la modelación del niño argentino según los valores del movimiento peronista.

Esta segunda etapa tuvo su expresión también en las universidades, pero de forma menos destacada, dada la mayor dificultad existente en la introducción de contenidos doctrinarios a los diversos cursos en las facultades. No obstante, se alentó a los docentes a que hicieran referencias positivas al matrimonio Perón en sus clases y a que explicaran la obra del Presidente y su aporte a la sociedad argentina. La asignatura filosofía de la política (peronista) se convirtió en obligatoria en todas las facultades.[46] Los principios del justicialismo comenzaron a penetrar lentamente en las diversas facultades mediante las clases obligatorias de formación política, en las cuales los mensajes partidarios eran evidentes y cuyo objetivo, entre otros, era el de hacer conocer la empresa peronista e identificarse con ella.

En septiembre de 1951 se elevó al Congreso una propuesta, a través de la cual se solicitaba agregar a la ley universitaria un artículo que introdujera al programa de estudios de todas las facultades un ciclo preparatorio, cuyo objetivo era la formación política. En la práctica, se trataba de la aplicación de lo expresado en la Constitución reformada en 1949, donde constaba que las universidades debían establecer "cursos obligatorios y comunes destinados a los estudiantes de todas las facultades para su formación política, con el propósito de que cada alumno conozca la esencia de

[46] Walter, *Student Politics*, 138.

lo argentino, la realidad espiritual, económica, social y política de su país [...]".[47]

Estos estudios debían durar un año lectivo completo y dar al alumno la posibilidad de sintetizar la realidad imperante según la doctrina justicialista y la acción social de Eva Perón.[48] Tales cursos se fueron introduciendo de forma gradual en las universidades. En la de La Plata, denominada en esa época "Eva Perón", por ejemplo, el rector instruyó en mayo de 1953 que se comenzaran a dictar clases de ese tipo. En el documento que publicó se establecía su obligatoriedad durante el primer año de estudios en todas las facultades y la necesidad de rendir examen al final del mismo. Un mes más tarde se formaba, por iniciativa del mismo rector, el Instituto de Formación y Cultura Argentina, cuya función consistía en organizar estos cursos y establecer las bibliografías, entre otras cuestiones.[49]

En la práctica, se trató de clases de "formación partidaria", las cuales, según uno de los estudiantes de aquel tiempo, eran una novedad que contrastaba con la actitud apolítica que caracterizaba a las universidades; según sus palabras, la clase no era más que adoctrinación barata.[50] No se hablaba allí de otra doctrina que no fuera la peronista, que se presentaba como total, nacional, argentina. Tal como lo establece la ley enmendada de 1953: "Dados los planes de enseñanza comprenderán, además de sus materias específicas, cursos dedicados a la cultura filosófica, al conocimiento de la Doctrina Nacional y a la formación política ordenada por la Constitución",[51] es decir, un paso más en la creación de la identidad entre la nación argentina, el partido peronista y su líder. Debe recordarse también al respecto la declaración de Perón en mayo de 1947: "Pretendemos eliminar totalmente la política de las universidades, no la política contraria para imponer la nuestra, sino toda la política [...] Queremos crear un clima de dedicación total a la fun-

[47] República Argentina, *Constitución de la Nación Argentina. 1949*, cap. 3, art. 4.

[48] *Dip.*, 1951, t. II, 24 de sep. de 1951.

[49] "Resolución del rector de la Universidad Eva Perón, 13 de mayo de 1953", en Ministerio de Educación, Universidad Nacional de Eva Perón, *Cursos de Formación y Cultura Argentina*, 1955; véase también "Resolución del Rector del 16 de jun. de 1953"; "Docencia, histografía y universidad en la Argentina peronista" en Adrian G. Zarrilli *et al.*, *Los estudios históricos en la universidad nacional de La Plata, 1905-1990*, Buenos Aires, 1998, 81-139.

[50] Entrevista con Ludovico Ivanissevich Machado, HO.

[51] *ALA*, 1953, XIII-A, ley núm. 14.297, 18 de enero de 1953.

ción docente [...]".[52] La contradicción entre estas palabras y la introducción de los cursos de formación política resulta evidente.[53]

Las instituciones universitarias se abocaron en 1953 a enseñar temas selectos del segundo plan quinquenal, destinado al período 1952-1957. El Ministerio de Educación en su totalidad se preparó para tratar este plan en todas las escuelas secundarias y los institutos terciarios. En un comunicado oficial de la UBA se decía: "Consecuente con el propósito de colaborar con el gobierno de la Nación, en el sentido de propender a la difusión universitaria del Segundo Plan Quinquenal, la Universidad de Buenos Aires organizó y realizó este año los cursos...", a lo que seguía una relación que incluía temas como "la doctrina peronista", "el segundo plan quinquenal", "el segundo plan quinquenal y la cultura", "aspectos económicos de los dos planes quinquenales", etcétera.[54]

Con respecto al proceso de introducción de los valores justicialistas a las universidades y el acople de éstas a la remodelación, pueden mencionarse, por ejemplo, las directivas impartidas por los rectores a los planteles para el primero de mayo de 1950. El rector de la UBA anunció la adhesión de la misma a los actos de celebración de la "fiesta de los trabajadores", que el peronismo convirtió en fiesta nacional.[55] No contamos con datos sobre la medida en que participaron miembros de la academia en estos festejos, aunque puede suponerse que muchos no acudieron.

Los nuevos contenidos peronistas no entraron en las universidades en la misma medida que en el nivel primario, donde la adoctrinación se hizo sentir en forma considerable desde el año

[52] Juan D. Perón, "Discurso del presidente del 30 de mayo de 1947, en la Universidad de Córdoba", cit. en Mangone y Warley, *Universidad y peronismo*, 85-88.

[53] Un análisis de los contenidos del curso de formación política para el año de 1955 muestra cómo se ensalzaban los logros del régimen peronista; por ejemplo, el cap. 12 se denominaba "El advenimiento de Perón. Su doctrina económica". Los temas que se dictaban eran a) Antiimperialismo: textos constitucionales. Acta de la Independencia Económica. b) Recuperación económica: teléfonos, ferrocarriles, gas. c) Justicia social. Todos estos temas fueron centrales tanto en la ideología como en la práctica peronista, por lo que recibían atención especial en esta asignatura.

[54] *Boletín de la UBA*, núms. 74-76, Buenos Aires, enero-marzo de 1953.

[55] *Archivos de la UBA*, año xxv, núm. 2, abril-junio de 1950 (28 de abril de 1950). Sobre la adopción del 1 de mayo para fines políticos, véase Aníbal Viguere, "El primero de mayo en Buenos Aires, 1890-1950, evolución y usos de una tradición", *Boletín del Instituto de Historia Argentina y Americana Dr. Emilio Ravignani* 3 (primer semestre de 1991).

lectivo de 1953. Pero es indudable que las universidades eran vistas por las autoridades como instituciones con gran influencia en la opinión pública y por ello no cejaron en su intento de formarlas a su imagen y semejanza. Estas casas eran el baluarte de los intelectuales, que publicaban sus puntos de vista sobre cuanto ocurría en el país, y por ello era importante conquistarlas. Perón, consciente de la oposición que despertaba su liderazgo y su obra entre los jóvenes estudiantes, intentó la cooptación, de modo similar a lo que había hecho al formar la Unión de Estudiantes Secundarios (UES).[56] En 1950 resolvió fundar la Confederación General Universitaria (CGU). Estos organismos pueden ser analizados en el marco del intento del líder de organizar al conjunto de la sociedad argentina en forma corporativa.

La CGU fue dispuesta como paralela y competidora de la FUA y, tal como se había hecho entre 1943 y 1945 cuando se constituyeron organizaciones de trabajadores peronistas en diversos sectores en forma simutánea a los sindicatos que ya existían pero que se negaban a cooperar con Perón, como cuerpo allegado al régimen recibía apoyo financiero del gobierno. Con todo, en la práctica, pocos estudiantes se adhirieron; la mayoría continuó oponiéndose a Perón hasta que fue derrocado en 1955. Puede mencionarse como ejemplo la Facultad de Ingeniería en Buenos Aires, donde unos 4.000 alumnos pertenecían a los grupos reformistas y solamente unos 200 se adhirieron a la CGU.[57] Estos últimos eran por lo general estudiantes que se identificaban con círculos nacionalistas y católicos. Un alumno, que cursaba la carrera de derecho en la capital, describe en una entrevista realizada a fines de la década de los ochenta la atmósfera que imperaba en su facultad en 1954: "[El movimiento universitario reformista] no era movimiento estudiantil mayoritario, entrecomillando la palabra [sino que] era el movimiento oficial manejado por la juventud peronista. Era la CGU que había un sector francotirador para el cual ni la CGU era suficiente reaccionaria, pero básicamente eso era la CGU, un movimiento autoritario, unos personajes siniestros, nefastos, particularmente en la Facultad de Derecho [...]."[58]

[56] Sobre la UES, véase Mario Marcilese, *Treinta días en la UES*, La Plata, 1957; y "La fiesta de la UES", en *Mundo Peronista* 68, 1-VII-1954; "La UES [...] es 'La Nueva Argentina' que va a llegar al siglo venidero [...]", *ibíd.* 78, 15-XII-1954.

[57] Walter, *Student Politics*, 139.

[58] Entrevista con Arnaldo Siperman, 1 de jul. de 1988, HO. El carácter peronista,

Por otra parte, en 1954, en un artículo que trata sobre las organizaciones estudiantiles en la Argentina tras la reforma de 1918, la CGU era descrita por el peronista Horacio Bordó como un gran éxito. Argumentaba que en tres años se habían adherido más de 60.000 miembros. Era la primera vez en la historia nacional que un número tan grande de alumnos se aglutinaba en una sola organización. Según Bordó, la CGU se ocupó de solucionar diversos problemas en el campo y también actuó en pro de los estudiantes del mundo. Así puede verse, por ejemplo, la reunión en abril de 1952 del Congreso Mundial de la Juventud Universitaria, en el que participaron representantes de más de 30 países y del cual surgió la Organización Mundial Universitaria. Perón, que se dirigió a los participantes en la ceremonia de clausura, elogió en su alocución la ideología justicialista.[59]

Tras el derrocamiento del régimen, la CGU fue señalada por los opositores en un documento que resumía los "crímenes de la dictadura peronista" como "una fuerza de choque de la dictadura [...] que sólo asomaban en las facultades cuando se creía necesario golpear a presuntos revoltosos"; asimismo se sostenía que a las actividades del grupo se habían asignado millones de pesos.[60] En 1952, por mandato del partido comunista, se adhirieron a la Confederación también estudiantes de esta tendencia. Esto parece sorprendente sobre el trasfondo de la cooperación entre éstos y los estudiantes reformistas, aunque en gran medida se acomoda a la línea pragmática que caracterizó al partido comunista en su intento por "influir desde dentro" en el sentido del desarrollo del movimiento peronista.[61]

---

católico, anticomunista y profranquista de la CGU se refleja en el mensuario *Actitud*, que comenzó a aparecer en febrero de 1954. Véase, por ejemplo, *Actitud*, núms. 1, 2-3, (feb. y mar.-abr. de 1954). Emilio Gibaja (en Mario Toer [coord.], *El movimiento estudiantil*, 22) la comparó con la situación en España: "Creo que era [la universidad argentina] una copia en cierto aspecto de la universidad del franquismo, incluso hay una copia posterior, que es cuando se crea la CGU, que es una copia del SEU español, sindicato estudiantil universitario. En España fueron más francos, pues lo pusieron dentro del franquismo, de la falange [...]".

59 Horacio E. Bordó, "Los movimientos universitarios argentinos de la Reforma a la CGU", en *Cuadernos del Ateneo* 1 (1954): 10-12; el discurso de Perón puede encontrarse en: *CGU, Congreso Mundial de la Juventud Universitaria*, Buenos Aires, 1952.

60 República Argentina, *El libro negro*, 159-160.

61 Mientras la FUA perdía a sus adeptos comunistas en favor de la CGU, iba ganando simpatizantes entre los alumnos secundarios. Una cooperación de este tipo ya había tenido lugar en la Argentina en el marco de la Unión Democrática, para las

Pese a la relativa falta de actividad de la FUA en esta etapa, hubo casos en que los estudiantes reformistas hicieron oír su voz contra diversos pasos del régimen en lo que concernía a la vida estudiantil. Uno de los ejemplos más destacados fue el episodio del arresto de Ernesto Mario Bravo, estudiante de química de Buenos Aires, en mayo de 1951, y su puesta en libertad tras una huelga en la que no transigieron. La liberación del joven resultó un éxito para el movimiento estudiantil, que a pesar de la represión logró conseguir su objetivo.

Bravo era un comunista que se contaba entre los miembros del "movimiento Juvenil por la Paz". Junto a sus compañeros, hizo diversas declaraciones que condenaban el proceso de acercamiento argentino a los Estados Unidos y su predisposición a integrarse a un plan de defensa panamericano que tenía un evidente carácter antisoviético. La meta de la Sección Especial de la policía al detenerlo era silenciar su voz y así reprimir el espíritu contrario al imperialismo de los estudiantes argentinos. Durante veinte días, Bravo fue objeto de graves torturas, mientras la policía continuaba negando su detención. El 11 de junio, sus condiscípulos comenzaron a actuar en pro de su liberación, organizando asambleas y repartiendo volantes. El rector peronista de la UBA acusó a los estudiantes de subversión y los consideró como un grupo de comunistas revoltosos. A la lucha se adhirieron también los delegados de la oposición radical y la FUA en su totalidad, que elevó recursos a los tribunales, tras los cuales se esclareció el hecho de la detención y los apremios ilegales.[62]

En la huelga en la que se exigía la libertad de Bravo participaron numerosos estudiantes, incluidos algunos que pertenecían a círculos católicos. También alumnos secundarios y trabajadores de diversos sectores expresaron su solidaridad y se sumaron a las manifestaciones. Sin duda fue una de las acciones más importantes de los círculos estudiantiles reformistas dirigida contra la represión que se había implantado en el país. En los enfrentamientos fueron detenidas más de 150 personas; las autoridades universita-

elecciones de feb. de 1946. En dic. de 1952 se fundó la Federación de Estudiantes Secundarios, (FES) uno de cuyos objetivos era coordinar la acción conjunta con los terciarios, quienes a su vez colaboraron en la organización de la FES. Véase Walter, *Student Politics*, 142.

[62] Kleiner, *Veinte años*, 114-117; Walter, *Student Politics*, 140-141; Santiago Nudelman, *El régimen totalitario*, Buenos Aires, 1960, 202-212.

rias expulsaron a los líderes más descollantes del movimiento estudiantil, pero la consigna que acompañó las manifestaciones, "la Sección Especial es una verguenza nacional", no podría borrarse. La liberación de Bravo el 21 de junio, pocos meses antes de las elecciones presidenciales, fue casi inevitable.[63]

Los estudiantes y la caída del régimen peronista

Otro asunto que promovió la organización de estudiantes para un enfrentamiento intransigente y exitoso con las autoridades fue, como ya hemos mencionado, el de los exámenes de ingreso impuestos en 1950 y anulados tres años más tarde. Fue ésta una de las campañas más prolongadas e importantes de la FUA durante el período peronista. El libre ingreso aumentó, como era de esperar, el número de inscritos a las diversas facultades; la apertura de las universidades a todo aquel que solicitara ser aceptado daba al régimen una oportunidad de influir sobre el círculo de estudiantes que se expandía, lo que quizás fue una de las causas de la eliminación de los exámenes. El peronismo abrigaba la esperanza de que llenando las aulas con alumnos, quienes al menos en parte eran producto de su propio sistema educativo, podría debilitar la fuerza del movimiento estudiantil reformista.

Pero estas esperanzas de Perón y sus socios en el poder no se hicieron realidad; de hecho, en la práctica ocurrió lo contrario. El año 1954 vio el despertar de la actividad opositora de los estudiantes. Si en 1947 la FUA entró en un período de acción reducida en todo lo que se refiere a enfrentamientos con el régimen, exceptuando algunos casos que se han comentado, siete años más tarde se invirtió la situación. En un clima de permanente estrechamiento de las libertades, el gobierno tenía un poder virtualmente absoluto sobre los medios de comunicación, el sistema educativo, los sindicatos, el poder legislativo y judicial, y su carácter autoritario se dejaba ver con un ímpetu cada vez mayor. En tales circunstancias, los estudiantes aprovecharon el aumento de la agitación contra el régimen en diversos sectores de la sociedad y la amalgama que brindó a los distintos grupos de la oposición la Iglesia católica, a partir del último trimestre de aquel año. Ya no se trataba de una

[63] Kleiner, *Veinte años*, 118.

defensa colectiva de los intereses de los estudiantes. Incluso si esta reacción estudiantil no hubiera sido el catalizador en el proceso de cristalización de los opositores al gobierno, la FUA supo aprovechar la nueva coyuntura para convertir a los estudiantes en un factor activo e importante en el sistema político nacional.

En una entrevista realizada a Horacio Sanguinetti, estudiante de derecho en las postrimerías del peronismo, se le preguntó sobre el papel que correspondió a los estudiantes en el derrocamiento de Perón; alegó que no tuvieron un papel central: eran antiperonistas, ocuparon las facultades, algunos de ellos estuvieron exilados, muchos sufrieron torturas, mas no tuvieron una función ideológica en esta etapa crucial de 1955, ni en la teoría ni en la práctica. La FUBA era un cuerpo prácticamente inexistente después de toda la represión por la que pasó: "No existía una estructura que pudiese salir a las calles, salir en los diarios, ser mecionada, hacer campaña [...]". Agregó que la situación era diferente entre 1943 y 1945, cuando los estudiantes contaban con una organización importante y poderosa; había consenso en que lo primero que debía hacerse era "liberar la política de lo que se llamaba tiranía".[64]

El régimen suministró a los estudiantes una razón adicional para oponerse y protestar cuando, a fines de 1953, el Congreso resolvió introducir algunas modificaciones a la ley universitaria de 1947, requeridas para adoptar los principios de la constitución de 1949, que hablaba entre otras cosas de la formación política de los estudiantes, así como adaptar a las universidades a los principios del segundo plan quinquenal. Un cambio adicional se refería a la representación de los estudiantes en los consejos de las facultades: la ley 13.031 establecía que los alumnos sobresalientes de cada facultad representarían a sus compañeros en los consejos, con derecho a voz pero no a voto; la modificación decía, en cambio, que dicho estudiante debía ser "alumno regular de uno de los tres últimos años de estudio, y proveniente de entidad gremial recono-

[64] Entrevista con Horacio Sanguinetti (16 de jun. de 1988), HO. Conceptos similares pueden encontrarse en lo que relata un estudiante de Derecho en 1949, que militaba en el marco de la FUBA: "los estudiantes universitarios que militábamos, teníamos una sensación hasta de desesperación. Nosotros queríamos que cayera el peronismo de cualquier manera [...] Pero en la universidad, el clima se vivía como asfixiante, porque no había ninguna actitud gremial ni estudiantil que fuera permitida [...] las instrucciones eran que no se podía actuar. Suspensiones, expulsiones, presencia de policía civil para ir detectando y creando un clima de miedo para que nadie actuara". Emilio Gibaja, en Toer, (coord.), *El movimiento estudiantil*, 20-21.

cida; tendrá voto solamente en aquellas cuestiones que directamente afecten a los intereses estudiantiles".[65] Este artículo cobró un significado especial cuando, después de octubre de 1954, la FUA fue declarada ilegal una vez más y se prohibió la actividad de sus miembros. La única entidad gremial reconocida que quedaba en ese ámbito era la CGU peronista.

Sin duda, las universidades sufrieron un cambio especial en el transcurso de la década peronista debido a la introducción de la política en su seno. Un estudiante de aquella época lo expresó diciendo que él y sus compañeros vieron cómo la institución se convertía en un instrumento político en manos del "régimen totalitario"; después de ser derrocado Perón, comprendieron que debía volver a depurarse el sistema.[66] Al comienzo de su mandato, el peronismo rechazó la entrada de todo elemento político a las casas de altos estudios. La ley universitaria de 1947 prohibía toda organización política de docentes o estudiantes, en el campo o en su nombre; pero sólo unos años más tarde se enseñaban en sus aulas los principios del justicialismo, se dictaban clases sobre los derechos otorgados a los trabajadores por el régimen, sobre los fundamentos económicos de la "Nueva Argentina" (peronista) y una nueva organización estudiantil recibía apoyo –logístico y financiero– del partido gobernante. Pese a todo, aparentemente estos intentos de politización partidaria no llegaron a penetrar en los corazones de la mayor parte de los estudiantes, quienes continuaron siendo hostiles, e incluso llevaron a aumentar su rechazo al régimen que intentaba parecer democrático y que para ellos representaba todo lo contrario.

En octubre de 1954 comenzó una huelga general en las universidades de todo el país, mediante la cual los estudiantes querían expresar su discordia con el gobierno. Esta medida de fuerza se combinó con una nueva ola de demandas de los trabajadores para que se mejoraran sus salarios y se democratizaran las estructuras sindicales. En el curso de ese año participaron en huelgas, manifestaciones y mítines de protesta contra el régimen más de 500.000 trabajadores de casi todos los sectores. En los actos masivos participaron delegaciones de estudiantes, que se pusieron del lado de

[65] ALA, 1953, XIII-A, ley núm. 14.297, 18 de enero de 1953.
[66] Entrevista con Ludovico Ivanissevich Machado, HO.

los obreros en sus exigencias derivadas de la dura crisis económica y social y de la desocupación que iba en aumento.[67]

En el último trimestre de ese año estalló un agudo enfrentamiento entre la Iglesia católica y el gobierno, que contribuyó en gran medida a la caída de Perón algunos meses después. La Iglesia, aliada -aunque no ferviente- del régimen en sus primeras etapas, se encontró relegada paulatinamente de diversos puntos de poder e influencia en numerosos terrenos, y particularmente en el sistema educativo.[68] El ataque frontal de la cúpula política contra el *establishment* eclesiástico aglutinó a los diversos factores de la oposición tras la cruz. Así se encontraron de un mismo lado, irónicamente, las organizaciones estudiantiles y los nacionalistas católicos.

La hostilidad de numerosos estudiantes contra el peronismo era tal, que aun estaban dispuestos a cooperar con todo aquel que se opusiera al régimen. Emilio Gribaja explicó años más tarde:

> Nosotros queríamos que cayera el peronismo de cualquier manera [...] que cometimos el error de estar junto a gente que no nos convenía, que no la queríamos y que no pensaba como nosotros. Realmente pensar que el movimiento estudiantil acompañó aquella famosa procesion de Córpus Christi y que podemos habernos aliado con gente de este tipo y con los conservadores notorios del país da cuenta de que estábamos movidos por la desesperación de acabar con esto.[69]

Y, efectivamente, resulta difícil explicar el apoyo de liberales laicos y de comunistas ateos a los prelados católicos. En un informe presentado por el militante Jorge Bergstein al Comité Central de la Federación de la Juventud Comunista, en abril de 1955, se puede encontrar una defensa rotunda a la posición de la Iglesia: "En la lucha contra el fascismo y por la democracia y la libertad, debemos luchar unidos con los católicos".[70]

[67] Kleiner, *Veinte años*, 130.

[68] Sobre el enfrentamiento entre el régimen peronista y la Iglesia católica pueden consultarse, entre otros, Lila M. Caimari, *Perón y la Iglesia católica*, Buenos Aires, 1995, parte 4; Virginia Leonard, *Politicians, Pupils and Priests*, Nueva York, 1989, caps. 6-7; Félix Luna, *Perón y su tiempo*, Buenos Aires, 1986, vol. 3.

[69] Cit. en Toer (coord.), *El movimiento estudiantil*, 20-21.

[70] Jorge Bergstein, *Las luchas de la juventud por la construcción del frente patriótico juvenil*, Buenos Aires, 1955.

Por otro lado, una de las características de la huelga convocada en octubre fue el apoyo recibido de parte de organizaciones estudiantiles extranjeras, particularmente de otros países latinoamericanos. Estos organismos seguían con interés lo que ocurría en la Argentina. Decenas de estudiantes peruanos y guatemaltecos, que estudiaban en el país del Plata, se contaron entre los detenidos en los acontecimientos de ese mes. En Chile se llevaron a cabo manifestaciones gigantescas de decenas de miles de estudiantes que exigían la liberación de sus compañeros peruanos e incluso decretaron una huelga de cuarenta y ocho horas. En enero de 1955 llegó una delegación de estudiantes chilenos y uruguayos para investigar lo ocurrido tres meses antes. Entre sus hallazgos, revelaron que en los eventos de octubre habían sido detenidos 253 estudiantes y la mayoría sufrió condiciones de arresto muy duras; finalizaron su visita con un llamado al gobierno para que liberara a los detenidos y abriera los centros estudiantiles.[71]

La huelga de estudiantes de fines de 1954 gozó de amplio apoyo, incluso dentro de Argentina, particularmente entre los jóvenes, alumnos de nivel secundario y terciario. Esta adhesión refleja en gran medida el éxito limitado del peronismo en el terreno de la adoctrinación. Diez años de gobierno de Perón, acompañados por intervenciones masivas en las universidades, por la introducción de la doctrina partidaria al sistema educativo en su totalidad, y por un intento de remodelar la conciencia colectiva nacional, no fueron suficientes. La mayor parte de los jóvenes continuó oponiéndose a Perón y a su gobierno, de modo que la caída del régimen tras el golpe militar de septiembre de 1955 fue recibida con expresiones de júbilo por los estudiantes reformistas, y con la esperanza de que se liberaría a las universidades de la dependencia que les había impuesto el gobierno peronista.

Traducción del hebreo: E. Nowodworski.

[71] Walter, *Student Politics*, 143-144; Kleiner, *Veinte años*, 422, n. 131. Los miembros de la bancada radical, particularmente Silvano Santander y Santiago Nudelman, elevaron ante el Congreso numerosas peticiones para que se liberara a los estudiantes y docentes detenidos. Por ejemplo, véase Santiago Nudelman, *El régimen totalitario*, Buenos Aires, 241, 282-292, 339-341, 347-348, 383-385 y 387-389.

Capítulo IV

¿Aliados o enemigos? Los intelectuales en los gobiernos de Vargas y Perón

Dos semanas separan el fin del régimen del *Estado Novo* (1937-1945) en Brasil –la dictadura dirigida por Getúlio Vargas que cambió y sentó las bases de la modernización de ese país– y el emblemático inicio del gobierno de Juan Domingo Perón: la marcha obrera hacia la Plaza de Mayo el 17 de octubre de 1945. Estos dos regímenes, que gobernaron respectivamente Brasil y Argentina por casi una década, han sido decisivos en el desarrollo de estos países, tanto que constituyen casi una "vía de entrada obligada" para entender a estas naciones. Existen entre ambos ciertas similitudes. Ambos están centrados en la "voluntad" de un líder carismático que basa su poder en los sectores populares y que pone en marcha (con más o menos ímpetu, según el caso) los cimientos de una legislación obrera y una estrategia de desarrollo "mercado-internista"; también en los discursos de los dos presidentes se puede identificar una serie de coincidencias ideológicas, como una retórica fuertemente antiliberal, antiimperialista y de reivindicaciones sociales.[1] Sin embargo, estudiados con mayor detalle, existen diferencias claras cuando se comparan estos dos fenómenos, y entre ellas existe una de la cual nos ocuparemos aquí: el destino de los intelectuales.[2] En este punto el contraste es evidente: mientras Vargas hace a un gran número de intelectuales partícipes e importantes aliados de su proyecto político, Perón margina, ignora y acalla a los intelectuales, condenando al mismo destino aun a aque-

[1] Ver Eliseo Verón - Silvia Sigal, *Perón o muerte. Los fundamentos discursivos del fenómeno peronista*, Legasa, 1988; Lúcia Lippi Oliveira, Mônica Pimenta Velloso y Angela Maria Castro Gomes, *Estado Novo. Ideologia e Poder*, Zahar, 1982.

[2] Entre las diferencias más notorias de las experiencias de Vargas y Perón se puede identificar el lugar que ocupan los sindicatos (centrales bajo Perón, mas no bajo Vargas); la creación de un partido político centralizado en el caso de Perón y la ausencia de éste en el régimen de Vargas; la existencia de elecciones democráticas en el caso argentino y el grado de ascendencia de cada uno de estos líderes sobre sus seguidores (mayor en el peronismo). Thomas Skidmore, "The Economic Dimensions of Populism in Argentina and Brazil", *The New Scholar* 7 (1979).

llos que han decidido apoyarlo. La pregunta que esto nos suscita es: ¿por qué? ¿Qué hace que los intelectuales puedan insertarse de modos tan disímiles en movimientos políticos que, al menos en su superficie, son similares? ¿Qué nos dice esto sobre la naturaleza de cada uno de estos regímenes y sobre el rol social de la intelectualidad de cada uno de estos países?

La literatura sobre el tema de los intelectuales y la política es tan significativamente vasta que, como afirma con cierto cinismo Norberto Bobbio, "sólo la memoria de un ordenador potentísimo podría registrar todas las páginas que ha inspirado".[3] Esto es aplicable también al caso latinoamericano, donde el debate ha estado dominado por dos preguntas: el papel de los intelectuales en la conformación de la identidad nacional y el estado, las causas y las consecuencias de la radicalización de la inteligencia latinoamericana en los años sesenta. El lugar de los intelectuales en los regímenes de tipo populista ha sido un tema que no ha merecido más que escasa atención. La razón es obvia: los grandes protagonistas de este tipo de experiencias políticas han sido el pueblo y el líder carismático en cuestión. Además, dichos regímenes han sido usualmente catalogados (en un afán por observarlos como parte de un mismo fenómeno) bajo el rótulo de antiintelectuales, por lo que parecía no haber demasiados motivos para estudiar a los intelectuales en relación a una tradición política que no les daba lugar y que, en contraposición, se asumía que éstos no apoyaban. El presente artículo intenta dar cuenta de cómo dichas generalizaciones no se aplican a los casos analizados. A través de una visión comparativa, se pretende echar luz sobre los interrogantes expuestos anteriormente y proponer una lectura diferente del clásico debate sobre los regímenes de tipo populista y la intelectualidad latinoamericana.

El artículo está dividido en cuatro secciones y una conclusión. La primera, dedicada al caso de Vargas, explica la participación de los intelectuales en el gobierno. La segunda sección describe la suerte de la clase intelectual que decide apoyar a Perón. La tercera parte, "Tradiciones o regímenes diferentes", coloca en una perspectiva histórica las experiencias analizadas, de forma de evaluar en qué medida éstas representan, en el caso de Vargas, una nueva

[3] Norberto Bobbio, *La Duda y la Elección. Intelectuales y Poder en la Sociedad Contemporánea*, Paidós, 1998, 57.

forma de relación entre los intelectuales y el poder, mientras que, en el de Perón, sólo exacerban realidades ya existentes. La última de las secciones discute la forma en que esta mirada sobre el mundo intelectual puede contribuir a analizar la naturaleza de estos dos movimientos políticos. La conclusión retoma los argumentos desarrollados y expone brevemente el modo en que la marginación de los intelectuales y la participación hablan –al menos parcialmente– de dos regímenes diferentes y de dos "intelectualidades" que optan por combinaciones diversas, no necesariamente "moralmente superiores», entre principios, roles e intereses.

Intelectuales y poder: el caso de Brasil durante el Estado Novo

Los intelectuales son una categoría difícil de asir para las ciencias sociales. La simplicidad del interrogante –¿qué es un intelectual?– contrasta con la complejidad y la extensión del debate que el mismo ha generado. No es la intención de este trabajo la de retomar dicha discusión; sin embargo, el interrogante queda abierto: ¿Quiénes son los actores aquí estudiados? [4] Más allá de obvias diferencias, las definiciones se agrupan en dos perspectivas: las sociológicas y las políticas o morales. Las primeras definen al intelectual por el lugar y la función que ocupa en la sociedad. Así, el intelectual es, por ejemplo, en palabras de Martin Lipset, quien se encarga de "crear, distribuir y aplicar la cultura".[5] El segundo grupo adjudica al intelectual un papel o una misión trascendente, siendo entre éstas la más famosa la visión de Jean Paul Sartre, quien hace del compromiso la esencia de la tarea intelectual. Sin embargo, este tipo de definiciones resulta "incómodo" a la hora de aplicarse a un contexto histórico. Por un lado, la ausencia de un mercado intelectual institucionalizado en los casos de Argentina y Brasil obliga a los intelectuales a 'trabajar' de "intelectuales y algo más», ya sea de políticos, simples burócratas, periodistas, maestros de escuela o empleados en actividades diversas; por el otro, la supuesta tarea moral de los intelectuales se ajusta más a un ideal o una auto-

[4] Un resumen de las distintas perspectivas se puede leer en Jeremy Jennings and Anthony Kemp-Welch (eds.), *Intellectuals in Politics: From the Dreyfus Affair to the Rushdie Affair*, Routdlege, 1997.

[5] Seymour Martin Lipset, *Political Man: The Social Bases of Politics*, Johns Hopkins University Press, 1963, 333.

representación que a una categoría que sirva para trazar límites de quién es y quién no es un intelectual. Por lo tanto, la perspectiva aquí propuesta sugiere observar todos aquellos actores que participan en las luchas por la gestión de la cultura. Y aunque no sea ésta una definición de intelectual (demasiados políticos con veleidades intelectuales entran en este grupo) es esta mirada la que nos va a permitir observar los intereses en juego, los conflictos y las estrategias que se dan por formar parte –es decir, ser considerado como un intelectual– y controlar el campo cultural e intelectual aún en proceso de formación en ambos países.

Dentro de la literatura, la relación de los intelectuales con el poder político es uno de los temas que más controversia ha generado. ¿Qué pasa, por ejemplo, cuando los intelectuales son llamados a participar del gobierno? Una situación que, desde que Julien Benda escribió su famoso texto *La Trahison des clercs* (1927), donde postulaba que la tarea intelectual sólo podía ser concebida independientemente de las pasiones temporales (especialmente la política), parece estar destinada a anular la identidad misma del intelectual. La respuesta a dicho interrogante no es fácil ni unívoca para los intelectuales brasileños. Brasil es, a mediados de la década de 1930, un país rural sumido en la pobreza, con altísimos niveles de analfabetismo (sólo treinta entre mil niños completaba la escuela primaria), profundas diferencias regionales y carente de una legislación social.[6] En 1930, Getúlio Vargas llega al poder, por primera vez, como presidente provisional de un golpe de estado. En nombre del gobierno provisional, Vargas cerró el congreso y asumió poderes absolutos. En 1934, una Asamblea Constitucional lo nombró Presidente por un período de cuatro años. El proyecto político de Vargas era la creación de un gobierno capaz de evitar los conflictos de clase armonizando los intereses del trabajo y el capital. Entre 1930 y 1937 su gobierno se vio jaqueado por diversos lados, expuesto a la oposición de las viejas oligarquías y a una creciente movilización política, que enfrentó con dureza. El 10 de noviembre de 1937 Getúlio (como es conocido en Brasil) canceló las elecciones, disolvió el congreso nuevamente y anunció al país el inicio de una nueva era: el *Estado Novo*. Brasil abandonaba la senda de la democracia porque, en las mismas palabras de Vargas, "las

[6] Robert M. Levine, *Father Of The Poor: Vargas And His Era*, Cambridge University Press, 1998, 45.

condiciones, tanto económicas, financieras como políticas no le permitían el lujo de pretender ser una democracia".[7]

Aunque es difícil cuantificar el legado real de éste régimen, el *Estado Novo* constituye un divisor de aguas en la historia brasileña: es ahí cuando se pone en marcha la modernización del país (especialmente de la burocracia estatal que se expande), se extiende la ciudadanía (sobre todo en términos psicológicos) a grandes sectores de la población, a la vez que, desde el estado, se construye un relato de la nacionalidad que busca incluir a los estratos más bajos de la sociedad y se esboza (al menos tímidamente) la base de una legislación social, aunque a un precio alto para muchos: el de renunciar a las libertades individuales. Es en este momento también cuando el dilema sobre la relación a establecer con el poder aparece más claro para los intelectuales brasileños, ya que desde el gobierno son "invitados" a participar del nuevo proyecto político; un proyecto que, más allá de sus componentes innovadores, emana de un gobierno autoritario. Sin embargo, el balance es claro, tal como lo expone Lúcia Lippi Oliveira: a excepción de algunas figuras aisladas, entre las cuales sobresalen los escritores Graciliano Ramos y Monteiro Lobato, "el *Estado Novo* en su compleja trama de tradición y modernización, ejerció una atracción substancial sobre la intelectualidad brasileña".[8] Intelectuales de las más diversas extracciones ideológicas convergieron en un régimen que se enmarcaba en el proyecto de construcción del estado nacional.

Durante el período que duró el *Estado Novo*, la cultura se convirtió en un asunto de estado y formó parte del programa de gobierno. La acción de los intelectuales se centró bajo la esfera de influencia del Ministerio de Educación y Salud Pública creado en 1930 (dos semanas después del golpe de estado) y tuvo en la figura de su ministro, Gustavo Capanema, uno de sus protagonistas. [9] Con la llegada de Capanema al gobierno en 1934 comenzó una eta-

[7] En Alzira Vargas do Amaral Peixoto, *Getúlio Vargas, Meu Pai*, Globo, 1960, 366.

[8] Lúcia Lippi Oliveira, "Apresentação"; Oliveira, Pimenta Velloso y Castro Gomes, *Estado Novo*, 11.

[9] El archivo del ministro que se encuentra en la Fundación Getúlio Vargas (Río de Janeiro) da muestras cabales del papel central de Capanema en convertir a la cultura en un asunto de Estado y en el grado de compromiso personal que éste puso en su gestión. En el archivo se pueden observar diversos documentos, cartas y artículos anotados por Capanema y también se pueden ver las respuestas de Vargas a Capanema, mostrando como el presidente no sólo era informado sino que también opinaba sobre el tema.

pa de reformas en la administración cultural, proceso que encontró su auge después del golpe de 1937. La constitución establecida ese año otorgó al estado el deber de contribuir directa e indirectamente al desarrollo cultural del país, lo que estipulaba o favorecía la fundación de instituciones artísticas, científicas y de enseñanza.[10] Fue en este período que se fundó la Universidad de São Paulo (1934) y se creó un Servicio de Patrimonio Histórico y Artístico Nacional (SPHAN) que dio lugar a la fundación de diversos museos y casas históricas regionales. Al mismo tiempo vieron la luz varios museos nacionales, como el Museo Nacional de Bellas Artes, el Museo Imperial, el Museo de la *Inconfidencia*; se estableció la Comisión de Teatro Nacional, el Servicio de Radiodifusión Educativa, el Instituto Cayru (luego Instituto del Libro) y el Instituto de Cine Educativo.

En esos años también se reformó la Biblioteca Nacional, el Observatorio Nacional, la Casa de Rui Barbosa y el Museo Histórico Nacional, a la vez que las artes plásticas contemporáneas y la arquitectura moderna recibieron especial atención, como se puede ver en los esfuerzos desplegados en la construcción de un edificio para el ministerio o en el apoyo que recibieron los pintores Lasar Segall y Cândido Portinari.[11] Las transformaciones llevadas a cabo durante el período se pueden comprender en su magnitud si recordamos que la administración cultural no fue modificada hasta 1981, cuando se constituyó la Secretaría de Cultura. Terminada su gestión, el ministro Capanema dejó "esbozado el diseño básico de la organización institucional de la cultura en el estado de Brasil".[12]

Capanema era él mismo un intelectual, ligado a un grupo de correligionarios del estado de Minais Gerais, y estaba particularmente conectado con algunos de los principales exponentes del movimiento modernista; por lo tanto, no es casual que convoque a sus propios amigos para ejercer las nuevas actividades abiertas por la ampliación de la gestión cultural.[13] Es así como, a la luz de "dicha invitación" y atraídos sin duda por el proyecto en ciernes,

[10] Daryle Williams, "Gustavo Capanema, ministro da cultura", en Angela de Castro Gomes, *Capanema: o ministro e seu ministério*, FGV, 2000, 256.

[11] Ver Cecilia Londres, "A Invenção Do Património E A Memória Nacional", en Helena Bomeny, *Constelação Capanema: intelectuais e políticas*, FGV, 2001, 91.

[12] Ibíd., 86.

[13] Esto dio a los intelectuales provenientes de Minais Gerais supremacía en el proyecto de Capanema.

los intelectuales asumieron las diversas tareas determinadas por la creciente intervención del estado en la actividad cultural.[14] Entre los nombres más notables que fueron cooptados se encuentran escritores, artistas, arquitectos y académicos. Entre ellos sobresalen los poetas Carlos Drummond de Andrade y Manuel Bandeira; el autor de la célebre obra de la identidad nacional *Macunaíma*, Mário de Andrade; los arquitectos Lucio Costa y Oscar Niemeyer; el sociólogo Gilberto Freyre y el pintor Cândido Portinari.[15] El grado de participación y compromiso con la gestión variaba según los casos. Mientras Drummond de Andrade se desempeñó durante todo el período como secretario del gabinete del ministro, Portinari pintó murales comisionados por el Estado y participó de varias exposiciones internacionales organizadas directamente por el gobierno. Como se mencionó anteriormente, las deserciones tampoco faltaban, pero éstas fueron las menos y en ocasiones no fueron totales, como el caso de de Graciliano Ramos, quien a pesar de su postura opositora, colaboró con la revista del régimen: *Cultura Política*.[16]

El protagonismo de los intelectuales no sólo se circunscribió a administrar las nuevas instituciones culturales, sino que también fueron "llamados" a nutrir ideológicamente el nuevo movimiento y a sumarse a los esfuerzos de propaganda del régimen, actividad que realizaban principalmente desde las páginas de una serie de revistas coordinadas por el Departamento de Imprensa e Propaganda (DIP).[17] De acuerdo a Pimenta Velloso, dichas tareas implicaban una división de tareas y una convocatoria a la intelectualidad que iba más allá de los nombres reconocidos.[18] Mientras los "*grandes intelectuais*" –como el escritor de derecha Francisco Campos, también ministro de justicia– desempeñaban el papel de ideólogos del *Estado Novo* desde las páginas de *Cultura Política*, los "*intelectuais*

[14] Sergio Miceli, *Intelectuais à Brasileira*, Companhia das Letras, 2001, 197.

[15] Randal Johnson, "The Dynamics of the Brazilian Literary Field, 1930-1945", *Luso-Brazilian Review* 31 (1994): 5-23.

[16] Mônica Pimenta Velloso, "Os intelectuais e a política cultural do Estado Novo", en Jorge Ferreira, Lucilia de Almeida Neves Delgado, *O Brasil Republicano*, Civilizacão Brasileira, 2003.

[17] Lúcia Lippi Oliveira, "O intelectual do DIP: Lourival Fontes E O Estado Novo", en Bomeny, *Constelação*.

[18] Mônica Pimenta Velloso, "Cultura E Poder Político: Uma Configuração do Campo Intelectual", Oliveira, Velloso y Gomes, *Estado*, 71-108. La división de tareas puede ser leída también como una forma de trasladar las jerarquías del campo intelectual al campo político.

medios" –como el periodista Pedro Vergara– prestaban su pluma a la retórica de la propaganda en la revista *Ciencia Política*, estructurando un mensaje destinado a un público mayor. La inteligencia se sentía realmente integrada y parte del proyecto político del *Estado Novo*, integración que desde una publicación oficial explicaba la identidad de intereses entre el gobierno y la intelectualidad:

> Pela identidade entre o governo e o povo, a identidade entre o Estado e a inteligência logo faz-se sentir. Na tranquilidade do ambiente, a inteligência encontrou a garantia do seu exercício. Foi o quanto bastou para que o intelectual brasileiro fizesse desse exercício o seu voto de fidelidade e a sua moção de reconhecimento a esse governo que, vindo ao encontro de suas aspirações latentes soube compreendê-la, primeiro, para valorizá-la depois.[19]

A la luz de otros desarrollos en el país, en particular el uso extensivo de la censura por parte del régimen, el argumento mencionado no deja de sorprender. ¿Cómo pueden gran parte de los intelectuales –específicamente aquellos cercanos a la izquierda– prestarse a un proyecto político autoritario? ¿Es igual el grado de compromiso de todos los intelectuales? ¿Hasta qué punto Vargas es responsable de este matrimonio entre el gobierno y las elites intelectuales? Algunos autores sugieren que la íntima relación entre la clase letrada y el poder se explica por la presencia de Capanema, figura que hace más "digerible" el régimen a intelectuales que tuvieran reparos a sumarse a un proyecto autoritario como el del *Estado Novo*. Según Daryle Williams, la postura moderada de Capanema, su declarada oposición al totalitarismo, permitió a los intelectuales "hacer las paces con el régimen".[20] Pero aun aceptando que la convivencia entre intelectuales y poder vivió momentos de tensión y estuvo plena de ansiedades y ambigüedades,[21] es difí-

[19] "Evolução Intelectual", *Cultura Política* 8 (1941): 265, citado por Velloso, *Ibíd.*, 93.

[20] Ver el artículo de Williams citado y su excelente libro: Daryle Williams, *Cultural Wars in Brazil.The First Vargas Regime, 1930-1945*, Duke University Press, 2001, 81.

[21] Simon Schwartzman, Helena Mario Bousquet Bomeny, Vanda Maria Ribiro Costa, *Tempos de Capanema*, FGV, 2000, 97-104.

cil creer que la figura de Capanema *per se* fuera capaz de sostener una alianza bajo un régimen que duró tantos años. Tal como nos advierte Simon Schwartzman, explicar la presencia de alguien como Carlos Drummond de Andrade en el gobierno por razones de amistad, o decir que su actuación fue sólo burocrática, significa "subestimar su inteligencia y sus valores".[22]

Por otra parte, atribuir a Capanema la responsabilidad absoluta y discrecional de la administración cultural es subestimar la capacidad de Vargas y el importante grado de control que éste tenía sobre sus políticas.[23] El archivo del ministro Capanema da cuenta que el presidente era detalladamente informado del progreso de la gestión cultural. [24] Difícilmente Capanema podría haber llevado adelante una labor de tal envergadura sin la avenencia, al menos, del presidente. El mismo Williams relata en su libro *Cultural Wars In Brazil* las negociaciones entabladas entre Vargas y su ministro para la puesta en marcha de determinadas políticas culturales como, por ejemplo, la creación de un instituto federal de cine.[25] Tampoco se debe olvidar que la expansión de las instituciones de la cultura fue acompañada por una importante inversión financiera, lo que en un régimen centralizado como el de Vargas requería la aprobación del presidente. Los intelectuales gozaron además de una increíble libertad de creación. Parece poco probable que Vargas no tuviera ninguna influencia en la forma en que la clase letrada era tratada, en contraposición a la censura a la que eran expuestos otros actores sociales. A la luz de dicha evidencia, la afirmación de Drummond de Andrade de que Vargas no "tenía ningún interés en la cultura" debe ser, al menos, matizada.[26] No es plausible explicar la alianza entre intelectuales y poder si no se piensa en intereses mutuos: Vargas veía a los intelectuales como importantes aliados

[22] Citado por Bomeny, «Infelidades Eletivas: intelectuais e política», en Bomeny, *Constelação*, 16.

[23] Boris Fausto, *A Concise History of Brazil*, Cambridge University Press, 1999, 217.

[24] Ver, por ejemplo, «Carta de Capanema a Vargas», 9/7/1934, Archivo Capanema (Fundación Getúlio Vargas); GCg 1934.09.07/1 Fot 473.

[25] Williams, *Cultural Wars*, 71.

[26] Entrevista con Carlos Drummond de Andrade, 21/11/1983, citado por Williams, *Cultural Wars*, 14. Es posible interpretar la declaración de Andrade como una forma de autojustificación a posteriori. Decir que su lealtad estaba con Capanema implicaba protegerse de las críticas de las que fue objeto por participar de un gobierno autoritario.

de su proyecto político, a la vez que éstos creían en la potencialidad transformadora del régimen.

Si volvemos a pensar en el estado en que se encontraban la cultura, la educación y el país en general a mediados de 1930, podremos encontrar un "por qué" a la respuesta de la intelectualidad: sólo el estado podía reunir los recursos suficientes para la implementación de una política nacional que garantizase la educación, la ciencia y la cultura como un patrimonio social. El *Estado Novo* se presentaba a favor de una valorización de la cultura nacional; Vargas afirmaba sus esfuerzos de "instalar un sentido común y positivo del sentimiento nacional",[27] promovía la modernización del estado, apuntaba a construir una nación más inclusiva, donde la educación estaba encargada de construir un *homen novo*, y estaba dispuesto a remunerar e impulsar el trabajo intelectual.[28] En dicho contexto, el nacionalismo funcionó entonces como el elemento aglutinador capaz de sumar a casi toda la intelectualidad del período con el proyecto político en ciernes. La respuesta de los intelectuales debe ser entendida, por tanto, tal como anota Bomeny, en el marco de la construcción del estado de bienestar en el país y expresa la voluntad de los intelectuales de sumarse a ese proceso.[29] Dicha participación está habitada por la creencia en lo que Horacio Legrás llama "la fantasía paternalista-educadora" de los intelectuales, la fe en "el destino inevitablemente político e interesado de la intervención cultural", que en este caso coincide con la visión que el estado tiene del rol del intelectual y de la cultura.[30]

Tampoco faltaba en esta peculiar alianza cierto grado de oportunismo y cálculo económico: la misma constituía para los intelectuales no sólo la posibilidad de ejercer influencia sino también una fuente de ingresos. Merece la pena aclarar aquí que gran parte de los intelectuales brasileños de dicha época pertenecía, como lo señala Miceli, a familias de "parientes pobres de la oligarquía", para quienes el trabajo intelectual constituía una forma de "librarse de las amenazas del *rebaixamento social* que rodeaba a los suyos".[31] La

[27] Levine, *Father*, 59.

[28] Daniel Pécaut, *Os intelectuais e a política no Brasil. Entre o povo e a nação*, Atica, 1990, 74.

[29] Bomeny, "Infelidades", 16.

[30] Horacio Legrás, "El Ateneo y los orígenes del Estado Ético en México", *Latin American Research Review* 38 (2003): 58.

[31] Miceli, *Intelectuais*, 85. Tampoco debe descartarse otro tipo de oportunismo en esta alianza, sobre todo en los intelectuales más lejanos a ideologías de derecha. El

percepción de que el cambio podía llevarse a cabo de la mano de un gobierno autoritario, que subyace a la situación aquí descrita, coincide con un clima de época donde la democracia liberal se encontraba en crisis y las soluciones autoritarias atraían cada vez más.

Ahora, del otro lado, Vargas "acepta compartir el poder" porque necesita a los intelectuales para construir los símbolos culturales del *Estado Novo* y "sus saberes" para poner en marcha su proyecto de reforma del estado. Era un proyecto no exento de debates, contradicciones y agendas diferentes. Al fin y al cabo, lo que estaba en juego era el contenido de la identidad nacional: la *brasilidade*. La heterogénea composición intelectual del régimen, integrada por modernistas, tradicionalistas, conservadores, liberales e izquierdistas, se tradujo en un campo de batalla de "guerras culturales", usando el término de Williams, donde la identidad y la cultura nacional se diputaban a través del control de objetos, imágenes y locales que el estado central presentaba como los "ejecutores de la *brasilidade*".[32] Estas "guerras" se dieron, por ejemplo, en torno a la creación del patrimonio nacional que trajo consigo la fundación del Servicio de Patrimonio Histórico (SPHAN). Bajo el *Estado Novo*, la ley federal otorgó protección oficial (*tombamento*) a un número nada desdeñable de monumentos.[33] La operación, sin embargo, no era simple y conllevaba una serie de intereses y actores. Era necesario decidir qué pasado era digno de conformar el patrimonio histórico y qué actores tenían derecho a representarlo y "administrarlo". Luchas sobre las cuales Vargas tenía un interés esencial, porque en ellas se jugaba el rol del estado en la conformación de la identidad nacional.[34]

---

gobierno les daba una oportunidad de trabajo y nada impedía que desde sus puestos pudieran "contrabandear" un contenido más revolucionario a su gestión. Sin embargo, este "contrabando" estuvo lejos de producirse. Tomemos por ejemplo el caso de Mario de Andrade; este escritor, autor de una de las obras fundacionales de la literatura nacional como *Macunaíma*, construye literariamente una imagen de Brasil plural, fragmentada, abierta, pero fracasa en incorporar esta noción desde el organismo que dirige, el Servicio de Patrimonio Histórico y Artístico Nacional, donde prevalece una noción canónica y elitista del patrimonio histórico. Schwartzman, Bomeny, Costa, *Tempos*, 99.

[32] Ver Williams, *Cultural Wars*.

[33] Casi la mitad de los monumentos que integran el registro de la herencia nacional se completaron antes de 1945.

[34] Otros campos donde se dieron estas "guerras" fueron los de la creación y gestión de museos y las exposiciones internacionales, donde se disputaba la memoria nacional y la imagen "exportable" del país, respectivamente.

Perón y los intelectuales

La descripción de la relación entre los intelectuales y el poder bajo el gobierno de Juan Domingo Perón nos remonta a un escenario totalmente diferente y nos obliga a un cambio de perspectiva: ya no es dentro de las filas del gobierno donde debemos posar nuestra mirada, sino en la oposición. En su gran mayoría, los intelectuales expresaron su rechazo a Perón. Los pocos que se decidieron a apoyarlo se vieron condenados al ostracismo, tanto en los círculos intelectuales como en los de poder. Raúl Scalabrini Ortiz, una de las voces más conspicuas dentro del universo de los intelectuales peronistas, se quejaba en 1951 de la falta de "un resquicio, una trinchera, desde donde [pudieran] continuar adoctrinando".[35]

Perón llegó a la presidencia en 1946, elegido por el voto democrático en un clima marcado por grandes tensiones políticas. El ascenso a líder de las masas de este coronel fue meteórico. Miembro de un grupo de oficiales con inclinaciones fascistas (GOU), Perón desembarcó en la política de la mano del golpe militar de 1943, que buscaba poner fin a una década marcada por el fraude y el desorden. Desde el Departamento Nacional del Trabajo (luego Secretaría de Trabajo y Previsión), Perón construye, a través de un programa de concesiones limitadas a los obreros, una alianza que sería vital en su supervivencia política. La ascendencia de Perón sobre los sectores obreros no era bien vista ni por los militares ni por civiles. El triunfo de las tropas aliadas en la Segunda Guerra Mundial reafirmó la posición de los autodenominados sectores "democráticos" de la sociedad en contra de Perón, quienes veían en las políticas implementadas desde la Secretaría de Trabajo una copia del fascismo social de Mussolini. A principios de octubre, Perón –quien en ese entonces acumulaba los cargos de secretario de Trabajo, ministro de Guerra y vicepresidente de la Nación– fue forzado a renunciar y encarcelado. Dichos hechos provocaron la reacción de los trabajadores, que marcharon hacia la Plaza de Mayo pidiendo la liberación de su nuevo líder. El desenlace del conflicto es conocido: el llamado a elecciones con Perón como candidato presidencial y su triunfo en los comicios más limpios hasta entonces.

Perón se mantuvo en el poder durante casi una década, desde 1946 hasta 1955. La constitución fue renovada en 1949 y esto le

[35] Raúl Scalabrini Ortiz, en Norberto Galasso, *Vida de Scalabrini Ortiz*, Mar Dulce, 1970, 99.

permitió ser reelegido en 1952, hasta que en septiembre de 1955 un golpe militar lo desplazó del poder. La gestión de Perón marca indeleblemente la historia argentina. Perón integra simbólica y materialmente al proyecto institucional de la nación a grandes sectores de la población, extendiendo los beneficios sociales hacia los estratos más bajos de la sociedad. Las mujeres reciben el derecho al voto, el estado se agranda hasta convertirse en el árbitro de las relaciones entre el capital y el trabajo y los servicios públicos se estatizan. Pero en contraposición a lo que pasó en Brasil, los intelectuales casi no participan de estas transformaciones.

A principios de 1946, momento en que Perón inicia su gobierno, nos encontramos con dos grupos claros dentro de los círculos intelectuales argentinos: uno claramente mayoritario (el antiperonista) y otro de menor importancia (el peronista). El primero interpreta el ascenso de Perón como una profecía autocumplida: la de la instauración del fascismo en Argentina; una visión que es compartida por intelectuales de las más diversas extracciones ideológicas dentro del grupo, de modo que la podemos encontrar tanto en las páginas de la revista liberal estetizante *Sur* como en las del diario socialista *La Vanguardia*. Entre aquellos que han decidido apoyar a Perón, se pueden diferenciar dos grupos de intelectuales en términos ideológicos: los nacionalistas de derecha y los nacionalistas populares. Una brecha profunda separa a estas dos fracciones: mientras los nacionalistas de derecha sospechan del sistema democrático y de la alianza de Perón con los sectores obreros, los populares buscan construir una democracia con acento social. Sin embargo, ambos comparten un profundo sentimiento antiliberal y antiimperialista y, desde lugares diferentes, concluyen que el nuevo presidente puede llevar a cabo sus postergadas agendas.

La llegada de Perón, entonces, está marcada por el vehemente rechazo de la mayoría de la inteligencia del país. Basta hojear algunas de las descripciones de Perón posteriores a su caída, donde se lo acusa de "tirano" y "epígono de los nazis".[36] Perón repartió el poder entre quienes fueron en gran medida responsables de su triunfo, en especial los líderes sindicales, reaccionando con indiferencia a la oposición de los intelectuales, a la vez que otorgó a la cultura un lugar subordinado en su lista de prioridades. Si bien ciertas estructuras de la gestión de la cultura fueron modificadas

[36] *Sur* 237 (1955).

–en 1948 se creó la Subsecretaría de Cultura y en 1949 el Ministerio de Educación–, las nuevas dependencias no se tradujeron en una gestión cultural más dinámica o más rica, al menos en relación a la cultura que consumían las elites. En 1949, el gobierno creó una Junta Nacional de Intelectuales (por iniciativa de los propios intelectuales) que apuntaba a mejorar las condiciones de trabajo del sector.[37] Para alcanzar dichos objetivos, la Junta delineó el denominado "Estatuto del trabajador intelectual", que generó un extenso debate por ciertas cláusulas censuradoras que contenía, pero finalmente terminó en la nada porque no fue transformado ni en ley ni en decreto, a la vez que la Junta misma fue disuelta.[38]

Las características más sobresalientes del tratamiento de la cultura durante los años 1946-1955 fueron la masificación y el acceso gratuito a espectáculos. Lo que pasa en el Teatro Colón es simbólico de las políticas en boga. El teatro (elitista, de acuerdo a la versión oficial) abrió sus puertas a las clases bajas, ofreciendo presentaciones especiales gratuitas a los sindicatos, que a veces eran festivales de folklore. La música nativa y popular podía presentarse ahora en una sala anteriormente reservada para óperas y ballet.[39] El gobierno presentaba a la cultura como un antiguo privilegio de las oligarquías que ahora iba a ser extendido al gran público, lo que significaba que las manifestaciones culturales debían adaptarse al gusto de las masas. Una publicación oficial resumía dicha política en los siguientes términos:

> A lo largo de la historia la cultura ha significado un bien de minorías, una heredad que sólo excepcionalmente

[37] Algunos autores interpretan la creación de la Junta como una prueba del interés de los Perón por la clase intelectual. Dicha visión obvia dos puntos centrales: en primer lugar, que la Junta representa un proyecto de los intelectuales, y en segundo lugar, su desenlace, ya que la junta perece sin haber alcanzado ningún tipo de protagonismo. Este argumento se encuentra en Maria Helena Capelato, «Os intelectuais e o Poder No Varguismo e Peronismo», *História: Questões & Debates* 13 (1999): 5-39. El origen de la iniciativa de la Junta Nacional de Intelectuales fue del escritor Elías Castelnuovo y la misma se puede leer en una carta que éste le envía a su colega Manuel Gálvez. Elías Castelnuovo, "Carta a Manuel Gálvez", 3/3/1947, Academia Argentina de Letras.

[38] Según José María Castiñeira de Dios, Subsecretario de Cultura entre 1950-1952, él fue el encargado de cerrarla, dada su "mediocridad". Castiñeira de Dios se negó a ser entrevistado, pero refirió estas palabras en una breve comunicación telefónica con la autora el 12 de julio de 1999.

[39] Ver Alberto Ciria, *Política y cultura popular: la Argentina peronista, 1946-1955*, Ediciones de la Flor, 1983.

> transpuso límites impuestos por un dominante criterio de clases. Para el Peronismo los trabajos de la inteligencia deben estar destinados al pueblo, ser sustancia de su multitud y no privilegio de unos pocos, más allá de todo círculo que intente monopolizar sus bienes. Pero para ello es preciso que en su contenido sea entrañablemente humano, que en las expresiones culturales el Pueblo vea representada su genuina grandeza, que en las manifestaciones de la literatura y el arte encuentre su propio ser inmenso, crecido en la historia de nuestros días, digno de toda exaltación.[40]

Perón mismo sostenía que "en cuanto a la formación espiritual, ha de realizarse llevando la cultura al ambiente de nuestros trabajadores. Ni la inteligencia ni el saber pueden estar reservados a una sola clase social".[41] Para llevar a cabo dichas transformaciones, Perón no necesitaba la colaboración de los intelectuales. La cultura que buscaba llevar a las masas no era la cultura de las elites intelectuales, tal como él mismo lo expuso, sino la "cultura popular".[42]

Esta apertura a lo popular, y también a lo local, implicaba que el régimen se rodeara de artistas e intelectuales poco reconocidos por sus pares, abriendo aún más la brecha con el *establishment* cultural. Leopoldo Marechal, uno de los grandes nombres dentro de los escasos intelectuales peronistas, parece aceptar esto cuando sostiene, en un artículo sobre la cultura bajo Perón, que:

> En los movimientos revolucionarios que, como el nuestro, sacuden todas las fibras del país, es frecuente y hasta inevitable que algunos estratos inferiores de la cultura salgan a la superficie y se abroguen derechos que, en esa materia, sólo confieren la capacidad y el talento creador. Si el nuevo Estado trabaja con esos elementos, los mejores, al quedar desplazados de la vía

[40] *La cultura en el pensamiento de Perón*, (sin detalles) 3, Biblioteca Peronista del Congreso de la Nación.

[41] Perón, Juan D., *Perón expone su doctrina*, Subsecretaría de Informaciones, 1949, 305.

[42] Perón, Juan D., "Dijo Perón al inaugurar los cursos de elevación cultural de la comisión nacional de aprendizaje y orientación profesional", Subsecretaría de Informaciones, 1954.

> estatal, realizan por la vía privada hechos de cultura muy superiores en calidad a los que cumple el Estado.[43]

En el párrafo anterior, Marechal ilumina, tal vez sin querer, un aspecto que es central cuando comparamos las gestiones culturales de Vargas y Perón: mientras que la cultura es un asunto de estado para Vargas, Perón trata a la cultura como un "negocio" privado.[44] Esto significa que durante el período 1946-1955, la vida cultural no desaparece en Argentina porque el estado no se ocupe de ella, sino que, por el contrario, ésta expresa su dinamismo en un mundo paralelo extraestatal de instituciones privadas, revistas, institutos y grupos culturales, como lo prueba, por ejemplo, la cantidad de revistas o libros publicados en esos años.[45] Por otra parte, si bien la censura se practica desde el Estado y los intelectuales la viven en carne propia cuando gran parte de ellos son exonerados de sus puestos en la universidad o la policía visita sus casas, como lo recuerdan en sus memorias, es sobre los medios masivos de comunicación que ésta ejerce todo su peso.[46] Existió, entonces, una especie de acuerdo tácito, y no carente de momentos de tensión, entre la intelectualidad antiperonista y el gobierno: mientras sus actividades no rebosaran los márgenes de la elite, gozaban de cierto grado de libertad para desarrollarlas.[47]

Pero si todo lo expuesto anteriormente es aplicable a los intelectuales antiperonistas, no está lejos de serlo también para los peronistas. El escritor peronista Ernesto Goldar nombra uno por uno a los intelectuales que apoyaron a Perón, en una lista que por lo exhaustiva también habla de lo marginal.[48] Entre ellos abundan

[43] Marechal, Leopoldo, "Proyecciones culturales del momento argentino", *Argentina en Marcha*, Comisión Nacional de Cooperación Intelectual, sin fecha, 133.

[44] Cuando hablamos de la cultura, nos referimos sobre todo a la de la elite.

[45] De esto se deriva que aunque no existiera un mercado intelectual desarrollado e institucionalizado, los pensadores argentinos tenían otras opciones de ganar ingresos que el simple tutelaje del estado. Flavia Fiorucci, "Neither Warriors Nor Prophets: Peronist and Anti-Peronist Intellectuals, 1945-1956", Tesis Doctoral, Institute of Latin American Studies, London, 2002.

[46] Luna, Félix, *Perón y su tiempo*, vol. 1, Sudamericana, 1987, 385.

[47] Durante el peronismo, entre los intelectuales la autocensura fue mayor que la censura directa del régimen. Ver Flavia Fiorucci, "Los escritores y la SADE: entre la supervivencia y el antiperonismo. Los límites de la oposición (1946-1955)", *Prismas* 5 (2001): 101-126.

[48] Goldar, Ernesto, *El peronismo en la literatura Argentina*, Freeland,1971.

los autores de textos escolares, pero tampoco faltan algunos nombres conocidos, como el de los escritores Raúl Scalabrini Ortiz, Arturo Jauretche, Manuel Gálvez y Leopoldo Marechal, entre otros. En medio de una inteligencia hostil a su proyecto político, es plausible pensar que Perón estaría dispuesto a otorgarle espacio a estos intelectuales, sin embargo el gobierno les veda el camino a cualquier tipo de relevancia. Perón demanda una adhesión total a su persona y a su gobierno que impide la consecución de cualquier proyecto intelectual. Esto se ve, por ejemplo, en las páginas de una revista como *Hechos e Ideas*. Desde ésta, varios intelectuales nacionalistas, ex miembros del Partido Radical (UCR) como Scalabrini Ortiz y ensayistas como Ernesto Palacio, intentan otorgarle al peronismo un contenido ideológico ligándolo a la retórica nacionalista del líder del radicalismo Hipólito Yrigoyen. No obstante, el discurso de *Hechos e Ideas* no es lo suficientemente "peronista" como para agradar al gobierno –insiste, por ejemplo, en subrayar la continuidad histórica entre Yrigoyen y Perón–, por lo que dichos intelectuales son desplazados de la publicación y se los reemplaza con personas más cercanas al régimen.[49] El contraste con lo que pasa bajo Vargas, quien describe a los intelectuales del régimen como "*grandes colaboradores, cheios de inicitativa*»[50] y que deposita en la Academia Brasileña de Letras la función de "*elevar a vida intelectual do pais a um nivel superior, dando-lhe uma direção construstiva, força e equilibrio criador*»,[51] es más que evidente.

Perón, en oposición a su par brasileño, no está dispuesto a hacer partícipes en la construcción de la "doctrina y el proyecto peronista" a sus propios cuadros intelectuales.[52] Muy pocas son las figuras intelectuales convocadas como funcionarios y escaso es el poder que se les da. Jauretche (el ensayista y militante de FORJA) se sumó al gobierno como presidente del Banco Provincia, pero su experiencia duró sólo 3 años y terminó en su ruidosa renuncia, porque se lo acusó de otorgar subsidios al diario opositor *La Prensa*. De acuerdo a dicho escritor, el problema era que "Perón no quería que hubiera capitanes ni tenientes, ni sargentos, ni nada".[53]

[49] Fiorucci, Flavia, "*Nacionalismo popular*: The consciousness of Peronism", Tesis.

[50] Citado por Pimenta, *Estado*, 81.

[51] Citado por Pécaut, *Os intelectuais*, 69.

[52] A pesar de que Perón niega a los intelectuales que lo siguen, se apropia de su retórica –especialmente de los nacionalistas populares– pero sin reconocerlos como inspiración.

[53] Citado por Norberto Galasso, *Dos Argentinas, Arturo Jauretche-Victoria Ocampo*,

La ausencia de una figura como la de Capanema en el gobierno de Perón nos revela la falta de interés por integrar a los intelectuales a su proyecto político y, por comparación, reafirma la voluntad de Vargas de sí hacerlo. El desinterés es, en el caso de los antiperonistas, mutuo: los intelectuales no quieren formar parte del proyecto peronista y Perón no busca modificar esta situación. Los peronistas en cambio, encuentran que su adhesión a los postulados de Perón no les abre el camino para participar institucionalmente o como interlocutores en el régimen. La identidad obrera de este movimiento y el carácter autoritario del régimen son centrales a la hora de comprender la falta de interés en la alta cultura y en sus propios cuadros intelectuales. Perón quería reconstruir totalmente la estructura social e institucional de la nación. Buscaba recomponer la relación de fuerzas en la sociedad, y en el nuevo esquema ni los intelectuales ni la cultura de elite eran importantes. Perón desconfiaba de los intelectuales y del mundo de las ideas en general, al cual anteponía la acción.[54] Prefería la espiritualidad frente a la racionalidad. Cuando se le preguntó cómo definir el peronismo, afirmó: "el peronismo es una cuestión más del corazón que de la cabeza», mientras que afirmaba que la educación debía enfocarse a preparar hombres de acción y no de pensamiento, "hombres capaces de hacer, porque en este país hasta ahora, no hemos formado más que hombres capaces de decir".[55]

Perón buscaba construir una legitimidad basada en los obreros –él mismo se presentaba como "el primer trabajador"– y el poco espacio dejado a los intelectuales se puede ver como un aspecto complementario a dicha identidad.[56] El hecho de que la mayoría de los estudiantes y los intelectuales rechazaran al régimen peronista desde sus inicios parece haber aumentado los sentimientos antiintelectuales de los obreros. No podemos dejar de recordar en este punto que el grito de guerra de los obreros en su camino a la Plaza de Mayo era: "¡Alpargatas sí, libros no!" y "Haga Patria, mate un estudiante";[57] un conflicto que Perón se encargaría de alimen-

[54] En el caso de Brasil, el positivismo y el darwinismo social contribuyeron para que los intelectuales fueran reconocidos como poseedores de un saber político. Pécaut, *Os intelectuais*, 39.

[55] Juan Domingo Perón, *Perón expone su doctrina*, Subsecretaría de Informaciones, 1949, 28.

[56] Juan Domingo Perón, *El pueblo quiere saber de qué se trata*, Buenos Aires, 1944,104.

[57] El socialista Américo Ghioldi "inventó" la frase, que titulaba una serie de con-

tar, acusando a los intelectuales de pertenecer a la oligarquía por no apoyar al pueblo. A esto hay que sumarle el componente autoritario, que no puede ser desestimado a la hora de entender las políticas intelectuales del régimen. Perón buscaba construir un consenso alternativo al liberal (en boga hasta entonces), basado en la unidad espiritual de la sociedad alrededor de su persona y su doctrina y donde no había espacio para otras voces.[58] En este sentido, las diferencias con Vargas son evidentes: mientras que Vargas era un político de carrera que pactó con la elite militar, Perón era un militar profesional con una visión jerárquica de la política y la sociedad; mientras en Brasil se desarrollaba una sociedad signada por la política de elites, Perón actuaba en un contexto donde la exclusión del adversario era la regla.

¿Tradiciones o regímenes diferentes?

Un discurso y un decreto capturan emblemáticamente la distancia que separan la experiencia de los intelectuales y la cultura en ambos regímenes. El primero, el discurso que Vargas pronunció en ocasión de asociarse a la *Academia Brasilera de Letras* en 1943, y el segundo, el decreto en que el gobierno de Perón ordenaba la intervención de la Academia Argentina de Letras. Mientras que en su discurso Vargas celebraba la "simbiosis entre los hombres de acción y los hombres de pensamiento",[59] el decreto peronista se inspiraba en un proyecto de ley que en su seno cuestionaba el rol histórico de los intelectuales argentinos. El diputado peronista John William Cooke defendía el mentado proyecto afirmando que "si bien el Estado se ha desentendido de la cultura, también es exacto que la cultura se ha desentendido de los problemas argentinos y de los problemas del Estado, adoptando una posición de diletantismo de

ferencias que dio a fines de 1945 evocando la dicotomía entre civilización y barbarie presentada por Sarmiento. Américo Ghioldi, *Alpargatas y libros en la historia argentina*, Buenos Aires, 1946. Ver también la mención a este conflicto que hace Doña María Roldán en el relato transcripto en Daniel James, *Dona María's Store. Life History, Memory, and Political Identity*, Duke University Press, 2000, 44.

[58] Una discusión sobre los mecanismos utilizados en la construcción de dicho consenso se puede leer en Mariano Plotkin, *Mañana es San Perón*, Buenos Aires, 1993.

[59] Citado por Williams, *Cultural Wars*, 51.

buen tono, divorciado de la realidad argentina".[60] Alianza con la cultura, en el primer caso, desdén y coacción, en el otro; detrás de ambas posiciones se encerraba una visión del intelectual. Mientras que el *varguismo* consideraba a los intelectuales algo así como intérpretes de la conciencia nacional, el peronismo los acusaba de su alejamiento de la realidad y les quitaba toda autoridad, dejándolos fuera del proyecto político en ciernes. El interrogante que esta situación nos suscita es hasta qué punto el lugar que la inteligencia ocupa en estos dos gobiernos tiene que ver con tradiciones ya existentes en ambos países o con la naturaleza diversa de estos dos regímenes.

Vargas inaugura una nueva forma de participación intelectual, aunque se puedan encontrar ecos de ella en el siglo diecinueve. La corte portuguesa llegada a las costas brasileñas en 1808 pronto advirtió que el país adolecía de una infraestructura cultural a la altura de una corte europea, aunque ésta fuera una "corte de desterrados", y aunó sus esfuerzos en dicha dirección. Por esto, durante los años del Brasil monárquico, el imperio se dedicó a extender el patronazgo real a diversos sectores de la vida cultural. Pero cuando el golpe de 1889 puso fin a la monarquía de los *Braganças* y se instauró el régimen republicano, la gestión cultural pasó a un lugar subordinado. Si bien la elite republicana buscaba "civilizar" el país, no tenía interés en convertir al estado en el motor de la cultura ni en su principal patrocinador, ni hacía de la inteligencia un aliado importante. La escasa inversión estatal en la cultura incentivó a los intelectuales y artistas a distanciarse del poder. El recorrido del escritor Machado de Assis refleja dicha actitud: quien fuera funcionario del Imperio, llamaba en 1897 a sus colegas a buscar refugio en una torre de marfil lejos de los compromisos de la política.[61] Si se piensa en el contraste con la experiencia de la República, es claro que los esfuerzos del gobierno de Vargas deben ser vistos como la inauguración de una nueva tradición, aunque se puedan trazar sus orígenes al Brasil imperial. Vargas, en una experiencia inédita, integró a los intelectuales al proyecto nacional, a la

[60] Diputado peronista Cooke, *Diario de Sesiones*, 29 de septiembre de 1950, tomo IV, página 3653. El proyecto estipulaba la intervención de las academias nacionales; fue aprobado el 29 de septiembre de 1950 y el decreto promulgado dos años más tarde.

[61] Ver Williams, *Cultural Wars*, 33. Ver también Jeffrey D. Needell, "The Domestic Civilizing Mission: The Cultural Role of the State in Brazil, 1808-1930", *Luso-Brazilian Review* 36 (1999): 1-18.

vez que hizo de la cultura un asunto de estado. Dicha política de integración e intimidad entre intelectuales y poder político sobrepasó los límites cronológicos del fin del *Estado Novo* y se convirtió en un característica del campo cultural brasileño.

Perón, en cambio, no hizo más que exacerbar una tradición ya común en la Argentina de entonces. La construcción del andamiaje institucional de Argentina está imbricada por el trabajo de dos generaciones intelectuales: la de 1837 y la de 1880. Sin embargo, desde que se instauró por primera vez el sufragio masculino universal en 1916, la influencia de los intelectuales en el ámbito político se eclipsó y su lugar fue ocupado por la naciente clase política. Todo sucedió, nos dice Silvia Sigal, como si "una vez acabada la fase de construcción, la nación hubiera terminado la misión reconocida a la inteligencia".[62] A partir de entonces, contados fueron los casos donde los intelectuales argentinos compartieron la experiencia del poder. En cuanto al rol del estado en la gestión cultural en Argentina, salvo escasas excepciones, la cultura ha sido "un asunto de particulares". Excluido el gobierno de Agustín Justo (curiosamente, contemporáneo en parte al de Vargas, 1932-1938), la cultura fue subvencionada en forma privada por las elites sociales y su dinamismo dependió en gran medida de la labor individual o grupal de "organizadores culturales».[63] Es decir que la gestión cultural estuvo dominada por grandes personalidades como Victoria Ocampo o Roberto Giusti, o instituciones como la Asociación de Amigos del Arte. La supervivencia de la vida cultural en un mundo de redes intelectuales autónomas es, según Sigal, un carácter distintivo del país que se relaciona con la debilidad institucional del estado argentino, que hizo de la universidad (el lugar "natural" de los intelectuales) una arena de disputas políticas. Cada nuevo gobierno intentó "copar" la universidad, lo que obligó a los intelectuales a dotarse de nuevos medios de ingreso y de expresión, consolidando su capacidad de autoorganización, pero al precio de una fuerte asociación entre la cultura y la política.[64]

[62] Silvia Sigal, *Intelectuales y poder en la Argentina. La década del sesenta*, Siglo Veintiuno, 2002, 6.

[63] Ver Jesús Méndez, "Argentine Intellectuals in the Twentieth Century, 1900-1943", Ph. D. Dissertation, The University of Texas at Austin, 1980.

[64] En el tema universitario, la diferencia es notable: mientras Vargas crea universidades para formar una elite, Perón expulsa a los intelectuales de la universidad.

Sin embargo, ni la ausencia ni presencia de una "convocatoria" a la intelectualidad explica por sí sola el rechazo o la adhesión por parte de los intelectuales a sendos regímenes. Como ya se mencionó, en el caso del peronismo el camino se había cerrado antes de que Perón se convirtiera en presidente, dado que los intelectuales lo identificaban como un líder fascista. Por lo que es necesario agregar un elemento histórico para comprender en toda su complejidad las posiciones diferentes de cada una de las intelectualidades. A diferencia de Vargas, cuando Perón asume en 1946, los regímenes fascistas ya habían mostrado su cara más trágica en Europa y, aunque éstos hubieran perdido la guerra, la percepción compartida era que el fascismo había llegado para quedarse. La por entonces prestigiosa revista dirigida por Victoria Ocampo, *Sur*, resumía dicho pensamiento en un interrogante y una respuesta: "Pero, ¿se ha agotado la posibilidad de ver resurgir el nazismo? Creemos que no. Los campos de concentración son un mero hito en las sórdidas etapas del salvajismo nazi. Sin campos, sin alambrados, la ideología reverdece por las tierras".[65] De modo que hay una diferencia de *timing* importante entre los gobiernos de Perón y Vargas: si bien el sentimiento antifascista empieza a tomar ímpetu frente al inicio de la guerra civil española en 1936, Perón asume cuando dicho sentimiento estaba fuertemente diseminado en los círculos intelectuales.

Populismo e intelectuales

Tal como se mencionó al principio de este trabajo, los regímenes de Perón y Vargas han sido catalogados bajo el rótulo de populistas. El término populismo es probablemente uno de los más equívocos en el vocabulario político moderno, y la polémica en torno a su naturaleza está lejos de haberse cerrado.[66] Las definiciones de este fenómeno político pueden ser divididas en dos grandes gru-

[65] Enrique Amorím, "Sobre la paz", *Sur* 129 (1945): 72.

[66] La extensa literatura sobre el tema del populismo se vio alimentada recientemente por la aparición de los denominados neopopulismos. Para una lectura de las distintas interpretaciones de este fenómeno, ver Alan Knight, "Populism and Neo-Populism in Latin America, especially Mexico", *Journal of Latin American Studies* 30, (1998): 223-248 y Paul Cammack "The resurgence of populism in Latin America", *Bulletin of Latin American Research* 19 (2000): 149-161.

pos: aquellas que enfatizan su política económica, instituciones y bases de apoyo y un segundo grupo que describe el populismo como un fenómeno discursivo, concentrándose en el carácter y las implicaciones de la apelación directa que éste hace al pueblo.[67] El primero de los abordajes es el más común y en éste se define al populismo (con énfasis diferentes) como un régimen que lleva a cabo una política económica orientada al mercado interno, anclado en los sectores populares, aunque no exclusivamente, y poco respetuoso de las instituciones de la democracia liberal. El populismo es así –en un texto clásico como el de Torcuato Di Tella– "un movimiento político que goza del apoyo de la masa de clase trabajadora urbana y/o del campesinado, pero que no es el resultado del poder organizativo autónomo de ninguno de estos sectores. [Que] también es apoyado por sectores de clases no trabajadoras que sostienen una ideología que se opone al status quo".[68] En el segundo grupo de definiciones sobresale la propuesta de Ernesto Laclau, quien define al populismo como el momento "donde los elementos populares-democráticos [del discurso político] son presentados como opción antagónica a la ideología del bloque dominante".[69]

Cada uno de estos abordajes teóricos sobre este fenómeno nos lleva a conclusiones diferentes sobre la naturaleza de los regímenes estudiados aquí. Bajo el primer grupo de definiciones, concentradas en lo que Cammack denomina "aspectos estructurales", es claro que el varguismo se ajusta a una experiencia de tipo populista: apoyado por los sectores populares, Vargas inicia una política económica mercado-internista (anti status quo).[70] En cambio, bajo el segundo enfoque (el discursivo) –y tal como Laclau lo expone–, el régimen de Vargas no constituye un caso genuino de populismo en tanto oscilaba en un movimiento pendular: en momentos de estabilidad, su lenguaje político tendía a ser paternalista y conservador y sólo en momentos de crisis era populista.[71]

La pregunta que nos concierne aquí es: ¿hasta qué punto la mirada sobre el mundo intelectual expuesta en este trabajo puede orientarnos en esta polémica? Sería exagerado sostener que el lu-

[67] Cammack, "The resurgence", 151.

[68] Torcuato Di Tella, "Populism and Reform in Latin America", en Claudio Véliz (ed.), *Obstacles to Change in Latin America*, Londres, 1965, 47.

[69] Ernesto Laclau, *Politics and Ideology in Marxist Theory*, Lowe and Brydone Printers Ltd., 1977, 172.

[70] Cammack, "The resurgence", 151.

[71] Ibíd., 173.

gar que ocupan los intelectuales y el discurso que éstos promueven desde dicho lugar pueden darnos los elementos para llegar a un veredicto final sobre si un régimen es populista o no. Seguir dicho razonamiento implicaría no sólo sobreestimar el papel de los intelectuales en la configuración de un régimen, sino también ignorar lisa y llanamente el rol de la tradición y las coyunturas históricas particulares expuestas anteriormente. Sin embargo, es probable que dicho interrogante abra una vía de entrada al tema. La apertura de Vargas hacia los sectores intelectuales nos sugiere, por un lado, un régimen que no busca romper totalmente con las elites, sino que además tiene un déficit de legitimidad que debe compensar. Y el resultado de dicha combinación bordea lo paradójico. En el Brasil de entonces es claro que ser un intelectual implica ser parte o, al menos, estar cerca de los círculos de poder. Vargas invita a los intelectuales a asumir el rol de "conciencia de la nación" porque los "canales normales" de participación de la nación (el sufragio) están interrumpidos.

Perón presenta (al menos después de 1945) la identidad obrera de su movimiento como un quiebre total con las elites y el pueblo como fuente final de inspiración del movimiento que lidera. Su discurso es antiintelectual porque es antielite y está habitado por una serie de dicotomías irreconciliables: pueblo versus oligarquía; pueblo versus antipueblo; patria versus antipatria; peronista versus antiperonista. En esta serie de oposiciones, la oligarquía es criticada por antidemocrática (gobierno de unos pocos), extranjerizante (vendepatria) e improductiva. A dicha descripción se le contrapone un "pueblo que trabaja, sufre y produce".[72] El lugar de la mayoría de los intelectuales al unirse al campo antiperonista, entonces, es claro: el del antipueblo, el lugar opuesto al que los intelectuales tienen bajo Vargas.

La ausencia de un llamado a la intelectualidad bajo el peronismo se comprende mejor si se piensa en aquello que a Vargas le falta y a Perón hace gala de sobrarle: legitimidad popular. Si la legitimidad del populismo se basa en lo que Maristella Svampa denomina "un exceso con respecto a la legitimidad propia de la democracia" pero que es "incapaz de sustituir completamente la legitimidad democrática o abandonar toda referencia democrática",[73] es clara la au-

[72] Svampa María Stella, *Civilización o Barbarie: el dilema argentino, de Sarmiento al revisionismo*, El cielo por asalto, 1994.

[73] *Ibíd.*, 216. En el clásico trabajo de Conniff, la existencia de elecciones es

sencia de ésta en el régimen brasileño. Es cierto que Vargas se dirige al pueblo en sus apelaciones y que intenta desarrollar sus lazos con éste a través de sus discursos, mientras cultiva una imagen de "accesibilidad" y se presenta como un líder que va en contra de los intereses de la oligarquía, pero no cuenta con aquello que finalmente va a terminar con la experiencia misma del *Estado Novo*: el aval democrático. En contraposición, y por más que Perón desdeñara los mecanismos electorales, eran la victorias del peronismo en dicho campo las que corroboraban su legitimidad popular.

¿Llegamos finalmente a la conclusión que un régimen antiintelectual es populista y uno que se alía con los intelectuales no llega a serlo? Como se mencionó anteriormente, es difícil que el lugar de los intelectuales pueda leerse como un parámetro decisivo en el momento de hacer un balance sobre el tema. Lo importante a la hora de la comparación es que bajo el gobierno de Vargas los intelectuales ocupan un lugar que el peronismo le reserva, al menos en términos retóricos, al pueblo y a su líder y que es fuertemente celoso de otorgar aun a sus propios cuadros intelectuales. A esto hay que agregar que durante el *Estado Novo* los intelectuales en alianza con el estado promueven una cultura que desdeña sus rasgos más populares. Por lo que, si bien esto no quiere decir que el varguismo no sea populista, si pudiéramos imaginar un continuo que fuera de más a menos populista, la discusión aquí desarrollada sugiere que el régimen brasileño fue "menos" populista que el peronismo, no sólo en términos discursivos sino también en instancias de participación real del pueblo; observación que debe ser puesta a la luz de lo que pasa en otros ámbitos de la participación popular, tal como el sindical.

Conclusión

La comparación aquí desarrollada subrayó la existencia de una voluntad modernizadora en términos culturales, en un caso, y la ausencia en otro. Observados desde dicha perspectiva, es evidente que es el régimen menos revolucionario en términos sociales, pero a su vez el "menos populista", el que tendrá sobre la cultura el

---

identificada como condición necesaria para que un régimen sea populista. Michael L. Conniff (ed.), *Populism in Latin America*, University of Alabama Press, 1999, 7.

impacto más pronunciado, lo que puede leerse como un aspecto complementario a las alianzas que cada uno de estos gobernantes tejieron. En cuanto a la intelectualidad, la confrontación nos autoriza a matizar sus rasgos esenciales. No estamos frente a una inteligencia pragmática de un lado y una principista del otro. Si los intelectuales argentinos se autoexcluyen de participar de un gobierno autoritario –aun considerando que éste les deja poco espacio– también lo hacen de trabajar en pos de la construcción del estado de bienestar, al mismo tiempo que se distancian del pueblo, cosa que más tarde les valdrá la impugnación de las nuevas generaciones intelectuales.[74] Los intelectuales brasileños optan por obviar diferencias ideológicas, y a veces hasta principios, en pos de la construcción de un estado más inclusivo y una cultura con mayor acento nacionalista (aunque no popular), lo que también les valió el reproche de generaciones posteriores.[75] Tal vez, antes que juzgarlos sea bueno recordar, como nos advierte Tony Judt, que los intelectuales no están hechos normalmente de la materia de los héroes.[76]

[74] La primera de estas impugnaciones se puede leer en la revista *Contorno*.

[75] Según Miceli, los intelectuales que se debatían en el dilema por afiliarse a un régimen autoritario que remuneraba sus servicios, buscaron minimizar los favores de la captación contraponiéndole una producción intelectual basada en «coartadas nacionalistas». Miceli, *Intelectuais*, 216.

[76] Tony Judt, *Past Imperfect: French Intellectuals 1944-1956*, University of California Press, 1992, 55.

Capítulo V

La novela en la encrucijada de la historia: para una nueva lectura del tema "peronismo" en la narrativa argentina

Una antinomia de fuerte arraigo

La cuestión del peronismo ha abierto desde hace más de cincuenta años extensos debates y, como corolario de ellos, numerosos estudios e investigaciones. La preocupación por el tema ha dejado un saldo enorme de bibliografía, sin que por eso se hayan agotado las posibilidades de encontrar siempre nuevos aspectos para seguir estudiando. Frente a una casi abrumadora abundancia bibliográfica en diversos terrenos de las ciencias sociales, los estudios literarios presentan un desarrollo más que modesto. Sus aportes han resultado enriquecedores, pero sin llegar a ser sistemáticos o continuados. Se trató, en parte, de intentos aislados. En algunos casos, los análisis quedaron enquistados en contextos relacionados menos con el campo de la literatura que con factores de carácter extraliterario. Es decir, el peligro no tan latente de terminar atrapados por la cuestión política es uno de los fenómenos que se produjo con ciertos trabajos. Este hecho ha atentado contra una recepción de los discursos literarios adecuada a los recursos que les son propios. Una de las consecuencias es que se relegó en el camino aquello que concernía a la literatura. En una segunda instancia, también se puede comprobar que esta postura no ayudó a resolver en la arena correspondiente lo que atañía a los hechos históricos y a la situación política. Concretamente hablando, nos referimos a la intensa división que se originó en la sociedad argentina a partir de 1945, cuando surgió el peronismo, y que se tradujo en una escisión tan profunda como duradera: *peronismo-antiperonismo.*

La capacidad para entender la política en tanto que enfrentamiento, y como consecuencia, exclusión, es una de las características de la historia argentina que puede ser rastreada desde el comienzo mismo de la república.[1] El peronismo fue un momento más

[1] Un excelente estudio sobre este tema es el texto de Nicolás Shumway, *La invención de la Argentina*, Bs. As., 1993. En la misma dirección se encuentran también las

en esa historia. Esta constatación, que hoy en día puede ser vista con más claridad gracias a la distancia y a la luz de los hechos posteriores, había cedido entonces terreno ante las pasiones políticas. Los malos entendidos dejaron poco margen para superar la dinámica de la confrontación. La literatura participó también de este conflicto. Se alimentó de los sucesos y personajes, construyó su materia con aquello que agitaba las conciencias, reflejó las discusiones. Pero también las azuzó. Es decir, no fue tan sólo testigo de lo que pasaba, sino que tuvo su rol como emergente de un fenómeno que transformó a la cultura en su conjunto. Hay tres autores que se han ocupado del tema de manera recurrente. Los tres libros clásicos sobre el asunto son *El peronismo en la literatura argentina* de Ernesto Goldar,[2] *El peronismo (1943- 1955) en la literatura argentina* de Rodolfo Borello[3] y *El habla de la ideología* de Andrés Avellaneda.[4] Ernesto Goldar participó en un volumen dedicado al peronismo con un capítulo sobre literatura.[5] Por su parte, Borello fue desarrollando el tema a partir de artículos hasta que publicó el libro, que supuso una síntesis. Avellaneda inició su trabajo con una tesis de doctorado.[6] Vamos a detenernos un poco en estos tres aportes.

Los estudios literarios y sus bifurcaciones

El primer aspecto a observar es que los estudios que tratan explícitamente sobre peronismo y literatura se remiten a fines de la década de los 60 o comienzos de los 70. Es una reacción un poco tardía, si se piensa en el carácter "revulsivo" que tuvo el fenómeno político. La conmoción que produjo el peronismo en el terreno socio-político fue tan grande que en sus inicios la reflexión se abocó a discutir cuestiones en otras áreas más urgentes. Se necesitó un

---

reflexiones de José Pablo Feinmann, en su obra *Filosofía y Nación*, Madrid-Bs. As.-México, 1982.

[2] Ernesto Goldar, *El peronismo en la literatura argentina*, Bs. As., 1971.

[3] Rodolfo Borello, *El peronismo (1943- 1955) en la literatura argentina*, Ottawa Hispanic Studies 8, Dovehouse Editions, 1991.

[4] Andrés Avellaneda, *El habla de la ideología*, Bs. As., 1983.

[5] Ernesto Goldar, "La literatura peronista", en Cárdenas et al., *El peronismo*, Bs. As., 1973 (1ª ed. 1969).

[6] Andrés Avellaneda, *El tema del peronismo en la narrativa argentina*, Doctoral Thesis, University of Illinois at Urbana Champaign, 1973.

tiempo de reacomodación para que esos cambios se reflejaran en la literatura. A partir de 1955, cuando cae el gobierno de Perón, comienza el desarrollo de una intensa confrontación teórica, que abre un nuevo capítulo en la historia del peronismo.[7] El movimiento político que acababa de ser derrocado estimuló una profunda indagación acerca de la que sería su "naturaleza". La sociedad, y en particular la intelectualidad, necesitaban entender al régimen que de manera tan drástica había trastocado el mapa de valores argentinos, las jerarquías y las costumbres. En los años 70, el marco de discusión era otro, pero no menos intenso. Había cambiado de signo en un contexto tanto vernáculo como internacional que propiciaba la reflexión acerca de las particularidades nacionales. El peronismo, que había sido "maldecido" por el país burgués, volvía a entrar en escena para dar cuerpo a la "cuestión nacional".

El trabajo de Ernesto Goldar se inscribe dentro de este tipo de pensamiento. El autor toma como punto de partida la certeza de que el peronismo es la expresión de un movimiento nacional y popular, cuyas banderas clásicas, el lema de "independencia económica, soberanía política, justicia social", seguirían más vigentes que nunca. Desde esta lectura, realiza un paseo por la producción literaria de las décadas de los 50 y 60. Lleva a cabo una aproximación por temas (Perón, Evita, el 17 de octubre, etc.), que abarca un amplio espectro de obras de ese período, tanto de autores que apoyaron como que rechazaron al régimen. Su idea es recrear a través de los textos las vivencias y la atmósfera que reinó durante ese período histórico particular que va del 45 al 55. Afirma Goldar que "ello implica reconocer el enorme poder de la literatura para representar los hechos y los conflictos de la vida social como ellos se manifiestan en el espíritu y en la vida del hombre real; pero –y fundamentalmente– reivindicando su especificidad fictiva".[8] Para concluir, realiza una clasificación de los autores de acuerdo con su pertenencia ideológica y política (derecha liberal, derecha nacionalista, pequeña burguesía liberal o de izquierda, fubismo, peronistas). El objetivo es separar a aquellos autores y obras que representen un paso adelante hacia una "nacionalización de la literatura". Por lo tanto es evidente que la clasificación no va a estar exenta de un

[7] Para un análisis en detalle, véase Federico Neiburg, *Los intelectuales y la invención del peronismo*, Bs. As., 1998.
[8] Goldar, *El peronismo*, 13.

juicio de valor sobre las posiciones políticas adoptadas por los autores.

En una tesitura semejante se ubica el trabajo de Rodolfo Borello. El proceso que culminó con su libro se llevó a cabo entre 1969 y 1988, de acuerdo con declaraciones del autor al comenzar el prefacio. Borello adopta la metodología clasificatoria como criterio de organización de su texto, cuyos capítulos se dividen teniendo en cuenta la supuesta pertenencia ideológica de los autores. Por ejemplo, "La visión de la izquierda oficial" incluye a Andrés Rivera, Pablo Rivas, Bernardo Verbitsky, Rubén Benítez, Jorge Andrade, o "El realismo crítico" a Germán Rozenmacher y David Viñas. El problema de la vaguedad que implica esta clasificación se presenta con algunos autores que quedan sueltos (inclasificados/inclasificables), como Manuel Gálvez; o agrupados de manera un poco arbitraria, tal el caso de Murena, Ernesto Sabato y Beatriz Guido. No es un criterio literario el que los reúne, sino una cuestión de clase, es decir su pertenencia a un determinado grupo social. Borello profundiza algo más que Goldar en el análisis interno de las novelas, pero es demasiado obvio que su visión de los textos se halla condicionada por la mirada política. El período tomado por Borello coincide en gran medida con el de Goldar, ya que estudia las novelas que fueron escritas entre los 50 y los 60. Hace una pequeña e interesante excepción al incluir la novela de Jorge Andrade, *Proyección...*, publicada en 1987.[9] Lo que distingue el texto de Borello con respecto al de Goldar es su posición ideológica. Queda muy claro que Borello se incluye dentro del grupo de intelectuales que se opuso al peronismo. Sus páginas dejan deslizar innumerables críticas a este movimiento, que se concentran en el período histórico mencionado en el título: 1943-1955.

Podemos resumir diciendo que estos dos autores ejemplifican uno de los problemas que presenta el tema del peronismo, a saber, la división en dos bandos opositores. Trasladan este conflicto al campo de la literatura, a la que obligan a ceñirse a un determinado marco ideológico. Se expresan mediante una retórica que no deja lugar a dudas acerca de ese marco. En el caso de Goldar, es fuertemente "setentista", mientras que la de Borello denota la línea liberal antiperonista que la intelectualidad adopta desde 1943.[10] Una

[9] Inclusión de la cual nuestro trabajo es tributario.

[10] Es decir, como consecuencia ya de la Revolución del 43. Esta idea de que la división entre peronismo y antiperonismo existía de modo previo a la aparición del

de las conclusiones que parece deducirse de estos aportes es la convicción de que como el peronismo no contó con el apoyo de la mayoría de los intelectuales del momento, sino más bien con su rechazo, padeció de una ausencia completa de base intelectual. Borello adjudica esta falla a la desconfianza de Perón hacia los intelectuales, que lo llevó a dejar las áreas culturales en manos del "clericalismo católico" más reaccionario y los "segundones" del mundo de las letras. Le achaca un "reclutamiento de los intelectuales no sobre la base de su calidad o su capacidad concretas, sino a partir de su obediencia y su aceptación indiscriminada del movimiento y una regimentación adulona y acrítica".[11]

Goldar, por su parte, da una lista de escritores que de alguna u otra manera apoyaron al peronismo, de la cual se puede detectar sobre todo una curiosa heterogeneidad. Se encuentra bastante extendida la idea de que el régimen de Perón a lo sumo obtuvo sostén de autores provenientes del nacionalismo católico, como por ejemplo Leopoldo Marechal, a quien ni Borello ni Goldar incluyen en sus estudios, a pesar de la significación posterior de su obra. Estos dos factores, una mayoría intelectual disidente y una carencia de proyecto propio, son indiscutibles; pero no totalmente descriptivos de lo que fue este movimiento, y mucho menos de lo que significó para el mundo de la cultura. Quedan algunos temas pendientes.

El tercer trabajo mencionado, el de Andrés Avellaneda, logra, en cambio, colocarse en un lugar por afuera de esta dicotomía. En su tesis de doctorado, que lleva la misma fecha que el libro de Goldar (1973), el punto de partida es la preocupación por priorizar los aspectos formales del género, por ejemplo, el rol que toma el contenido temático (central o secundario) o el cauce formal que sigue. Elige un número más delimitado de autores y se concentra en cada uno de ellos. Divide el *corpus* de acuerdo con el momento de la escritura o publicación, de lo que devienen dos grupos principales: publicado durante el peronismo en el poder, o a partir de su derrocamiento. Hay un segundo eje de análisis que tiene que ver con la ideología de los autores tratados, pero es utilizado con el fin de trazar un cuadro de la época, en la dirección opuesta. Es decir, desde el texto y como consecuencia de las elecciones formales. La

---

peronismo en tanto tal, es desarrollada por Silvia Sigal en el capítulo X, "Intelectuales y peronismo", escrito para el tomo *Los años peronistas (1943- 1955)*, Nueva Historia Argentina, Bs. As., 2002, 481-521.

[11] Borello, *El peronismo*, 19.

postura política asumida por los escritores es un dato a considerar, pero no conduce a conclusiones de ningún tipo en lo que concierne al valor de los textos. El autor comprueba que las diferencias generacionales se manifiestan en las obras e implican cambios con respecto al hecho político. Tras un recorrido por este grupo de características diversas, llega a sintetizar en un determinado núcleo de sentido la dirección de las elecciones formales de los escritores: "El concepto de *invasión* prácticamente define y caracteriza el tema del peronismo en la narrativa argentina, y expresa en la superestructura literaria un sentimiento clasista profundamente arraigado en los estratos medios a lo largo de la década del cuarenta y del cincuenta, racionalizado y expresado en diferentes niveles: el chiste político, el discurso partidista, la semántica, los hábitos, etc.".[12] La tesis central afirma que se generó en el ámbito de la literatura un modo de "réplica literaria", consecuencia de un determinado aparato ideológico. Este aparato se hallaba preexistente y se manifestó mediante un equipamiento expresivo específico. El núcleo semántico fundamental estaba dado por la mencionada imagen de la "invasión".[13]

Diez años después, Avellaneda publica *El habla de la ideología*. En esta obra, redondea aun más la idea de la "réplica literaria", que se da como reacción ante el fenómeno del peronismo. Ciñe su cotejo a cinco autores representativos del *establishment* literario y cultural de ese período: Martínez Estrada, Anderson Imbert, Borges, Bioy Casares y Cortázar. A pesar de las diferencias de edad, formación y perfil literario, todos son integrantes de un grupo que sostuvo por esos años un determinado proyecto cultural, identificado con la revista *Sur*. Eran escritores que se definían por su oposición al régimen. Avellaneda comprueba que la ideología de estos autores no se expresa de manera directa o mediante actos políticos concretos, sino a través de lenguajes, que más tenían que ver con discursos no literarios. Es decir, circulaba a modo de respuesta cultural, en particular de la clase media y sus sectores más ilustrados, un sistema de sentidos que reflejaba la percepción del fenómeno histórico-social por parte de esos grupos: "La réplica ideológica que estas obras representan, entonces, se organiza en el doble plano del discurso literario y no literario, en la intersección de una pro-

[12] Avellaneda, *El tema*, 292.
[13] El ejemplo paradigmático de esto es el cuento "Casa tomada" de Julio Cortázar.

ducción de significado llevada a cabo en la serie literaria con otra realizada en la serie social".[14]

Avellaneda busca delinear a partir del análisis de estos textos una "especie de poética de la respuesta grupal".[15] El proceso de desorientación y reajuste del sistema expresivo de los escritores se dio de manera paralela y análoga a las conductas de la clase media. Avellaneda sostiene que por fuera de los textos literarios hubo un espacio generador de sentido, que se expresaba a través de oposiciones (civilización/ barbarie, silencio/ ruido, armonía/ confusión). A partir de rasgos de habla o situaciones específicas de discurso, se fue organizando una "gramática o código". Una de las consecuencias que se desprende de este estudio es el carácter ideológico de los textos ficcionales que se escriben durante el período analizado. Los textos contribuyeron a configurar el fenómeno político, en la medida en que dieron cuerpo a representaciones que circulaban en la sociedad. Al darle cuerpo, le dieron también realidad. Esta línea de interpretación que Avellaneda rastrea en la literatura se orienta en la misma dirección que las ideas expuestas por Shumway en su libro acerca de las corrientes ideológicas en el siglo XIX, y que Neiburg retoma en su texto sobre las lecturas del peronismo hechas por los intelectuales, quien incluso utiliza el término "invención", con lo cual parece denotar la continuidad con el trabajo del autor norteamericano. Todas estas investigaciones confluyen en la exégesis que va a seguir a continuación, de una etapa más reciente en la narrativa argentina.

El estado de las cosas

Este es el punto al que se había llegado al abrir la década de los 90. En general, han aparecido búsquedas aisladas, más que investigaciones sistemáticas. La década de los 80 se había concentrado especialmente en la cuestión de la violencia política, la dictadura y todos aquellos aspectos relacionados con el período del que se acababa de salir. Implicó una revisión profunda, que dejó como saldo muchas publicaciones de carácter fundamental.[16] A pesar de su

[14] Avellaneda, *El habla*, 39.
[15] @@*Ibíd.*, 39.
[16] Una somera lista de estos aportes: Balderston et al., *Ficción y política. La narrativa argentina durante el proceso militar*, Bs. As., 1987; Lamborghini et al., *La*

persistencia en la arena política, el peronismo era el gran ausente en estos estudios. El retorno se fue dando de modo paulatino, con un interés generado alrededor de la eclosión de una figura que antes no había adquirido tanta centralidad: Eva Perón. En realidad, Eva Perón fue abordada por la literatura de manera más o menos tardía.[17] Los aportes críticos mencionados en el punto anterior casi no la incluyen como tema (con excepción de Goldar, que se refiere a las poesías dedicadas a Eva y a su texto *La razón de mi vida*). En los 90, en cambio, Eva monopoliza la atención. Alrededor de la publicación de dos novelas que la tienen como protagonista, se desata un interés frenético hacia la que fuera la segunda esposa del legendario conductor del movimiento, Juan Domingo Perón. Las novelas son *La pasión según Eva* (1994) de Abel Posse y *Santa Evita* (1995) de Tomás Eloy Martínez, que aparecieron para la misma época. En la segunda mitad de la década de los 90, el cúmulo de publicaciones dedicadas a Eva Perón se multiplicó confirmando la frase apócrifa, que la imaginaba retornando bajo la especie de los "millones". Como es posible imaginar, fue "esa mujer" quien acaparó la escena, además de los escenarios (mediante el éxito sostenido de la ópera-rock de Lloyd Webber y diversos proyectos fílmicos, algunos de gran repercusión, escoltados por enormes campañas de marketing). La revisión de un personaje histórico de la talla de Eva Perón se encontraba muy acorde con el espíritu de los tiempos y con una nueva versión del peronismo.

Esto puede ser visto a la luz de dos interpretaciones. Por un lado, Eva había corporizado durante el primer peronismo (el que va desde 1946 hasta 1951) una forma inédita de hacer política, que aunaba la poderosa acción de los emergentes medios de comunicación con la movilización de masas y su consiguiente integración a la vida política.[18] La utilización de la *allure* de Eva, que provenía en parte de su carrera de actriz, jugó un papel decisivo para la puesta

---

historia y la política en la ficción argentina, Santa Fe, 1995; Kohut (comp.), *Literatura argentina hoy. De la dictadura a la democracia*, Frankfurt, 1993; López Laval, *Autoritarismo y cultura. Argentina 1976- 1983*, Madrid, 1995; Perilli, *Las ratas en la torre de Babel*, Bs. As., 1994; Reati, *Nombrar lo innombrable*, Bs. As., 1991.

[17] Véase al respecto el artículo de Avellaneda, "Evita: cuerpo y cadáver de la literatura", en Marysa Navarro, (comp.), *Evita, mitos y representaciones*, Bs. As., 2002, 101-141.

[18] Sobre este tema véase S. Tandeciarz, "Romancing the masses: Puig, Perón and Argentine Intellectuals at the *Fin de Siècle*", *Journal of Latin American Cultural Studies* 9 (2000): 283-303.

en escena del peronismo. Luego de su muerte (período que va de 1952 a 1955), el régimen entra en otra etapa, en la que la escenificación se muestra de modo más patente, y en la que el cuerpo muerto de Eva es un componente central (piénsese en el embalsamamiento del cadáver y los planes para construir un monumento faraónico a su memoria). Este aspecto encuentra eco en los 90, en lo que dio en llamarse la "farandulización" de la política argentina.

El presidente Carlos Menem, que dio un giro de ciento ochenta grados al movimiento, usó conscientemente la conexión entre el mundo del espectáculo, los deportes y la política. Un aspecto, menos evidente, tiene que ver con la otra cara de la moneda del vuelco dado por el menemismo. Se trata de la política clásica del peronismo en lo concerniente a sus tres pilares básicos: justicia social, independencia económica y soberanía política. El menemismo representa el vaciamiento de estos tres ejes. El nuevo credo pasa a ser una ideología de corte netamente neo-liberal. Los flamantes *slogans* son la apertura de los mercados, las privatizaciones, las relaciones exteriores orientadas hacia los Estados Unidos, pero sobre todo, un modo distinto de distribuir la riqueza. En ese contexto se trae a colación a una Evita que de arrastre viene con cierta imagen de ella construida en los 70. Es la Evita justiciera, más radical que Perón en sus consignas, la que escribió el texto *Mi mensaje*, la que "si viviera, sería montonera". Durante la última década se discutió mucho sobre las una y mil Evitas, generando una versión caleidoscópica que nunca termina de cerrar. En el camino quedaron no sólo los jirones de su vida, o su vida hecha jirones. Se obnubilaron otros aspectos del peronismo que fueron de crucial importancia: procesos, personas, facetas, que ayudarían enormemente a entender la accidentada historia de este movimiento político clave para la vida de los argentinos.

Seis novelas toman la palabra

El tema del peronismo ha interesado a los escritores desde el momento mismo de su surgimiento, en 1945. Son muchos los textos en los que se realiza una confrontación directa y explícita. Otros, en cambio, retoman ciertas imágenes de fuerte valor simbólico, que sirven para crear nuevas metáforas o alegorías. El hecho histórico en sí se ha presentado como fuente de conflictos para la sociedad, y las novelas buscan expresar esa crisis. El encuentro entre historia y ficción produce una dinámica de carácter triple.[19] Si se atiende a la estructura de la temporalidad, configurada de acuerdo con tres momentos, el presente, el pasado y el futuro, es posible distinguir funciones correspondientes que vertebran la estructura de todo relato. Remitido al pasado, el objetivo de todo texto consiste en fijar en la memoria los hechos pretéritos. Se escribe para no olvidar. La relación con el presente puede apuntar a describirlo. Pero, y esto es más plausible en relación con la ficción, también a cuestionarlo y a mostrar una alternativa. El objetivo en este caso es realizar una crítica que subvierta un orden considerado injusto. Por último, el futuro conduce a la instancia de la utopía. Es decir, aquello que no existe pero sirve como parámetro para expresar lo que se considera el ideal, a fin de modelar el presente. Contribuye a esbozar un horizonte alternativo. Esta triple dimensión va a estar presente en los planteos que se hace la ficción cuando se enfrenta con la historia.

Lo característico de la década de los 80 es que se retoma la temática del peronismo en un intento de superar la mencionada categorización ideológica, organizada alrededor de oposiciones irreductibles. No se trata ya de escribir "a favor" o "en contra". De hecho, se cuestiona la famosa dicotomía *civilización* y *barbarie*, que no sólo dio forma a ciertas corrientes ideológicas, sino que también acuñó la percepción que la sociedad argentina tuvo, y aún tiene, de sí misma. Si tomamos la totalidad de novelas que trabajan el tema del peronismo dentro del marco de este período, resulta inaplicable establecer un criterio de clasificación que culmine en una síntesis. No parece posible hablar de algún tipo de constante en relación con el tema del peronismo. Lo que la década tal vez tenga como rasgo sobresaliente es la necesidad de confrontarse con la historia, a fin de cuestionar los discursos hegemónicos. Esto implica la búsqueda de una perspectiva múltiple. Desde el punto de vista formal, a partir de los 80 se puede constatar la ruptura de un concepto lineal de tiempo y espacio y la fragmentación del discurso narrativo. Además se destaca como significativa la utilización de una gran variedad de recursos, que van desde la parodia hasta el grotesco. Dicha recurrencia es el resultado de la asimilación de las más variadas expresiones de la cultura popular, y evidencia la inserción de los medios masivos de comunicación en el discurso literario.

[19] El tema que va a ser presentado a continuación es una breve síntesis del análisis realizado en nuestro texto *Rostros de la utopía*, Pamplona, 2002.

El panorama es demasiado extenso y ciertamente muy variado. En nuestro trabajo ha sido útil la confrontación de un grupo acotado de obras, para lo cual nos hemos propuesto un criterio más bien estricto de selección. Hemos confrontado seis novelas que, de alguna manera, permiten obtener una visión del desarrollo que cumplió el peronismo a lo largo de medio siglo.[20] Estas novelas son muy distintas entre sí, y en principio sólo las hemos unificado en virtud del hilo conductor del tema "peronismo". Podemos comprobar que se da un "diálogo entre novelas", porque es factible seguir a través de ellas una cierta preocupación por hacer una reflexión acerca del movimiento político. En todos los casos, supone realizar una crítica, que apunta a tratar de entender el fenómeno en lo que tuvo tanto de negativo como de positivo. También se encuentra presente el imperativo de entender la historia.

Abriendo la década, encontramos la novela del dramaturgo y novelista Carlos Gorostiza, *Cuerpos presentes* (1981). Este texto utiliza la figura de Juan Perón para realizar una alegoría de la política argentina, a la que se interpreta desde su tendencia al paternalismo y a la exaltación enfermiza de los próceres. La anécdota, a pesar de esta proyección sobre el terreno nacional, se centra en una familia de la clase media porteña, los Vieyra. Su problemática sirve para trazar un paralelo con la historia del país, desde el cual se construye la mencionada alegoría. La novela despliega dos líneas narrativas. En la primera se cuenta la vida de los Vieyra a través de tres generaciones, centrada en la figura de Homero, quien constituye la segunda generación. El conflicto radica en el peso excesivo del padre de Homero, Marcelino, un pintor reconocido. Homero se siente incapaz de realizar su vocación y de desarrollar una vida autónoma. No logra resolver su relación con el padre, un lazo marcado por el autoritarismo, la incomunicación y la falta de reconocimiento. La agobiante gravitación que tiene la vida de Marcelino sobre su hijo aparece simbolizada en el tema de la herencia, básicamente los cuadros que el padre pinta y el hijo hereda. La segunda línea narrativa se concentra en el día de la muerte de

[20] Las citas de las obras analizadas son: Jorge Andrade, *Proyección en 8 mm y blanco y negro, durante una reunión de familia, un sábado a la tarde*, Barcelona, 1987; Martín Caparrós, *No velas a tus muertos*, Bs. As., 1986; José Pablo Feinmann, *La astucia de la razón*, Bs. As., 1990; Carlos Gorostiza, *Cuerpos presentes*, Bs. As., 1981; Sergio Joselovsky y Dalmiro Sáenz, *El día que mataron a Cafiero*, Bs. As., 1987; Luisa Valenzuela, *Cola de lagartija*, Bs. As., 1983.

Homero, el 1º de julio de 1974 (día de la muerte de Perón), y sus tres hijos tienen que realizar el duelo. El gesto de velar implica reconstruir la imagen dispersa del padre, juntando las versiones que los tres hermanos poseen por separado. El personaje de Juan Perón sirve para trasladar al plano de la historia nacional este conflicto generacional, ya que a él se le adjudicó en la política el rol de padre. Gorostiza plantea la necesidad de que la sociedad argentina se desprenda de estas figuras paternas tan dominantes. Ellas se manifiestan bajo la forma de los gobiernos totalitarios que desfilaron por la historia del siglo XX, así como también en las sombras de los héroes del pasado. Mediante la novela, se invita a hacer el duelo, para por fin enterrar a los muertos.

La idea de independizar a la política argentina de las imágenes en las que cristalizó el peronismo también está en la obra de Luisa Valenzuela, *Cola de lagartija* (1983). Fue publicada justo en el año de las primeras elecciones democráticas tras la dictadura, en las que pierde el peronismo. *Cola de lagartija* realiza una parodia de la figura de López Rega, que representa el ala de la ultraderecha dentro del partido. En esa parodia, la autora se propone desentrañar los mecanismos de un poder omnímodo, que se regodea en la destrucción y no conoce ningún tipo de escrúpulos. Este tema es llevado al paroxismo en el personaje excesivo del que fuera secretario de Perón, Ministro de Acción Social en su tercer gobierno y organizador del grupo represor llamado "Triple A". En realidad la parodia se refiere a la última dictadura militar. Sobre todo, se cuestiona la estructura de este tipo de poder, resultado de una tradición logocéntrica y que, según Valenzuela, está en la base de todo gobierno autoritario. Su fundamento es un orden totalitario, excluyente de las diferencias, y por lo tanto marginalizador. El peronismo aparece como fijado a imágenes del pasado, a la mistificación de sus figuras fundamentales (Perón y Evita), aferrado al culto fetichista de estas imágenes. Por otro lado, se destaca como positivo el carácter movilizador de masas y una cierta fuerza actuante que defiende consignas de justicia social. Luisa Valenzuela indaga a través de esta novela en los dispositivos que hicieron posible la instauración de la última dictadura. Si bien se sirve de la imagen carnavalesca de López Rega, la utiliza como máscara para poner al desnudo mediante la ficción las motivaciones de un gobierno que recurre a la persecución y al crimen para ahogar toda disidencia.

La dictadura y sus motivos son el tema de la novela de José Pablo Feinmann, *La astucia de la razón* (1990), que cierra la década. El relato se centra en Pablo Epstein, a lo largo de dos líneas narrativas. Una transcurre en una noche de 1965, cuando Pablo todavía es un estudiante de filosofía con toda la vida "por delante". Su único objetivo es convertirse en un filósofo especialista en Hegel. La otra consiste en momentos de su terapia psicoanalítica, a la que debe someterse como consecuencia de su estado actual de neurosis y que comienza en 1979. La novela de Feinmann juega con tres planos discursivos que se entrelazan. Por un lado, tiene lugar la terapia del personaje, necesaria no sólo por la enfermedad psíquica (provocada en parte como consecuencia del trauma que le produce la dictadura de Videla, cuya amenaza es real y no sólo simbólica), sino también porque ha sufrido la extirpación de un cáncer de testículo. La enfermedad, por lo tanto, es metáfora. Feinmann cuestiona el discurso de la dictadura militar que usó y abusó de esta imagen, porque se sirvió de ella para justificar discursivamente su accionar. Por otro lado, la obra despliega una argumentación filosófica, no sólo en la discusión de Pablo y sus amigos durante una noche de 1965, sino también a través de los planteos de la filosofía latinoamericana que toman cuerpo de relato en el texto. En el centro de ese relato se coloca el peronismo, como expresión de la búsqueda de esa filosofía. Pero no cualquier peronismo, sino el representado por la figura de John William Cooke. Este personaje fue uno de sus ideólogos, y encarnó una posibilidad revolucionaria dentro del movimiento. La tercera línea tiene que ver con la historia. Feinmann cuestiona la vertiente ideológica liberal, cuya figura es evocada a través de Mitre. A ésta, opone una vertiente popular, encarnada por los caudillos, y que es retomada por ciertos sectores del peronismo. La tesis de la novela plantea que la filosofía latinoamericana constituye la búsqueda de un modo de pensamiento propio, necesario para comprender la realidad particular de América Latina. El peronismo constituiría en Argentina la forma en que esa búsqueda se da como respuesta política a la situación del país.

La dictadura anudada al cuestionamiento de la vertiente liberal aparece, a su vez, en la obra *El día que mataron a Cafiero* (1987), de Dalmiro Sáenz y Sergio Joselovsky. Estos dos autores elaboran un policial político. Aparecen los típicos elementos del género (el crimen, un plan, una víctima, victimarios) escenificados en la historia argentina reciente. El crimen en sí es la única ficción en la obra. Los hechos que conforman la trama como antecedentes del crimen son bastante reconocibles: la represión durante la dictadura, la guerra de Malvinas, los levantamientos de los militares "carapintadas" durante el gobierno de Alfonsín y la recomposición del peronismo en el 87. Este movimiento está representado en la novela por el político Antonio Cafiero, que a mediados de los 80 formaba parte de la tendencia del Peronismo Renovador. Se planteaba como alternativa al gobierno de Raúl Alfonsín y como rescate de los aspectos clásicos del peronismo, pero dejando de lado su costado más retrógrado. Intentaba ser un peronismo sin Perón, que recordaba las ideas básicas de justicia social, independencia económica y soberanía política. Los dos autores de la novela analizan las posibilidades de un peronismo renovado, a la par que critican una tendencia liberal en política, arraigada en la historia argentina. Por eso es que retoman también la figura de Mitre, trazando una línea con la última dictadura.

Esta vertiente liberal que venimos mencionando es la que cuajó en el proyecto de la generación del 80 y que se tradujo en la modernización del país. La irrupción del peronismo en escena puso en evidencia que este proyecto excluía a amplios sectores de sus beneficios. O que no contemplaba la complejidad de la sociedad, tras una pretensión de unidad bajo la consigna de "civilización". Varias de las novelas adjudican el fracaso de las últimas décadas de historia argentina a esta versión parcializada de la política. También es, en parte, la temática de la novela de Jorge Andrade, *Proyección en 8 mm y blanco y negro, durante una reunión de familia, un sábado a la tarde* (1987). Esta obra se concentra en el momento de surgimiento del peronismo, entre 1943 y 1945. Le interesa sobre todo retratar la reacción de la pequeña burguesía ante la aparición de este elemento nuevo e inesperado de la política. Lo hace a través del relato de un niño, Celeste. La narración se presenta como su apertura a un nivel de cognición despierto del mundo: el niño sale de su universo cerrado e intemporal, para entrar a la conciencia del ser-para-la-muerte. Mediante esta concepción que corporiza el niño, se quita todo acento trágico al hecho del cambio y el devenir, ya que se los incluye a ambos como aspectos inseparables de la existencia. Lo mismo se plantea acerca del peronismo, porque se lo muestra como un momento de cambio inevitable en la vida del país. El texto de Andrade se encarga de poner en duda muchas de las concepciones que cierto discurso propuso del peronismo, y que tienen que ver con la imagen de *invasión*, tal como la describe Avellaneda. Lo hace retratando una época ya clausurada, de la cual sólo quedan recuerdos borrosos. Pero rescata una trama compleja de memorias, en sus aspectos tanto positivos como negativos.

La idea de recuperar una época también moviliza el relato de Martín Caparrós, quien en *No velas a tus muertos* (1986) se encarga de dar voz (casi en el sentido literal de la expresión) a varios personajes que experimentaron el peronismo de los años 70. Sus protagonistas, Carlos, Estela y Hernán, representan a los militantes de la izquierda peronista, que vivieron una época muy intensa y violenta, se jugaron por un ideal y pagaron con la vida. El peronismo fue a los ojos de esta generación el punto de partida para llevar a cabo una revolución. La frontera entre vida privada y militancia política desaparece por completo en la cotidianeidad de estos jóvenes, que encuentran el sentido de la vida en el compromiso con la sociedad. Cada uno a su manera y con sus limitaciones, se lanza a una obra utópica. Se enfrentan con las dudas que les impone una entrega casi incuestionada a esa tarea. Los tres son paradigmas de lo que fue la "juventud maravillosa", tal como la llamó Perón, y que vivió de manera particular el conflicto con la figura del líder. Provenían de la clase media, que se sintió por primera vez ligada a la lucha de los trabajadores mediante la militancia. En esta novela aparece tematizada la división dentro del peronismo entre un ala de derecha y una de izquierda, el consiguiente enfrentamiento entre la juventud y Perón, y la situación que fuera la antesala de la dictadura militar.

Algunas conclusiones

Como es posible observar a través de esta rápida ojeada a seis novelas escritas durante la década de los 80, la temática se presenta como diversificada. El peronismo muestra varios de sus muchos rostros, en un vaivén que puede llegar a parecer vertiginoso: John William Cooke, José López Rega, la Juventud Peronista, Cafiero. El protagonismo se traslada incluso a otros, apartando de la escena por un momento a los dos grandes personajes, Evita y Perón. Sin embargo, podemos comprobar la existencia de un núcleo que constituye la preocupación central. La recurrencia a la historia pone al descubierto la necesidad de cuestionar ciertas verdades tenidas por establecidas. Lo que primero queda desmontado es el discurso de *civilización* y *barbarie* que había servido para interpretar al peronismo, y que parecía establecer una continuidad entre el siglo XIX y el XX. El tema de la *invasión* que analiza Avellaneda tampoco está presente, a menos que aparezca para ser puesto en duda. Varias de las novelas mencionadas vuelven la mirada a ese pasado para constatar que se trata de una visión ideológica de la historia. También se indaga en el pasado reciente, la dictadura que apenas se dejó atrás, para encontrar que es allí donde puede localizarse la barbarie, si es que se la busca en algún lado.

Tal vez haya sido el cambio de óptica, la búsqueda de un lugar nuevo desde donde analizar la experiencia vivida, lo que coloca al peronismo en un rol distinto. No sólo se trata de un papel más acotado, ya que a la luz de lo vivido la historia ha adquirido nuevas proporciones. Es que han sido cuestionadas las bases más profundas de la sociedad[21]. El peronismo es mostrado en primer lugar como parte de un proceso histórico que era tan inevitable como necesario (*Proyección...*). No significó un Apocalipsis, aunque por cierto su aparición supuso el fin de una época. Desde otra perspectiva, la que da Gorostiza en *Cuerpos presentes*, el peronismo, si bien dominó la política argentina desde su surgimiento y lanzó una sombra ominosa indudable, de alguna manera vino a provocar la exacerbación de tendencias que estaban presentes antes, de largo arraigo. Caparrós ofrece una imagen que por un lado muestra divisiones extremas, generadoras de una gran violencia. Pero asimismo da cuenta del carácter festivo del movimiento, de su vitalidad, y la capacidad para integrar más de un proyecto. El peronismo aparece en su obra a partir de la problemática del "trasvasamiento", el cambio generacional y las confrontaciones que surgen de ahí. Ese peronismo es el que recupera Feinmann, la posibilidad de una visión alternativa de la política, rescatable a la hora de construir una sociedad más justa. Es un peronismo joven y revolucionario. La antítesis de esto es lo que desnuda Luisa Valenzuela, que se concentra en la barbarie del poder. Cuestiona al peronismo por su participación en esto, y no deja pasar ninguno de sus vicios: la fetichización de la doctrina, el dogma, el culto a la personalidad. A su vez lo muestra como el lado oscuro de la política, por lo tanto no privativo del peronismo. El lado oscuro de la política es también el tema de la novela de Sáenz y Joselovsky. En un estilo muy cercano

[21] Carlos Fuentes lo expresa de manera muy pertinente cuando hace el comentario de *Santa Evita*, a la que define como "la historia de un país latinoamericano autoengañado, que se imagina europeo, racional, civilizado, y amanece un día sin ilusiones, tan latinoamericano como El Salvador o Venezuela, más enloquecido porque jamás se creyó tan vulnerable, dolido de su amnesia porque debió recordar que también era el país de Facundo, de Rosas y de Arlt, tan brutalmente salvaje como sus militares torturadores..."; en "Santa Evita", *La Nación*, Cultura, Bs. As., 18-II-1996.

al periodismo, estos autores recurren a la ficción para debatir cuestiones muy acuciantes. Se trataba de las dificultades que debía afrontar el proceso de democratización y el rol del peronismo en esa transformación.

La paleta de temas y estilos es muy amplia. Pero, en definitiva, el objetivo de esta novelística se encuadra en el marco mayor que caracteriza a la ficción de los 80. Todas las novelas mencionadas coinciden en plantear el conflicto social en el nivel de lo simbólico, haciendo uso del aspecto crítico-regulador del discurso. Al mostrar el contraste entre la situación real presente o pasada y un modelo ideal, se niega el discurso establecido como hegemónico y se presenta un discurso alternativo. La recurrencia a la historia implica reconocer que en ella está la causa de la conflictividad social, y no en una instancia extrahistórica. Por último, esta función inherente al texto de señalar un posible-otro, la utopía, remite a la dimensión futura dentro de la estructura textual. Es decir, la capacidad para diseñar un horizonte utópico, con el cual se busca conjurar el retorno de lo mismo y de ese modo proponer salidas para la crisis.

Capítulo VI

La dimensión política de la Corte Suprema, 1947-1955

El trabajo que se inicia se dedica a analizar la actuación de la Corte Suprema de Justicia argentina durante la mayor parte de las primeras gestiones gubernativas de Juan Domingo Perón –más precisamente, entre agosto de 1947 y septiembre de 1955. En este orden de cosas, la elección de las referidas fechas límite se debe a que en los meses y años referidos se produjeron modificaciones tan sensibles en la integración del Tribunal que bien puede hablarse de la existencia de una Corte que, íntimamente ligada con la estrella del régimen peronista,[1] no sólo fue casi completamente distinta a la que la antecedió, sino que también fue diferente a la que la sucedió.[2] A este respecto, cabe recordar ahora que mientras que en agosto de 1947 se terminó de substanciar un discutido juicio político contra cuatro de los antiguos miembros de la Corte Suprema[3] –lo que permitió que se integrasen al cuerpo cuatro conocidos simpatizantes del presidente Perón, como lo eran Felipe S. Pérez, Justo Álvarez Rodríguez, Luis Longhi y Rodolfo Valenzuela–,[4] siendo

[1] Sobre el régimen peronista y su contexto, pueden verse: Ricardo del Barco, *El régimen peronista 1946-1955*, Buenos Aires, 1983. Peter Waldmann, *El peronismo, 1943-1955*, Buenos Aires, 1985. Javier Slodky, *El estado justicialista* (2 vols.), Buenos Aires, 1988. César Tcach, *Sabbatinismo y peronismo*, Buenos Aires, 1991. Mario Serrafero, *Momentos institucionales y modelos constitucionales*, Buenos Aires, 1993. Mariano Plotkin, *Mañana es San Perón. Propaganda, rituales políticos y educación en el régimen peronista (1946-1955)*, Buenos Aires, 1994. Raanan Rein, *Peronismo, populismo y política. Argentina 1943-1955*, Buenos Aires, 1998. Hugo Gambini, *Historia del peronismo*, Buenos Aires, 1999. Lila M. Caimari, "La era peronista (1943-1955)", en Academia Nacional de la Historia, *Nueva Historia de la Nación Argentina*, t. 7, "La Argentina del siglo XX", Buenos Aires, 2001.

[2] Respecto de la cronología de la Corte Suprema argentina, véase Alfonso Santiago (h.), "Historia de la Corte Suprema Argentina. Algunos lineamientos básicos y fuentes para su estudio", en *El Derecho* 194 (2001), 966 y ss. Asimismo, téngase en cuenta la bibliografía allí citada.

[3] Se trató de Roberto Repetto, Antonio Sagarna, Benito A. Nazar Anchorena y Francisco Ramos Mejía.

[4] Cabe consignar que en 1949, tras el fallecimiento del doctor Álvarez Rodríguez, se designó como nuevo ministro a otro simpatizante del régimen: el doctor Atilio Pessagno.

Tomás D. Casares el único de los ministros del Tribunal que no fue removido[5]. En septiembre de 1955, una vez caído el presidente Perón, el nuevo gobierno revolucionario procedió a remover a la totalidad de los jueces de la Corte Suprema.[6]

Pese a la íntima relación existente entre el gobierno y la Corte Suprema durante el período 1947-1955, adviértase que aquí se recurre preferentemente a la expresión "Corte Suprema *durante* el régimen peronista", evitando referencias a una supuesta "Corte *peronista*". Ello así, en tanto que de confrontar los lineamientos de política jurídica vertidos en las sentencias de la época, surge la imagen de un Tribunal que si habitualmente acompañó de forma unánime las acciones del gobierno nacional, no siempre lo hizo por los motivos pretendidos por el régimen. En este sentido, lo que se nota es la confluencia de dos concepciones filosóficas y jurídicas distintas: una propia del iusnaturalismo católico –que tuvo por su acabado paladín al ya mencionado Casares– y otra que, seguida por el grueso de los ministros, hizo de las enseñanzas del líder de la autodenominada revolución nacional el norte de su derrotero.[7] Así las cosas, a partir de la forma en la que ambas líneas de pensamiento se combinaron en la elaboración de la jurisprudencia del Tribunal, se pueden distinguir para el período 1947-1955 cuatro etapas diferentes. La primera transcurrió entre agosto de 1947 –momento a partir del cual la Corte contó con su nueva integración, luego de pronunciada la decisión del Senado en el juicio político ya aludido– y la resolución de la causa "Merck", en junio de 1948,[8]

[5] Sobre Tomás D. Casares, véase Alberto David Leiva y Ezequiel Abásolo, *El juez Casares. Un jurista al servicio del bien común*, Buenos Aires, 2002.

[6] Respecto del desarrollo de los acontecimientos revolucionarios, véase Isidoro J. Ruiz Moreno, *La revolución del 55* (2 vols.), Buenos Aires, 1994.

[7] En cuanto a la cambiante relación entre el peronismo y el catolicismo, véanse, entre otros: Susana Bianchi, *La Iglesia Católica y el estado peronista*, Buenos Aires, 1988. Susana Bianchi, "Iglesia Católica y peronismo: la cuestión de la enseñanza religiosa (1946-1955)", en *Estudios Interdisciplinarios de América Latina y el Caribe* 3/2 (1992). Lila M. Caimari, *Perón y la Iglesia Católica. Religión, estado y sociedad en la Argentina (1943-1955)*, Buenos Aires, 1995. Roberto Bosca, *La Iglesia Nacional Peronista*, Buenos Aires, 1997. Loris Zanatta, *Perón y el mito de la Nación católica. Iglesia y Ejército en los orígenes del peronismo. 1943-1946*, Buenos Aires, 1999.

[8] En el curso de esta causa –que tuvo una gran trascendencia en la vida institucional del país– los representantes del laboratorio alemán Merck arribaron a los estrados del Tribunal solicitando se les devolviese la posesión de sus bienes, de los que habían sido desapoderados por el Poder Ejecutivo Nacional como consecuencia de la declaración de guerra contra los países del Eje. Desestimada, en definitiva, la pretensión de los actores, la mayoría de los integrantes de la Corte Suprema aprove-

ocasión en la que los jueces de filiación peronista rechazaron los criterios hasta entonces indiscutidos de quien por aquellos días ocupaba la presidencia del cuerpo, Tomás D. Casares. Vale decir, pues, que durante esta etapa prevaleció el ideario iusnaturalista, preocupado por lograr la vigencia "del orden natural en la estructura misma de la sociedad".[9] Distinta a la anterior, en la segunda etapa las tendencias estatistas y colectivistas identificadas expresa o tácitamente con la ideología partidaria sustentada desde el régimen[10] comienzan a predominar sobre un iusnaturalismo que, empero, siguió contando con importantes manifestaciones. Considerando como límite entre ésta y la siguiente etapa, que va de 1952 a 1954, el dictado y aplicación de la ley 14.184, que convirtió a la doctrina nacional en derecho positivo y la erigió oficialmente en "la verdadera alma colectiva del pueblo de la Nación",[11] lo característico de la tercera fue que las ideas peronistas pasaron a gozar de una evidente supremacía,[12] aun cuando todavía era posible observar la presencia residual de ciertos contenidos iusnaturalistas en la ju-

---

chó la oportunidad para sostener, entre otros conceptos, que lo actuado no era susceptible de apreciación judicial, debido a la existencia de unos poderes de guerra "anteriores y superiores a la constitución", que resultaban aplicables aun en el caso de la inexistencia de concretas hostilidades entre la Nación y sus enemigos. Cfr. *Colección de Fallos de la Corte Suprema de Justicia de la Nación* (en adelante, *Fallos*), t. 211 y ss.

[9] Véase la sentencia dictada por la Corte Suprema en autos "Martín y Compañía Limitada contra José Silvestre Erazo", 19/12/1947: *Fallos*, t. 208, 507. Curiosa situación la de este caso, en el que una empresa le reclamaba a un obrero hierbatero el reintegro de $ 38,95... Empero, al margen de la nimiedad del monto reclamado, el hecho de que en este proceso se discutiese la legitimidad o no del arbitraje obligatorio dispuesto y la naturaleza del derecho laboral, y que los jueces actuantes decidiesen subordinar la voluntad particular al interés general, atenuando el rigorismo jurídico en aras de «una mejor justicia social», hizo de esta causa una de las más importantes de todo el período.

[10] En cuanto al proceso de *peronización* de la Corte Suprema advertido durante esta etapa, abundan los ejemplos. Así, cabe recordar oportunidades en las que los integrantes del Tribunal apoyaron al "Justicialismo reparador" (*Fallos*, t. 219, 7) y elogiaron los avances producidos en la "Nueva Argentina" (*Fallos*, t. 219, 9). En el mismo sentido, no faltaron ni las adhesiones expresas al peronismo (*Fallos*, t. 222, 6) ni los elogios a Perón, cuyas palabras fueron consideradas como auténtica interpretación de la voluntad nacional (*Fallos*, t. 225, 488) y como "guía" del accionar de la Corte Suprema (*Fallos*, t. 225, 7).

[11] Rodolfo Valenzuela, "Conferencia inaugural del ciclo de disertaciones de los magistrados judiciales sobre el Segundo Plan Quinquenal de la Nación", Córdoba, 12/5/1953: *Fallos*, t. 225, 474 y 485.

[12] Véase, por ejemplo, el discurso pronunciado el 2/2/1953 por el presidente de la Corte Suprema, Rodolfo G. Valenzuela, en el acto de iniciación del año judicial: *Fallos*, t. 225, 9.

risprudencia del Tribunal. Finalmente, durante la cuarta y última etapa, que abarca la actuación de la Corte Suprema durante el año 1955, los vestigios iusnaturalistas desaparecen completamente, imponiéndose sin cortapisa alguna el ideario partidario peronista.

Ahora bien, cabe señalar aquí que el objetivo que se persigue con este trabajo –en pos del cual se ha acudido a la compulsa de las sentencias y de los discursos de los ministros recogidos en la serie de veintiséis tomos de *Fallos de la Corte Suprema de Justicia de la Nación* iniciada con el tomo 208 de la colección– pasa por analizar, de acuerdo con los lineamientos teóricos señalados por Alfonso Santiago (h.), aquel aspecto de la dimensión política de la Corte que se refiere a los "criterios de fondo" aplicados por el Tribunal en la resolución de los casos sometidos a su conocimiento.[13] Así las cosas, resulta que esta indagación parte del presupuesto de la politicidad de la actividad judicial, postura que fue expresamente compartida por los ministros de la Corte durante el período en estudio. Al respecto, abundan los testimonios de los magistrados del Tribunal en los que éstos se conciben a sí mismos como "políticos",[14] reconocen el "contenido político" de las decisiones de la Corte,[15] sostienen que "la justicia depende de la política que sigue el país",[16] o subrayan la calidad de órgano de gobierno del poder judicial.[17] Dicho de otro modo, durante el régimen peronista la Corte Suprema asumió, conscientemente, el liderazgo de la actividad jurídica del país.[18]

[13] Alfonso Santiago (h.), *La Corte Suprema y el control político*, Buenos Aires, 1999.

[14] "Discurso pronunciado el 1/2/1952 por el señor ministro decano de la Corte Suprema, doctor don Rodolfo G. Valenzuela, en el acto de iniciación del año judicial": *Fallos*, t. 222, 6.

[15] Cfr. la intervención de Justo Álvarez Rodríguez inserta en el *Diario de Sesiones de la Convención Nacional Constituyente de 1949*, sesión de 10/3/1949, 530.

[16] Conferencia de Felipe Santiago Pérez en rememoración del 5° aniversario de la proclamación de la independencia económica, Buenos Aires, 22/10/1952: *Fallos*, t. 224, 8.

[17] Discurso pronunciado el 1/2/1950 por el presidente de la Corte Suprema de Justicia de la Nación, Luis R. Longhi, en el acto de iniciación del año judicial: *Fallos*, t. 216, 8 y 9.

[18] Cfr. la sentencia de la Corte Suprema en autos "Jacinto Santin", 6/10/1948: *Fallos*, t. 212, 58 y 59.

Concepciones axiológicas fundamentales de los ministros de la Corte Suprema

A diferencia de lo sustentado por los adherentes al liberalismo clásico[19] -cuyas concepciones individualistas no tardaron en ser duramente criticadas-,[20] durante el régimen peronista los integrantes del Tribunal evitaron considerar al hombre como a un sujeto aislado y absolutamente libre y, por el contrario, lo concibieron como un ser "ordenado a su bien" y "puesto en su lugar",[21] vale decir, como alguien que, integrando naturalmente el cuerpo social, se veía obligado a ceder buena parte de sus pretensiones personales en beneficio de la colectividad.[22] De allí, por ejemplo, que como derivación de esta concepción de un hombre situado, se afirmase, en el curso de la causa "Otto Bemberg y Josefina Elortondo de Bemberg" (1952), que para lograr "la existencia del orden -condición primera de la paz y de todo verdadero bien particular-, no importa[ba] menos el resguardo de los derechos de la comunidad que el de los derechos individuales".[23] Dicho de otro modo, la libertad -sobre la cual se expresó que no existía "como condición moralmente valiosa para el hombre sino en el orden justo"-[24] fue subordinada en beneficio del concepto "solidaridad".[25] Bajo el argumento de que las restricciones a la libertad hacían posible "una mayor

[19] Para una visión de las ideas políticas de la época, consúltese Juan Fernando Segovia, "El pensamiento político (1943-1983)", en Academia Nacional de la Historia, *Nueva Historia de la Nación Argentina*, t. 7, "La Argentina del siglo XX", Buenos Aires, 2001.

[20] Felipe Santiago Pérez, conferencia citada: *Fallos*, t. 224, 10 y 11.

[21] Tomás D. Casares, "Conferencias sobre el plan de gobierno sancionado por la ley 14.184, pronunciadas en la ciudad de Mendoza el 31/8 y el 1/9/1953": *Fallos*, t. 226, 539.

[22] Felipe Santiago Pérez, conferencia citada: *Fallos*, t. 224, 24 y 25.

[23] Voto de la mayoría de la Corte Suprema en autos "Otto S. Bemberg y Josefina Elortondo de Bemberg. Sus sucesiones", 17/12/1952: *Fallos*, t. 224, 825. Téngase en cuenta, sin embargo, por el estilo del texto, por su contenido en esta parte, y por el hecho de que el pasaje aparezca reiterado en el voto disidente de Tomás D. Casares en la misma oportunidad, que es muy posible que este texto haya sido redactado por el mismo Casares. La causa en cuestión fue suscitada por los sucesores de los dueños de una importante cervecería en trámite de concurso, quienes consideraron arbitrariamente discriminatorio el sometimiento de los bienes concursados a un régimen legal especialmente dictado para la ocasión y a un juez en particular. La decisión de la Corte fue contraria a las aspiraciones de los peticionantes.

[24] Idem ant.: *Fallos*, t. 224, 825 y 826.

[25] Felipe Santiago Pérez, "Conferencia sobre el Segundo Plan Quinquenal de Gobierno desde el punto de vista constitucional", Tucumán, 22/7/1953: *Fallos*, t. 226, 202.

igualdad, o sea, el medio de lograr una mayor justicia",[26] se aseveró que "nada ni nadie" podría invocar un mejor derecho frente a la necesidad de salvaguardar "la independencia, la soberanía y la seguridad interna y externa de la Nación".[27]

Como corolario de las concepciones antedichas, la Corte Suprema defendió –sobre todo mientras prevalecieron las tendencias iusnaturalistas– la efectiva primacía del bien común,[28] concepto al que Casares consideró "fruto natural de un orden público justo y condición de todo bien individual".[29] De esta manera, antes y después de que en 1949 una constitución inspirada en el ideario del régimen consagrase la primacía de lo social por sobre lo político,[30] se le adjudicaron al estado –concebido como garante fundamental de la preeminencia del referido bien común y del correlativo imperio de un orden público[31] fundado en el afianzamiento de la justi-

[26] Rodolfo Valenzuela, "Conferencia inaugural del ciclo de disertaciones de los magistrados judiciales sobre el Segundo Plan Quinquenal de la Nación": *Fallos*, t. 225, 473.

[27] Sentencia subscripta por la mayoría de los integrantes de la Corte Suprema el 9/6/1948 en la causa "Merck": *Fallos*, t. 211, 208. En el mismo sentido, cfr. Tomás D. Casares, "Conferencias", *Fallos*, t. 226, 526.

[28] Cfr. Sentencia de la Corte Suprema recaída *in re* "Martín y Compañía Limitada contra José Silvestre Erazo", 19/9/1947: *Fallos*, t. 208, 508. Sentencia de la Corte Suprema recaída *in re* "Delia Bonorino Ezeyza de Claypole y otros contra Provincia de Buenos Aires", 3/3/1948: *Fallos*, t. 210, 298. En esta última causa, un grupo de herederos que pretendía la devolución de lo abonado en virtud de un impuesto progresivo adicional al inmobiliario invocó, entre otros argumentos, la presunta ilegitimidad del gravamen en tanto que constituía un trato desigual frente al resto de los contribuyentes. Si bien el Tribunal admitió parcialmente la devolución pretendida, es importante señalar que la Corte Suprema, partiendo de la idea de que el goce de una propiedad colocaba en superior condición económica y social a su titular frente al resto de los integrantes de la sociedad, y de que la igualdad constitucional aludida sólo era en igualdad de circunstancias, sostuvo que la legislación impositiva dictada por el estado tanto podía perseguir propósitos fiscales como los de contribuir a instaurar la justicia social en el país.

[29] Voto en disidencia de Tomás Casares en autos "José S. San Miguel", 11/5/1950: *Fallos*, t. 216, 620.

[30] Ibíd., 619. Conferencia de Felipe Santiago Pérez en rememoración del 5° aniversario de la proclamación de la independencia económica: *Fallos*, t. 224, 24 y 25. Sobre la ideología peronista, puede consultarse, Benito V. Nazar Anchorena, *¿Doctrina peronista? (1946-1955)*, Buenos Aires, 1994. Véase, además, Ezequiel Abásolo, "Orden constitucional y doctrina partidaria. Su relación durante los primeros gobiernos peronistas", en Academia Nacional de la Historia, *Undécimo Congreso Nacional y Regional de Historia Argentina. Córdoba, 20 al 22/9/2001*, Buenos Aires, 2001.

[31] Voto en disidencia de Tomás D. Casares en autos "Celia M. de Basavilbaso y otros contra Dirección General del Impuesto a los Réditos", 7/12/1950: *Fallos*, t. 218, 692.

cia- [32] nuevas funciones. Al respecto, cabe señalar que, al tiempo que los integrantes del Tribunal creyeron que el perfil tradicional del "estado vigilante" había sido superado definitivamente,[33] también compartieron la idea de que la defensa de los intereses solidarios superiores justificaba la correlativa ampliación de unas facultades estatales[34] por cuya integridad y perdurabilidad debían velar los jueces.[35] En este orden de cosas, mientras que Rodolfo Valenzuela dijo, por ejemplo, que la intervención "de apariencia socializadora del estado" se justificaba en tanto que se propendiera a "una emancipación del hombre del imperio de otras fuerzas sociales, de otros poderes más opresivos",[36] el Tribunal en su conjunto consideró que los crecientes poderes estatales de policía respondían a la necesidad de defender y afianzar "la moral, la salud y la conveniencia colectivas y (...) [el] interés económico de la comunidad".[37]

Coincidiendo con la ya consignada evolución de la jurisprudencia del Tribunal durante el período estudiado, paulatinamente los pronunciamientos de la Corte receptaron una doctrina tendiente a sustentar la incontrastable supremacía del estado frente a los individuos. De este modo, con el correr del tiempo se abandonó el criterio iusnaturalista, relativo a que el imperio del orden público no consentía «que en la colusión posible de los derechos de los particulares y de los derechos del estado se de invariablemente preferencia a estos últimos",[38] y se lo reemplazó por otro, en virtud del cual se expresó que, existiendo un conflicto entre el derecho de una persona y el de la colectividad, era a ésta, representada en un

[32] Sentencia de la Corte Suprema recaída *in re* "Roger Balet contra Alonso Gregorio sobre desalojo", 3/12/1947: *Fallos*, t. 209, 410.

[33] Sentencia de la Corte Suprema en autos "Banco de la Nación Argentina contra Poder Ejecutivo de Mendoza", 20/8/1953: *Fallos*, t. 226, 441.

[34] Conferencia de Felipe Santiago Pérez en rememoración del 5° aniversario de la proclamación de la independencia económica: *Fallos*, t. 224, 23.

[35] Sentencia subscripta por la mayoría de los integrantes de la Corte Suprema el 9/6/1948 en la causa "Merck": *Fallos*, t. 211, 206.

[36] Rodolfo Valenzuela, "Conferencia inaugural del ciclo de disertaciones de los magistrados judiciales sobre el Segundo Plan Quinquenal de la Nación": *Fallos*, t. 225, 473.

[37] Sentencia de la Corte Suprema en autos "Arón Rabinovich", 17/7/1950: *Fallos*, t. 217, 474.

[38] Sentencia de la Corte Suprema dictada *in re* "Catalina Barrionuevo de Gisondi y Carmen Barrionuevo. Concursos civiles", 10/12/1947: *Fallos*, t. 209, 495.

estado encargado de "salvaguardar el interés público comprometido",[39] a la que le cabía "la razón suprema frente al individuo".[40]

La mentalidad jurídica

Junto con las valoraciones referidas en el apartado anterior, es oportuno señalar que los ministros de la Corte defendieron novedosas posturas respecto de los fenómenos jurídicos. Las páginas siguientes se centrarán en el análisis de su pensamiento respecto de lo que había sido y de lo que debía ser el derecho de los argentinos, del criterio que debían aplicar los juristas, y del papel de la jurisprudencia y de los jueces frente a las nuevas exigencias de la sociedad.[41] De este modo, cabe consignar, en primer lugar, que en tanto los ministros de la Corte se identificaban con un proceso de profunda transformación jurídica, de índole socializante,[42] no perdieron oportunidad de criticar el derecho anterior a la "revolución". Así, sostuvieron que hasta comienzos de los años 40 el sistema normativo argentino no había respondido "a las necesidades y los anhelos de la gran mayoría" y que, por ende, el país había permanecido sometido a una "vida jurídica artificial".[43] Como respuesta a esta situación, los integrantes del Tribunal hablaron, entonces, de la necesidad de construir un "nuevo derecho".

Empero, no hubo unanimidad entre los ministros en cuanto a las características que debía tener aquél, llegando así a formularse

[39] Voto de la mayoría de la Corte Suprema en autos "Vicente Solivellas contra Consejo Profesional de Ciencias Económicas", 26/9/1949: *Fallos*, t. 214, 621. En un sentido análogo, véase la sentencia de la Corte Suprema de Justicia de la Nación recaída en autos "Domingo L. Bombal contra Dirección General Impositiva", 31/7/1952: *Fallos*, t. 223, 247.

[40] Conferencia dictada por Felipe Santiago Pérez en rememoración del 5° aniversario de la proclamación de la independencia económica: *Fallos*, t. 224, 24 y 25.

[41] Sobre las ideas jurídicas en la Argentina de la época, véase Víctor Tau Anzoátegui, "Pensamiento jurídico y acción legislativa", en Academia Nacional de la Historia, *Nueva Historia de la Nación Argentina*, t. 8, "La Argentina del siglo XX", Buenos Aires, 2001.

[42] Rodolfo Valenzuela, "Conferencia inaugural del ciclo de disertaciones de los magistrados judiciales sobre el Segundo Plan Quinquenal de la Nación": *Fallos*, t. 225, 475. En un sentido análogo, véase lo dicho por Tomás D. Casares en *Fallos*, t. 226, 552.

[43] Rodolfo G. Valenzuela, "La constitución argentina y su reforma en 1949": *Fallos*, t. 228, 8.

dos propuestas distintas. En efecto, en virtud de una de ellas –la que a la postre resultó minoritaria– se postuló que el futuro ordenamiento de los argentinos debía ajustarse a los lineamientos del derecho natural.[44] En consecuencia, conceptuando que la "razonabilidad" de lo jurídico emanaba de la naturaleza de las cosas,[45] se afirmó que la autoridad de la ley provenía "de su fidelidad al principio de justicia",[46] motivo por el cual la norma que violentase dicho principio carecería de la autoridad de la ley, por más que fuese lo que quisiese la mayoría o lo que anhelasen todos, "pues –como se indicó categóricamente– lo justo y lo injusto, lo bueno y lo malo, análogamente a la verdad y el error, no son lo que decida o prefiera el arbitrio de nadie; [sino que] son lo que son, pura y simplemente, siempre".[47] Como contrapartida, el criterio que resultó predominante se apoyó en la idea de que el ordenamiento jurídico debía resultar de lo que decidiesen las mayorías populares.[48] Se afirmó, pues, que la ley no era «otra cosa que lo que el pueblo quiere»,[49] y que la voz de éste era suprema en tanto expresión de la voluntad de Dios.[50] En definitiva, se entendía que los encargados de administrar justicia no podían permanecer "indiferentes a las inquietudes del pueblo".[51]

[44] Empero, lo dicho no obsta –como lo hemos indicado en la introducción– a que ciertos elementos iusnaturalistas no hayan sido incorporados a los pronunciamientos del Tribunal. Al respecto, puede verse el voto de la mayoría de los ministros en la sentencia dictada el 7/12/1950 por la Corte Suprema en autos "Celia M. de Basavilbaso y otros contra Dirección General del Impuesto a los Réditos": *Fallos*, t. 218, 687.

[45] Cfr. la ya citada sentencia dictada por la Corte Suprema *in re* "Delia Bonorino Ezeyza de Claypole y otros contra Provincia de Buenos Aires", 3/3/1948: *Fallos*, t. 210, 300.

[46] Tomás D. Casares, "Conferencias": *Fallos*, t. 226, 558. En este orden de cosas, cabe consignar que Casares concebía la justicia como el "propósito genérico de afianzar la preeminencia del bien común": *Fallos*, t. 213, 10.

[47] Tomás D. Casares, "Conferencias": *Fallos*, t. 226, 528.

[48] Felipe Santiago Pérez, "Discurso pronunciado en el acto de sepelio de los restos del ministro Justo Lucas Álvarez Rodríguez", Buenos Aires, 3/8/1949: *Fallos*, t. 214, 313.

[49] Discurso pronunciado el 2/2/1953 por el señor presidente de la Corte Suprema, doctor Rodolfo G. Valenzuela, en el acto de iniciación del año judicial: *Fallos*, t. 225, 7.

[50] Rodolfo Valenzuela, "Conferencia inaugural del ciclo de disertaciones de los magistrados judiciales sobre el Segundo Plan Quinquenal de la Nación": *Fallos*, t. 225, 478.

[51] Palabras de Rodolfo G. Valenzuela al presentar al ministro Felipe Santiago Pérez con motivo de su conferencia en rememoración del 5° aniversario de la proclamación de la independencia económica; Buenos Aires, 22/10/1952: *Fallos*, t. 224, 5.

Vinculado con lo dicho arriba, cabe referir ahora que el grueso de los ministros consideró que el derecho era algo así como "la vida misma"[52] y que por encima de las normas formales se encontraba la suprema ley de la vida.[53] Se trataba, en definitiva, del imperio de un realismo jurídico que sin embargo resultaba, paradójicamente, acompañado por un voluntarismo ingenuo, en virtud del cual los integrantes de la Corte creían que los hombres de la revolución peronista eran capaces de "corregir el sistema jurídico" sólo por el hecho de quererlo.[54]

En cuanto a las circunstancias que rodearon el apoyo a este realismo «que no admitía espera",[55] cabe recordar que entre los integrantes de la Corte Suprema anidaba la creencia de que tanto si se pretendía perfeccionar "el espíritu remanente de las instituciones de cada país" como encontrar nuevas aplicaciones a las instituciones antiguas, no se podía "prescindir de la realidad de la vida" de cada época.[56] En definitiva, se consideraba que lo jurídico debía responder a los hechos positivos, a las particularidades de la vida moderna y a las exigencias impuestas por la naturaleza y las modalidades de la actividad humana de cada momento histórico,[57] y que, por ende, "el juez de la Argentina justicialista" no podía "permanecer apartado de la vibración permanente del país".[58] Alguno de los ministros se manifestó, con este trasfondo, contrario a que los magistrados judiciales viviesen de espaldas a la realidad nacional. "El juez que solamente viva en comunicación con los códigos, leyes y

[52] Rodolfo Valenzuela, "Conferencia inaugural del ciclo de disertaciones de los magistrados judiciales sobre el Segundo Plan Quinquenal de la Nación": *Fallos*, t. 225, 474.

[53] Discurso pronunciado el 1/2/1952 por el señor ministro decano de la Corte Suprema, doctor don Rodolfo G. Valenzuela, en el acto de iniciación del año judicial: *Fallos*, t. 222, 7 y 8.

[54] Rodolfo Valenzuela, "Conferencia inaugural del ciclo de disertaciones de los magistrados judiciales sobre el Segundo Plan Quinquenal de la Nación": *Fallos*, t. 225, 475. Respecto de la caracterización de la ideología peronista, véanse, entre otros: Rein, Nazar Anchorena, Plotkin, Buchrucker, Tcach.

[55] Conferencia de Felipe Santiago Pérez en rememoración del 5° aniversario de la proclamación de la independencia económica: *Fallos*, t. 224, 22.

[56] Sentencia subscripta por la mayoría de los integrantes de la Corte Suprema el 9/6/1948 en la causa "Merck": *Fallos*, t. 211, 196 y 205.

[57] Atilio Pessagno, "Conferencia sobre el Segundo Plan Quinquenal de la Nación, pronunciada en la ciudad Eva Perón el día 15/7/1953": *Fallos*, t. 226, 179.

[58] Rodolfo Valenzuela, "Conferencia inaugural del ciclo de disertaciones de los magistrados judiciales sobre el Segundo Plan Quinquenal de la Nación": *Fallos*, t. 225, 484.

tratadistas, respirando el ambiente atrayente y cómodo de las bibliotecas –afirmó al respecto Felipe Pérez–, podrá resultar un gran jurista pero quizá como magistrado sea nada más que un frío ordenador de doctrinas y exégesis, totalmente desvinculado de ese calor de vida que proporciona el contacto con los diarios afanes de la comunidad".[59]

Respecto del tópico analizado, en este punto cabe señalar, además, que partiendo de la premisa de que "las decisiones (...) lleva[ba]n una dirección tendiente a interferir la realidad", y de que la sanción de toda ley suponía, "en primer lugar (...) la verificación de un estado de hecho", se pensaba que toda norma jurídica que se formulase "sobre la hipótesis de una realidad mal conocida o mal interpretada" resultaría ineficiente.[60] Así también, al reflexionar sobre la forma de aplicar la constitución, se sostuvo que no debía "temerse la interpretación que, pese a revelar inconsecuencia dogmática de determinada cláusula", se ajustase "evidentemente a la realidad" que quiso normar la carta magna.[61] En cuanto a concretas manifestaciones del realismo jurídico en los pronunciamientos del Tribunal, cabe recordar, entre otros casos, la enunciación del principio según el cual "ni el contribuyente puede hacer fusiones artificiales, ni el Estado ha de pretender desdoblamientos donde, según la materialidad de las cosas, hay unidad económica o negocio".[62] O lo actuado en autos "Ottonello Hermanos y Compañía y otros contra Provincia de Tucumán" (1948), oportunidad en la que se estableció que el monto de la indemnización exigible a partir de la expropiación de un servicio público no podía resultar de la aplicación de criterios del derecho civil, sino de valores propios del derecho administrativo, que reflejaran el valor de afectación de los bienes expropiados.[63]

[59] Felipe Santiago Pérez, "Discurso pronunciado en el acto de sepelio de los restos del ministro Justo Lucas Álvarez Rodríguez": *Fallos*, t. 214, 312 y 313.

[60] Rodolfo Valenzuela, "Conferencia inaugural del ciclo de disertaciones de los magistrados judiciales sobre el Segundo Plan Quinquenal de la Nación", Córdoba, 12/5/1953: *Fallos*, t. 225, 475.

[61] Dictamen del Procurador General de la Nación, Carlos G. Delfino, recaído en autos "Municipalidad de la Ciudad de Buenos Aires contra Gregorio Spina y otro", 25/4/1952: *Fallos*, 224, 807.

[62] Sentencia de la Corte Suprema de Justicia de la Nación en autos "Domingo L. Bombal contra Dirección General Impositiva", 31/7/1952: *Fallos*, t. 223, 246.

[63] *Fallos*, t. 212, 207.

Dada la vigencia del realismo jurídico descripta en el punto anterior, no sorprende que los ministros de la Corte Suprema insistiesen en señalar el carácter evolutivo del derecho, ni que se mostrasen temerosos ante la eventual "cristalización" del orden jurídico.[64] Frente al desprestigio de la noción según la cual la ley escrita constituía la "única (...) expresión del orden y [de] la justicia",[65] y a despecho de lo que opinara el procurador general de la nación, Carlos Delfino –quien consideraba que las decisiones de los jueces no constituían una fuente jurídica formal–,[66] para los integrantes del Tribunal la jurisprudencia contaba con una dimensión por demás relevante, complementando a la ley y sosteniendo el sistema normativo.[67] Es que, como dijo Casares, se creía que durante "los trances de crisis", en los que coexistían una realidad jurídica "agonizante y una nueva realidad informe", correspondía a los jueces "sincronizar el ritmo del derecho positivo".[68] Así se concibieron como misiones de la nueva jurisprudencia –a la que se definió como la interpretación judicial unánime hecha por los tribunales de última instancia del fuero y de la jurisdicción respectiva– [69] la de unificar el derecho de los argentinos,[70] la de substituir la antigua jurisprudencia derivada del imperio de concepciones jurídicas individualistas[71] y la de ajustar las disposiciones de las leyes vigentes a los lineamientos tanto de la constitución de 1949 como de la doctrina peronista.[72]

Resulta evidente que, de acuerdo con el criterio mayoritario, se trataba de prohijar una jurisprudencia que tuviese el "espíritu abier-

[64] Luis R. Longhi, "Discurso pronunciado el 1/2/1951 por el presidente de la Corte Suprema de Justicia de la Nación": *Fallos*, t. 219, 13 y 14.

[65] Tomás D. Casares, "Conferencias": *Fallos*, t. 226, 553.

[66] Dictamen del Procurador General de la Nación, Carlos G. Delfino, en autos "Julio I. Arrascaeta y otros contra Compañía Primitiva de Gas de Buenos Aires", Buenos Aires, 5/10/1949: *Fallos*, t. 215, p. 439.

[67] Sentencia de la Corte Suprema en autos "Julio I. Arrascaeta y otros contra Compañía Primitiva de Gas de Buenos Aires", Buenos Aires, 15/12/1949: *Fallos*, t. 215, p. 448.

[68] Tomás D. Casares, "Discurso pronunciado el 1/2/1949 en el acto de iniciación del año judicial": *Fallos*, t. 213, 10 y 11.

[69] Sentencia de la Corte Suprema en autos "Consuelo González de Giménez contra Droguería de la Estrella S. A.", Buenos Aires, 24/3/1952: *Fallos*, t. 222, 205.

[70] Dictamen ya citado del Procurador General de la Nación, Carlos G. Delfino: *Fallos*, t. 215, 439 y 440.

[71] Tomás D. Casares, "Conferencias": *Fallos*, t. 226, 563 y 564.

[72] Atilio Pessagno, conferencia cit., *Fallos*, t. 226, 178 y 181. Sobre el pensamiento jurídico de la época, VTA, Abásolo-Pugliese-Leiva.

to a los requerimientos de la nueva Constitución Justicialista"[73] dictada en 1949 y que, por ende, respondiese a los lineamientos políticos y jurídicos trazados por el régimen. Al respecto, llegó a decirse que "nada habría ganado la República, al afirmar en la profunda transformación que con férrea voluntad está operando quien tiene la responsabilidad gubernamental de las horas presentes (...) si el régimen judicial desentonara en el conjunto".[74] No sorprende, entonces, que las tradicionales actitudes prescindentes de los antiguos jueces hayan merecido el reproche de algunos de los ministros de la Corte,[75] ni que se sostuviese que para que la labor de los magistrados resultase eficaz, "sus ideas y sus conceptos» debían marchar "a compás del sentimiento público".[76]

Las manifestaciones de la dimensión política de la Corte Suprema

Una vez conocidos los presupuestos axiológicos fundamentales de los ministros de la Corte Suprema, y ya caracterizada su mentalidad jurídica, es tiempo que indaguemos en la forma en que los referidos jueces –quienes, al tiempo que se concebían a sí mismos como ajenos a disquisiciones filosófico-jurídicas, se consideraban como unos "hombres de gobierno" ligados a la "realidad nacional"–,[77] aplicaron sus peculiares concepciones en la cotidiana tarea de administrar justicia. Cabe señalar en este sentido que la Corte, que se propuso obtener el reconocimiento de su superior

[73] Felipe Santiago Pérez, "Conferencia sobre el Segundo Plan Quinquenal de Gobierno desde el punto de vista constitucional", Tucumán, 22/7/1953: *Fallos*, t. 226, 217.

[74] Luis R. Longhi, "Discurso pronunciado el 1/2/1951 por el presidente de la Corte Suprema de Justicia de la Nación": *Fallos*, t. 219, 12 y 13.

[75] Felipe Santiago Pérez, "Discurso pronunciado en el acto de sepelio de los restos del ministro Justo Lucas Álvarez Rodríguez": *Fallos*, t. 214, 312. Rodolfo G. Valenzuela, "Discurso pronunciado al inicarse el año judicial de 1952": *Fallos*, t. 222, 6. Del mismo, "La constitución argentina y su reforma en 1949":*Fallos*, t. 228, 30.

[76] Palabras del presidente Perón reproducidas en el discurso pronunciado el 2/2/1953 por el señor presidente de la Corte Suprema, doctor Rodolfo G. Valenzuela, en el acto de iniciación del año judicial: *Fallos*, t. 225, 6.

[77] Felipe Santiago Pérez, "Discurso pronunciado en el acto de sepelio de los restos del ministro Justo Lucas Álvarez Rodríguez": *Fallos*, t. 214, 313 y 314. "Discurso pronunciado el 1/2/1952 por el señor ministro decano de la Corte Suprema, doctor don Rodolfo G. Valenzuela, en el acto de iniciación del año judicial": *Fallos*, t. 222, 6.

autoridad por parte de los magistrados inferiores[78] y, en su hora, uniformar la jurisprudencia nacional surgida a partir de la constitución dictada en 1949,[79] puso en ejercicio un método interpretativo dinámico, criterio que –tal como lo señalara en su momento Julio Oyhanarte– ya había sido aplicado por los ministros que integraron el Tribunal durante la década del 30.[80] Fue así, por ejemplo, que en autos "Cuareta" (1949) – oportunidad en la cual la Corte Suprema debió resolver si había sido bien o mal denegado un recurso extraordinario interpuesto en un expediente en el que se acusaba a un particular de haber destinado material importado con desgravaciones para un fin distinto al que había motivado la exención aduanera– el Tribunal, rechazando un rigor excesivo en la aplicación del ritualismo procesal, enunció el principio según el cual no podía denegarse el recurso extraordinario interpuesto cuando la invocación del remedio excepcional no se hubiese fundado en el articulado de la nueva constitución sino en el del texto legal.[81]

Advierta el lector, además, que durante el régimen peronista la creatividad de los magistrados inferiores y de la Corte Suprema –ciertamente moderada la de esta última, como se verá más adelante– contó con numerosas manifestaciones. En este orden de cosas, por ejemplo, resultan particularmente gráficos los dichos de Rodolfo Valenzuela, quien, retrospectivamente, llegó a confesar que los jueces del peronismo habían aplicado los códigos vigentes "con la íntima convicción de que la solución imperativa" que ofrecían estaba "en abierta pugna con las normas éticas y [con] las condiciones sociales en que ahora vivimos".[82] Además, respecto de este particular cabe recordar cómo, a partir de una serie de trascendentes pro-

[78] Cfr. la sentencia dictada el 6/10/1948 por la Corte Suprema *in re* "Jacinto Santín contra Impuestos Internos": *Fallos*, t. 212, 59. En este mismo orden de asuntos, cabe consignar que en la sentencia pronunciada el 15/10/1948 en autos "Sara Pereyra Iraola contra Provincia de Córdoba" el Tribunal consideró que el "leal acatamiento" de sus fallos era "indispensable para [el mantenimiento de] la tranquilidad pública, [de] la paz social y [de] la estabilidad de las instituciones": *Fallos*, t. 212, 160.

[79] Sentencia de la Corte Suprema en autos "Hugo Vaca Narvaja contra Antolín Pérez", 30/7/1951: *Fallos*, t. 220, 913.

[80] Señala esta característica Julio Oyhanarte en "Historia del Poder Judicial", *Todo es Historia* 61 (1972): 105.

[81] Sentencia de la Corte Suprema en autos "Cuareta S.A. Industrial y Comercial contra Aduana", 28/7/1949: *Fallos*, t. 214, 304.

[82] Rodolfo Valenzuela, "Conferencia inaugural del ciclo de disertaciones de los magistrados judiciales sobre el Segundo Plan Quinquenal de la Nación": *Fallos*, t. 225, 479.

nunciamientos, la Corte convalidó las facultades legislativas de los gobiernos *de facto*, bajo el argumento de que dichas autoridades podían legislar en la medida en que ello fuese necesario "para gobernar [,] porque en orden a la realización de los fines del Estado tienen la misma responsabilidad que los constituidos legalmente".[83] Asimismo, teniendo en cuenta lo dicho, no pueden caber dudas de que las consideraciones de política jurídica impregnaban de un modo consciente el dictado de las sentencias de la Corte Suprema.[84] Al respecto, valgan como ejemplo de lo afirmado las consideraciones expresadas por los ministros del Tribunal al pronunciarse en autos "Agustín Ocampo contra Compañía Azucarera 'Concepción'" (1949). En efecto, en dicha oportunidad, en la que la Corte sostuvo que no se podía invocar la competencia federal en razón de las personas o de la materia en asuntos de naturaleza laboral, la decisión tomada se fundó en el argumento de que aceptar la competencia federal en esos procesos resultaría contrario a "los fines perseguidos con la creación de los tribunales del trabajo" provinciales, "porque a la gran cantidad de casos que por esa vía resultarían excluidos de la nueva justicia se habría agregado el inconveniente de que, en el mejor de los supuestos, [dichos asuntos] tendrían que ser ventilados ante tribunales que, con muy pocas excepciones, tienen su asiento en las capitales de las provincias [,] cuando no fuera del territorio de éstas".[85] Así las cosas, cabe aclarar que la tendencia del Tribunal a aceptar los lineamientos del oficialismo en el campo jurídico se potenció enormemente no sólo con la sanción de la nueva constitución, cuyo articulado introdujo, al decir de los integrantes de la Corte Suprema, "directivas trascendentales para la inteligencia del derecho positivo vigente",[86] sino

[83] Sentencia de la Corte Suprema *in re* "Gobierno de la Nación contra Ingenio y Refinería San Martín del Tabacal S. A.", 3/12/1947: *Fallos*, t. 209, 400. En el mismo sentido, pueden verse el *leading case* "Enrique Arlandini", resuelto el 22/8/1947: *Fallos*, t. 208, 186; "Egidio Ziella contra Smiriglio Hermanos, sobre despido", de 1°/10/1947: *Fallos*, t. 209, 27.

[84] Se infiere una actitud de esta naturaleza, v. gr., en la sentencia de la Corte Suprema recaída *in re* "Delia Bonorino Ezeyza de Claypole y otros contra Provincia de Buenos Aires", ya citada: *Fallos*, t. 210, 298.

[85] Sentencia de la Corte Suprema en autos "Agustín Ocampo contra Compañía Azucarera Concepción", 28/3/1949: *Fallos*, t. 213, 287. Sobre política peronista en materia laboral, véanse, Doyon, Matsushita, etcétera.

[86] Sentencia de la Corte Suprema en autos "Staudt y Compañía S.A. Comercial contra Emilio Padua y otros", 15/7/1954: *Fallos*, t. 229, 410.

también cuando, a comienzos de la década del 50, el Tribunal consideró que la hermenéutica del derecho fundamental argentino debía desarrollarse a partir de un bloque de constitucionalidad integrado conjuntamente por el texto de la nueva carta magna y el del artículo 3° de la ley 14.184,[87] disposición, esta última, que atribuyó expresa dimensión jurídica nacional a la doctrina peronista.[88]

Como derivación de las posturas señaladas en el número anterior, cabe indicar que los ministros de la Corte Suprema elaboraron diversas teorías tendientes a reconocer amplias facultades al estado central. De este modo, el Tribunal diseñó la de la preexistencia de los poderes de guerra, en virtud de la cual consideró, en autos "Merck Química Argentina contra Gobierno de la Nación" (1948), que aquellos eran "forzosamente anteriores y, llegado el caso, aún mismo superiores a la propia Constitución".[89] Asimismo, la Corte se manifestó a favor de la licitud del ejercicio de los "poderes soberanos" del Estado en el marco de toda actividad en la que éste se propusiese satisfacer servicios públicos exigidos por la comunidad, o en cualquier otra ocasión en la que fuese necesario velar por la vigencia de «los derechos sociales reconocidos en la Carta Política o defender la producción y los consumos en oportunidad de emergencias nacionales [,] para resguardar de peligros a la Nación o a los individuos».[90] Por otra parte, en autos "Eduardo Botella" (1949) se dijo que la tutela del derecho de propiedad debía subordinarse a lo que resultase del «ejercicio de las facultades legítimas del gobierno», argumentándose, en favor de esta postura, que la constitución debía ser interpretada de tal forma que sus disposiciones no trabasen «el eficaz y justo desempeño de los poderes atribuidos al Estado a los efectos del cumplimiento de sus fines del modo más beneficioso para la comunidad.[91]

[87] Véase, v. gr., la sentencia dictada por la Corte Suprema en autos "Elisa Manuela Torrá contra Blas Montecchi", 23/6/1955: *Fallos*, t. 232, 142.

[88] Véase, al respecto, Alberto David Leiva y Ezequiel Abásolo, *El constitucionalismo argentino en el siglo XX*, Buenos Aires, 1997, 95.

[89] Sentencia subscripta por la mayoría de los integrantes de la Corte Suprema, de 9/6/1948, en autos "Merck": *Fallos*, t. 211, 196. Voto en disidencia de Tomás D. Casares en la misma causa: *Fallos*, t. 211, 215.

[90] Sentencia de la Corte Suprema en autos "Banco de la Nación Argentina contra Poder Ejecutivo de Mendoza", 20/8/1953: *Fallos*, t. 226, 441. En este orden de cosas, también puede verse la sentencia dictada por la Corte Suprema en autos "Martín Ipucha y otros contra Compañía de Aguas Corrientes de la Provincia de Buenos Aires (en liquidación)", 27/12/1951: *Fallos*, t. 221, 745 y 746.

[91] Sentencia de la Corte Suprema en autos "Eduardo Botella", 25/8/1949: *Fallos*, t. 214, 436.

El reconocimiento de la supremacía del estado condujo, simultáneamente, a fortalecer al Poder Ejecutivo, a limitar los alcances del federalismo y a debilitar el régimen de las garantías individuales. De este modo, con respecto a lo manifestado en primer lugar, cabe recordar que la Corte reconoció al ejecutivo amplias atribuciones en tiempos de guerra[92] y que sostuvo, respecto de las épocas de paz, en autos "Estanislao Rosevich contra Banco Polaco Polska Kasa Opieki S.A." (1949), que dicho órgano no incurría en exceso si dictaba reglamentos cuyas disposiciones no se ajustaran "a los términos de la ley», siempre que dichas disposiciones reglamentarias fuesen compatibles con el texto o con el espíritu de los preceptos legales y que las mismas propendiesen al mejor cumplimiento de los fines de la legislación.[93] Asimismo, respecto de este asunto de la supremacía de las actividades desarrolladas por el estado, podemos mencionar el expreso reconocimiento de la Corte Suprema a la «potestad estatal de intervenir legislativamente en las locaciones de servicios para procurar a los asalariados condiciones de justicia en orden a la retribución de su trabajo".[94]

En cuanto al federalismo, cabe reiterar aquí que para los integrantes de la Corte Suprema de la época, según los cuales sólo en la "unidad" de la nación cada una de sus partes podía adquirir "la máxima perfección propia",[95] la autonomía provincial no resultaba algo simpático.[96] De este modo, mientras que para el ministro Luis Longhi el federalismo conspiraba contra la «unidad del derecho",[97] para Felipe Pérez sólo cabía hablar del gobierno de la Nación, por

[92] Sentencia subscripta por la mayoría de los integrantes de la Corte Suprema el 9/6/1948 en la causa "Merck": *Fallos*, t. 211, 197 y ss. Esta doctrina fue reiterada en la sentencia que el Tribunal dictó el 2/7/1948 en autos "Química Bayer S. A. contra Nación Argentina": *Fallos*, t. 211, 508 y sigs.

[93] Sentencia de la Corte Suprema en autos "Estanislao Rosevich contra Banco Polaco Polska Kasa Opieki S. A.", 10/11/1949: *Fallos*, t. 215, 195 y 196.

[94] Sentencia dictada en autos "Inocencio Castellano y otros contra Aurelio y Germán Quintana", 17/9/1947: *Fallos*, t. 208, 449. Puede verse, además, la p. 553 del mismo tomo.

[95] Sentencia de la Corte Suprema recaída *in re* "Martín y Compañía Limitada contra José Silvestre Erazo", 19/9/1947: *Fallos*, t. 208, 514.

[96] Sobre el funcionamiento de la organización federal argentina de la época, véase Luis María Caterina, "Los gobiernos de provincia", en Academia Nacional de la Historia, *Nueva Historia de la Nación Argentina*, t. 8, "La Argentina del siglo XX", Buenos Aires, 2001.

[97] Luis R. Longhi, "Discurso pronunciado el 1/2/1951 por el presidente de la Corte Suprema de Justicia de la Nación": *Fallos*, t. 219, 13 y 14.

cuanto a pesar de la coexistencia constitucional de autoridades centrales y locales, con el transcurso de los años se había llegado a la unidad de hecho del sistema político argentino.[98] Así las cosas, no sorprende que, al pronunciarse en autos "Banco de la Nación Argentina contra Poder Ejecutivo de Mendoza" (1953), el Tribunal sostuviese que el federalismo tenía, desde su origen, "el claro designio de la unión nacional", razón por la cual sólo podía "ser invocado para fortalecer esa unidad pero jamás para destruirla".[99] Concordantemente, ignorando la relevancia de los antecedentes históricos, el Tribunal consideró que el federalismo argentino consistía en una mera asignación de derechos a las provincias[100] y que, por ende, la plenitud de la potestad nacional constituía la base material de las autonomías provinciales.[101] Asimismo, cabe subrayar que la Corte contribuyó a erosionar grandemente las potestades de los estados provinciales merced al recurso de admitir la ampliación de las atribuciones nacionales en materia de servicios públicos. De este modo, el Tribunal expresó en autos "Apolinario Suárez" (1952) que la existencia y funcionamiento de un servicio público de carácter nacional no podía quedar supeditado a una jurisdicción que no fuese la de la Nación.[102]

Respecto del régimen de las garantías individuales, cabe decir aquí que mientras que los derechos de raigambre social fueron enaltecidos en sentencias como la recaída en autos "Ernesto Héctor Lhuillier" (1955), en el curso de la cual el Tribunal sostuvo que no había razón alguna para dispensar a la familia y a la ancianidad una tutela jurídica menor que a la propiedad,[103] o en "Roberto Rosario Piccinini" (1955), en la que la Corte recordó que la protección de la familia y de los menores e incapaces constituía un "objeto de preferente atención por el Estado",[104] algunos de los derechos has-

[98] Felipe Santiago Pérez, "Discurso pronunciado en el acto de sepelio de los restos del ministro Justo Lucas Álvarez Rodríguez": *Fallos*, t. 214, 314.

[99] Sentencia de la Corte Suprema en autos "Banco de la Nación Argentina contra Poder Ejecutivo de Mendoza", ya citada: *Fallos*, t. 226, 442 y 443.

[100] Sentencia de la Corte Suprema recaída *in re* "Martín y Compañía Limitada contra José Silvestre Erazo", 19/9/1947: *Fallos*, t. 208, 512.

[101] Sentencia de la Corte Suprema recaída *in re* "S. A. Argentina de Neumáticos Michelin contra Provincia de Buenos Aires", 19/9/1947: *Fallos*, t. 208, 531.

[102] Sentencia de la Corte Suprema en autos "Apolinario Suárez", 17/4/1952: *Fallos*, t. 222, 306 y 307.

[103] Sentencia de la Corte Suprema en autos "Ernesto Héctor Lhuillier", 3/5/1955: *Fallos*, t. 231, 298.

[104] Sentencia de la Corte Suprema en autos "Norberto Rosario Piccinini", 25/4/

ta entonces celosamente garantizados por el constitucionalismo argentino fueron objeto de importantes restricciones. Lo dicho puede ejemplificarse con la postura asumida por la Corte Suprema en materias como el hábeas corpus, el principio de irretroactividad de la ley, la libertad contractual y la protección del derecho de propiedad. En efecto, respecto del primer tópico mencionado, cabe consignar que el Tribunal limitó sensiblemente la aplicación del hábeas corpus al considerarlo, en el pronunciamiento recaído en "Alberto Attias" (1952), inoponible respecto de las situaciones comprendidas por la figura del estado de guerra interno,[105] y al exigir para su procedencia, en autos "Victorio Codovilla" (1950), no sólo que de la relación de los hechos "result[as]e su verosimilitud y la naturaleza y entidad del riesgo que afectaría la libertad individual, sino también la demostración de su positiva existencia, de sus caracteres y modalidades en orden a la necesidad de juzgar la real concurrencia de esas particularidades y de la grave consecuencia que con el recurso se procura impedir».[106] Por su parte, en lo atinente a la irretroactividad de la ley, la Corte entendió, en"Celia M. de Basavilbaso" (1950), que dicho principio podía ser restringido en virtud de ciertos "límites lógicos", que en el caso particular de la materia impositiva resultaban de la "irracionalidad del gravamen en orden a la equidad y proporcionalidad establecidas en el artículo 28 de la Constitución Nacional".[107]

Asimismo, en materia de libertad contractual, cabe señalar que la Corte admitió que se restringiera enormemente la autonomía de la voluntad respecto de los asuntos de naturaleza laboral. De este modo, en "Martín contra Erazo" (1947) el Tribunal manifestó, res-

---

1955: *Fallos*, t. 231, 235. En este caso estaba interesado un menor, que había recurrido a la justicia con el objeto de obtener una excepción al servicio militar.

[105] Sentencia subscripta el 24/7/1952 por la mayoría de los integrantes de la Corte Suprema: *Fallos*, t. 223, 212 y 213. Alberto Attias era un civil a favor del cual se había planteado un hábeas corpus, luego de que fuera puesto a disposición del Poder Ejecutivo Nacional en virtud de la aplicación del estado de guerra interno previsto en la ley 14.062.

[106] Sentencia de la Corte Suprema en autos "Victorio Codovilla sobre hábeas corpus", 20/4/1950: *Fallos*, t. 216, 459 y 460. En el caso, la Corte desestimó un hábeas corpus preventivo planteado a favor de un importante líder del partido comunista local. Véase también el voto de la mayoría en autos "José S. San Miguel", 11/5/1950: *Fallos*, t. 216, 613.

[107] Voto de la mayoría de los integrantes de la Corte Suprema en la sentencia recaída en autos "Celia M. de Basavilbaso y otros contra Dirección General del Impuesto a los Réditos", 7/12/1950: *Fallos*, t. 218, 687.

pecto de este tipo de cuestiones, que lo único que permanecía al margen de la autoridad de la ley era "la libertad de contratar o no trabajo ajeno para la propia empresa y de ofrecer o no el propio trabajo por el precio de un salario", ya que una vez establecida la relación laboral, ni las bases de ésta, ni la regulación del trabajo, ni la forma de resolver los conflictos suscitados, podían escapar a lo que decidiera el poder público.[108] En cuanto al derecho de propiedad, cabe señalar aquí que si bien los integrantes del Tribunal consideraban que la propiedad se erigía como un "bien fundamental" y como uno de los sustentos del orden constitucional, cuya obtención debía ser facilitada por las autoridades,[109] también sostuvieron que los derechos del dueño no eran absolutos y que éstos debían ser restringidos en homenaje a la "función social" del dominio y a las exigencias del bienestar general.[110] El Tribunal consideró que la tierra constituía un "factor económico que pertenece por igual a todo ser humano y cuya apropiación sólo se justifica por el beneficio social de su explotación productiva",[111] manifestándose también a favor de la subordinación del derecho de propiedad frente al ejercicio de actos propios por parte del gobierno.[112] Finalmente, en cuanto al principio de igualdad ante la ley –al que se conceptuaba desde una perspectiva proporcional, y no aritmética–,[113] la Corte sostuvo, al abordar el tópico de las cargas públicas, que la vigencia de este axioma no obstaba a que la legislación contemplase de «manera distinta» situaciones consideradas diferentes, salvo que el criterio de distinción aplicado fuese arbitrario, respondiese a un propósito de hostilidad contra personas o grupos de personas determinados, o importase «indebido favor o privilegio personal o de grupo".[114]

[108] *Fallos*, t. 208, 505 y 506.

[109] "Delia Bonorino Ezeyza de Claypole y otros contra Provincia de Buenos Aires": *Fallos*, t. 210, 302.

[110] Cfr. las siguientes sentencias de la Corte Suprema: "Inocencio Castellano": *Fallos*, t. 208, 451; "Delia Bonorino Ezeyza de Claypole", en nota anterior: *Fallos*, t. 210, 299; "Banco Hipotecario Franco Argentino contra Provincia de Córdoba"; 21/5/1948, *Fallos*, t. 210, 1227.

[111] Sentencia de la Corte Suprema en autos "S.A. Ganadera e Industrial Ciriaco Morea contra Provincia de Córdoba", 27/2/1948: *Fallos*, t. 210, 185 y 186.

[112] Sentencia de la Corte Suprema en autos "Eduardo Botella", 25/8/1949: *Fallos*, t. 214, 436.

[113] Sentencia de la Corte Suprema de 3/3/1948 *in re* "Delia Bonorino Ezeyza de Claypole y otros contra Provincia de Buenos Aires": *Fallos*, t. 210, 298.

[114] Sentencia de la Sentencia de la Corte Suprema pronunciada el 1/10/1947 en autos "Provincia de Tucumán contra Compañía Hidro Eléctrica de Tucumán sobre

La Corte Suprema y sus autolimitaciones

Pese a que -como ya lo hemos indicado- los integrantes del Tribunal compartieron una concepción realista del derecho, aplicaron un método interpretativo dinámico y contaron, durante buena parte de su gestión, con el estimulante marco ofrecido por la renovación constitucional de 1949, cuyo marco les permitía desarrollar diseños jurídicos más creativos, lejos de explotar en plenitud estas circunstancias, la Corte Suprema se autoimpuso importantes restricciones en su accionar.[115] De este modo, el Tribunal sostuvo reiteradamente -como venía haciendo desde antiguo- que no era del resorte del Poder Judicial juzgar y resolver respecto de la determinación de las necesidades, de los medios y de las oportunidades establecidos por los denominados "poderes políticos",[116] principio que la Corte aplicó tanto al pronunciarse a favor del reconocimiento de facultades legislativas por parte de los gobiernos de hecho,[117] como cuando reconoció, para las épocas de guerra, la existencia de amplísimas atribuciones del ejecutivo respecto de asuntos de defensa nacional.[118]

Cabe señalar, además, que esta actitud autolimitante del Tribunal resulta tanto o más llamativa en la medida en que se advierte la diferencia de criterios existente entre la Corte Suprema y el resto de la magistratura argentina. En efecto, no fueron escasas las manifestaciones jurídicas "revolucionarias" producidas por otros funcionarios judiciales, que en su mayor parte resultaron descalificadas por el Tribunal. En este sentido, por ejemplo, cabe recordar que en la causa "Delmiro Guzmán" (1952) la Corte desestimó una teoría sustentada por el procurador general del trabajo, Víctor A.

nulidad y caducidad de contrato": *Fallos*, t. 209, 68. Esta doctrina fue reiterada, entre otros, en "S.A. Ganadera e Industrial Ciriaco Morea contra Provincia de Córdoba", 27/2/1948: *Fallos*, t. 210, 191.

[115] Véanse las siguientes sentencias dictadas por la Corte Suprema: "Arón Rabinovich", 17/7/1950: *Fallos*, t. 217, 475; "Alberto Attias", 24/7/1952: *Fallos*, t. 223, 212.

[116] Por ejemplo, téngase en cuenta la sentencia dictada por la Corte Suprema *in re* "Heriberto Baeza González contra Nación Argentina", 19/5/1948: *Fallos*, t. 210, 1097 y 1098.

[117] Cfr. las sentencias recaídas en "Enrique Arlandini", 22/8/1947: *Fallos*, t. 208, 186; "Gobierno de la Nación contra Ingenio y Refinería San Martín del Tabacal S.A.", 3/12/1947: *Fallos*, t. 209, 400.

[118] Sentencia subscripta por la mayoría de los integrantes de la Corte Suprema el 9/6/1948 en la causa "Merck": *Fallos*, t. 211, 211.

Sureda, según la cual la sustitución del beneficiario de una prestación de carácter social no respondía "a una vocación hereditaria, sino al derecho administrativo de amparo, proveniente de una ley, que reviste el carácter de orden público".[119] Asimismo, en tren de relevar las discrepancias de criterio jurídico existentes entre el Tribunal y los demás órganos del poder judicial, puede recordarse aquí lo acaecido en la sucesión de Lorenzo Humberto Danieli, oportunidad en la que mientras que la mayoría de los integrantes de la Cámara Nacional de Apelaciones del Trabajo, invocando una supuesta facultad judicial para propender al "perfeccionamiento social del país" y sosteniendo que era factible la interpretación analógica de las leyes positivas, "sobre todo de las de carácter de previsión social, [que] encuadra[n] perfectamente en la letra y en el espíritu de la Nueva Constitución Nacional (...)", consideró que debía otorgarse pensión a una persona a la que le faltaban dos meses para poder exigir del Estado su concesión, la Corte Suprema rechazó el criterio del *a quo*.[120] Digamos, además, que la apocada actitud del Tribunal –curiosamente deudora con la, en otras ocasiones, denostada jurisprudencia dictada por anteriores integraciones de la Corte Suprema–[121] dio lugar a diversos pronunciamientos, generalmente ligados con la aplicación de los nuevos principios constitucionales consagrados en 1949.[122] Una de las primeras expresiones de esta tendencia consistió en la enunciación de la doctrina según la cual la sanción de la nueva constitución no importaba la caducidad automática de las leyes vigentes,[123] en tanto que éstas no fuesen contradictorias con el articulado de la Carta Magna del 49.[124] También trascendentes fueron varios pronunciamientos en

[119] *Fallos*, t. 224, 34 y 35.
[120] Véase *Fallos*, t. 224, 37 y 39.
[121] Véase un ejemplo de lo dicho en la sentencia pronunciada por la Corte Suprema en autos "Domingo L. Bombal contra Dirección General Impositiva", 31/7/1952: *Fallos*, t. 223, 245.
[122] Por ejemplo, véase el voto de la mayoría de los integrantes de la Corte Suprema en autos "Otto S. Bemberg y Josefina Elortondo de Bemberg. Sus sucesiones", 17/12/1952: *Fallos*, t. 224, 826.
[123] Sentencia de la Corte Suprema en autos "Francisco A. Ricciardi contra Juana Fernanda Laferriere", 22/8/1949: *Fallos*, t. 214, 424. Sentencia de la Corte Suprema en autos "Nicolás Ordinanz sobre hábeas corpus", 7/11/1949: *Fallos*, t. 215, 162. Principios emanados de la sentencia de la Corte Suprema recaída en autos "Pablo José Delfino", Buenos Aires, 3/12/1951: *Fallos*, t. 221, 413 y ss.
[124] Sentencia de la Corte Suprema de Justicia de la Nación en autos "Conci, Monasterolo y Cía. S. R. L. contra Comisión Provincial de Control de Abastecimiento", 14/7/1952: *Fallos*, t. 223, 161.

los que la Corte, negándose a proceder pretorianamente, consideró carentes de operatividad diversas cláusulas constitucionales que aún no habían sido regladas por el congreso. En este sentido, cabe recordar la decisión recaída en autos "Miguel Zovrko y otros" (1949), en virtud de la cual el Tribunal consideró inaplicable la disposición relativa a la nacionalidad automática que preveía el artículo 31 de la constitución de 1949.[125] Asimismo, en materia de recurso de casación, incorporado al derecho argentino en virtud del artículo 95 de la nueva carta, la Corte sostuvo, en autos "Teobaldo Sabino Fodino contra Grafa S.A." (1949), que hasta tanto no se dictara una ley del Congreso que reglamentara este remedio procesal y estableciera "respecto de qué resoluciones y tribunales el recurso procede, ni la forma y término en que la apelación ha de ser deducida", no se lo podría poner en práctica.[126]

Cerrando este apartado, cabe señalar, también, que la postura autolimitativa de la Corte Suprema impidió la formación de una jurisprudencia que pudo haber sido mucho más rica y renovadora, como lo demuestran palmariamente las discusiones suscitadas en el seno del tribunal con motivo del alcance que debía dársele al hábeas corpus. Consignemos que, según la creativa opinión de Tomás Casares, la recepción constitucional del referido instituto debía aprovecharse para convertirlo en una verdadera acción de amparo, postura que fundó diciendo que no se trataba de variar el criterio de la jurisprudencia existente hasta el momento, "sino de fijar la inteligencia de un texto constitucional distinto del que dicha jurisprudencia tuvo en vista". De este modo, y siempre según Casares, si bien la constitución de 1949 seguía hablando de hábeas

[125] Sentencia de la Corte Suprema en autos "Miguel Zovrko y otros", 13/11/1950: *Fallos*, t. 218, 494. En esta oportunidad lo que se discutió fue la viabilidad de un recurso de hábeas corpus interpuesto por varios extranjeros que habían sido puestos a disposición del Poder Ejecutivo Nacional, como paso previo a expulsarlos del país, de acuerdo con los términos de la ley 4.144, también llamada "ley de residencia". Cabe señalar que el criterio de la Corte en este asunto fue el de reconocer la legitimidad de la ley 4.144. Sobre esta última disposición, véase Marcela Aspell de Yanzi Ferreira, "La ley 4.144 'de residencia' y la jurisprudencia de la Suprema Corte de Justicia de la Nación", en *Revista de Historia del Derecho* 15 (1987). En el mismo sentido, véase la sentencia de la Corte Suprema recaída en autos "José Vays", 26/2/1953: *Fallos*, t. 225, 87.

[126] Sentencia de la Corte Suprema en autos "Teobaldo Sabino Fodino contra Grafa S.A.", 3/5/1949: *Fallos*, t. 213, 448. Véase también la sentencia de la Corte Suprema recaída en autos "Missak Ainadzian contra Onik Abadjian", 13/10/1949: *Fallos*, t. 215, 64.

corpus y mencionaba "literalmente la libertad personal", la referencia expresa de ella a "cualquier restricción" imponía "una inteligencia que asegur[as]e en todo su nuevo alcance la efectiva eficacia con que el amparo de que se trata debe actuar, eficacia que no puede desentenderse de la relación de la libertad personal con el recto ejercicio de los derechos". En definitiva, para el destacado iusfilósofo católico el hábeas corpus contaba "en el nuevo precepto constitucional [de 1949 con] una mayor amplitud", a la que correspondía "un nuevo espíritu, congruente, por lo demás, con la predominancia del sentido social sobre el sentido político".[127] Empero, a despecho de la referida argumentación, la mayoría de los integrantes del Tribunal sostuvo que la constitución de 1949 no había incorporado innovación alguna "respecto a la naturaleza del recurso de hábeas corpus", limitándose a "reafirmar su fundamento institucional, con el expreso y categórico propósito de no confiar ese recurso a la simple ley y menos aún a la formal.[128]

Consideraciones finales

Aun cuando no sea posible ignorar la deferencia que la Corte Suprema tuvo para con los lineamientos trazados por las autoridades del régimen peronista durante el período 1947-1955, no sería justo que sólo se identificase esta actitud con la obsecuencia. En este orden de cosas, cabe consignar que el criterio de la mayoría de los integrantes del Tribunal –identificados con la misión de acompañar la construcción de un orden jurídico nuevo, de naturaleza revolucionaria– fue resultado de una compleja cosmovisión que, si coincidía con el contenido de los principios enunciados por el líder de la revolución, era también el de los magistrados actuantes. De allí que resultase "natural" el parentesco intelectual entre la nueva

[127] Voto en disidencia de Tomás Casares en autos "José S. San Miguel", 11/5/1950: *Fallos*, t. 216, 619 y 620.

[128] Voto de la mayoría de los integrantes de la Corte Suprema en autos "José S. San Miguel", 11/5/1950: *Fallos*, t. 216, 613. Respecto de lo debatido en este caso, cabe señalar que se trató de un recurso de hábeas corpus planteado a favor del diario *La República*, de Rosario, que había sido clausurado por haber omitido en una de sus ediciones publicar junto al título la leyenda "Año del Libertador General San Martín", obligación que se había impuesto en todo el país en virtud del artículo 2 de la ley 13.661.

jurisprudencia y los dictados gubernativos.[129] Por otra parte, y al margen de la última cuestión mencionada, cabe agregar, además y a manera de cierre, que no pueden caber dudas sobre la riqueza de la actividad de la Corte Suprema bajo el régimen peronista y sobre la necesidad de estudiar la trayectoria del Tribunal durante estos años. Asimismo, en cuanto a la adecuada conceptuación del fenómeno peronista, surge con meridiana claridad la importancia de ponderar la gravitación de una labor judicial signada por diferentes matizaciones y por la confluencia de concepciones filosóficas distintas, quizás sólo hermanadas por la pretensión de redefinir el universo jurídico de los argentinos.

[129] Para el caso de la denominada Corte *menemista* realiza una consideración análoga N. Guillermo Molinelli, en "La Corte Suprema de Justicia de la Nación frente a los poderes políticos a través del control de constitucionalidad, 1983-98" (original mecanografiado), *IV Congreso Nacional de Ciencias Políticas*, Buenos Aires, noviembre de 1999.

CAPÍTULO VII

Preparando el camino para el peronismo: Juan A. Bramuglia como interventor federal en la provincia de Buenos Aires

El año 1945 fue clave en la historia de la Argentina moderna. En el curso del mismo se consolidó la coalición populista bajo el carismático liderazgo del coronel Juan D. Perón, una alianza que aseguró la victoria en las elecciones presidenciales de comienzos de 1946.[1] El nuevo movimiento peronista modificó las relaciones sociales en la Argentina y dejó su impronta en la cultura política del país. La segunda mitad del siglo XX argentino está marcada, en gran medida, por la lucha en torno al movimiento peronista y la agenda que quiso imponer. Este artículo examina algunos acontecimientos en ese año decisivo e intenta arrojar nueva luz sobre dos cuestiones que hasta la fecha no han recibido la merecida atención por parte de los investigadores: la primera se refiere al proceso de cristalización del peronismo en la provincia de Buenos Aires;[2] la segunda es el papel de figuras clave de la segunda línea del liderazgo peronista en la movilización del apoyo político y la modelación de la doctrina del nuevo movimiento.[3] Se trata, sobre todo, del aporte de

[1] La descripción más completa de los acontecimientos se encuentra en la ya clásica obra de Félix Luna, *El 45, crónica de un año decisivo*, Buenos Aires, 1984 (1ª edición: 1971).

[2] Hasta hace poco, las investigaciones en torno a la formación del peronismo centraron sus miras en la Capital Federal y su cinturón industrial; en la última década se reconoce un intento en extender estos estudios a otras regiones del país. Véase, entre otros: Darío Macor y César Tcach (eds.), *La invención del peronismo en el interior del país*, Santa Fe, 2003; César Tcach, *Sabattinismo y peronismo: partidos políticos en Córdoba, 1943 - 1955*, Buenos Aires, 1991; Sandra Gayol et al., "Peronismo en Tandil: ¿Perpetuación conservadora, desprendimiento radical o génesis sindical? - 1943 - 1948", *Anuario del IHES* 3 (1988); Enrique H. Mases *et al.*, "Los orígenes del peronismo en la Argentina periférica: el caso de Neuquén", en Susana Bianchi y María Estela Spinelli (comps.), *Actores, ideas y proyectos políticos en la Argentina contemporánea*, Tandil, 1997; también algunos de los artículos en Manuel Mora y Araujo e Ignacio Llorente (comps.), *El voto peronista*, Buenos Aires, 1980.

[3] Un debate más extenso sobre la función del intermediario de la segunda línea del liderazgo peronista entre el líder carismático y las masas, puede encontrarse en Raanan Rein, *Bajo la sombra de Perón: Juan Atilio Bramuglia y la segunda línea del liderazgo peronista*, Buenos Aires, 2005, caps. 1-2.

Juan Atilio Bramuglia, un ex socialista que cooperó con Perón en la Secretaría de Trabajo y Previsión primero, como Interventor en la Provincia de Buenos Aires después, y finalmente como canciller en el primer gobierno peronista.

A fines de diciembre de 1944, Bramuglia fue designado por el gobierno militar del general Edelmiro Farrell y su vicepresidente, Juan D. Perón, como Interventor Federal en la provincia de Buenos Aires,[4] un cargo de gran importancia dada la gravitación de dicha provincia en la arena política nacional.[5] La más grande de las provincias del país (con una superficie aproximada a la de Italia), es también la más rica (sus tierras están consideradas entre las más fértiles del mundo) y la más populosa (a mediados de los cuarenta concentraba a más de la cuarta parte de la población argentina). La acelerada industrialización que tuvo lugar en Argentina desde mediados de la década del treinta aumentó la importancia de la provincia, en cuya jurisdicción se encontraba el cinturón industrial que comenzó a rodear a la Ciudad de Buenos Aires. Por consiguiente, el control de la provincia de Buenos Aires siempre fue vital para todos los líderes argentinos, incluyendo al gobierno militar de Farrell-Perón.

Bramuglia reemplazó al interventor anterior, el general Juan Carlos Sanguinetti, quien se mantuvo en el cargo apenas cinco meses. Desde la revolución militar de junio de 1943, era el quinto interventor designado. Estos cambios frecuentes indican vuelcos en la política de las autoridades nacionales, definidos unos nueve meses más tarde por el influyente diario *El Día* de La Plata, capital de la provincia, como "principismo legalista, inicial reacción nacionalista en tonos variados reemplazados [después] (...) por una transición brusca hacia el electoralismo...".[6]

En efecto, el nombramiento de Bramuglia era parte de los preparativos del gobierno *de facto*, que había asumido el poder un año y medio antes, tanto en el plano nacional como en el provincial. Esta nueva toma de posiciones evidenciaba varias características.

[4] Telegrama del Ministerio del Interior a Bramuglia, 29.12.1944, Juan Atilio Bramuglia Papers [en adelante JAB Papers], Hoover Institution Archives, Stanford University, con el texto del decreto del 26 de aquel mes que contenía el nombramiento. Ver también *La Nación* (Buenos Aires), 29-XII-1944.

[5] Sobre política provincial y nacional en la provincia de Buenos Aires antes del surgimiento del peronismo, ver Richard Walter, *The Province of Buenos Aires and Argentine Politics, 1912 - 1943*, Cambridge, 1985.

[6] *El Día* (La Plata), 20-IX-1945.

En primer lugar, traslucía la salida de los elementos más nacionalistas del gobierno, tras el fracaso de la política internacional que habían orientado respecto de la guerra mundial y ante la necesidad de salir del aislamiento en que se encontraba la Argentina.[7] Así, a comienzos de enero de 1945 renunció el canciller, general Orlando Peluffo, y tras él varios de los interventores federales identificados como "nacionalistas notorios".[8] En segundo lugar, este repliegue era testimonio de que Perón se había convertido en el hombre fuerte del gobierno. Por entonces, ya ocupaba los cargos de Vicepresidente, Ministro de Guerra y Secretario de Trabajo y Previsión; ahora, al quedar afuera rivales como Peluffo, su posición dentro del gabinete se reforzaba. Consciente de la importancia que tenía la provincia de Buenos Aires, Perón podía ahora poner al frente de la misma a uno de sus leales seguidores.[9] En tercer lugar, el nombramiento de Bramuglia reflejaba la tendencia del gobierno militar hacia la normalización constitucional de una manera que pareciera honorable, para lo cual había iniciado la remoción de numerosos militares en las funciones de carácter civil que estaban cumpliendo.[10] Era ésta la etapa del repliegue del ejército hacia una celebración de elecciones generales.

[7] Parte de los nacionalistas ya habían abandonado, tras la ruptura con los países del Eje en enero de 1944. Sobre la neutralidad argentina durante la segunda guerra mundial y sus implicancias, ver, entre otros, Mario Rapoport, *Gran Bretaña, Estados Unidos y las clases dirigentes argentinas, 1930 - 1945*, Buenos Aires, 1980; Carlos Escudé, *Gran Bretaña, Estados Unidos y la declinación argentina, 1942 - 1949*, Buenos Aires, 1983; Joseph S. Tulchin, *Argentina and the United States - A Conflicted Relationship*, Boston, 1990, cap. 6.

[8] Por ejemplo, David Uriburu de Corrientes, que acusó al gobierno *de facto* de traicionar los objetivos de la revolución del 4 de junio.

[9] Arturo Jauretche, uno de los líderes de FORJA, grupo radical que tuvo gran influencia en el clima intelectual argentino desde mediados de los treinta, mantuvo estrecho contacto con Perón desde el primer año posterior a la revolución militar. En un testimonio brindado a Félix Luna, contó sobre una conversación que mantuvo con Perón a finales de abril de 1944: "Hablamos del problema de la Intervención de Buenos Aires, vacante desde hacía cierto tiempo. Yo había insistido muchas veces que la clave del proceso político nacional era Buenos Aires". Pero discordias dentro de la cúpula militar impidieron a Perón nombrar a alguno de sus allegados al cargo, hasta diciembre de 1944. Ver Luna, *El 45*, 55. Véase también Norberto Galasso, *Jauretche - Biografía de un argentino*, Buenos Aires 1997, 47.

[10] Además del mencionado interventor bonaerense, el general Sanguinetti, abandonaron sus cargos tenientes coroneles que servían como comisionados municipales en San Nicolás, Gral. Sarmiento, La Plata, Bahía Blanca y muchas otras localidades. Véase *El Día*, 21-XII-1944, 22-XII-1944, editorial, "Un nuevo paso hacia la normalidad", 3.

No obstante, a fines de 1944 y comienzos de 1945, Perón negaba que tuviera intenciones de postularse a la primera magistratura. En una entrevista concedida a periodistas chilenos, respondió en los siguientes términos a una pregunta al respecto: "Es la primera noticia que tengo. Soy un profesional en primer lugar, en lo demás, soy aficionado (...) Mi situación es aquí totalmente transitoria. Les garantizo que en el Ministerio de Guerra, soy técnico". A la pregunta de si estaría dispuesto a gobernar la República, contestó: «Si no hubiese otro remedio. En estas cosas soy de los que sostienen que no hay hombre que escape a su destino. Si el destino me fuerza (...) pero tendrían que pedirme; yo no voy a dar un paso".[11]

Pero las respuestas elusivas de Perón ocultaban un ambicioso plan político y el nombramiento de Bramuglia como interventor de la provincia de Buenos Aires, uno de los diez puestos más importantes en la política nacional, era una prueba adicional para quienes aún la necesitaban. Hubo un único caso en la historia argentina del siglo XX, el de Hipólito Yrigoyen en 1916, en que un candidato logró la victoria en las elecciones presidenciales sin vencer en la provincia de Buenos Aires, cuya definición determinaba en gran medida la imagen política del país en general.[12] Perón estaba decidido a conquistar la principal provincia del país.

Un nuevo soldado de la Revolución

El nombramiento de Bramuglia fue recibido con beneplácito por el movimiento obrero en general y por los trabajadores de la provincia de Buenos Aires en particular, quienes identificaban al nuevo interventor con las actividades de la Secretaría de Trabajo y Previsión, dirigida por Perón desde noviembre de 1943, para mejo-

[11] Pablo Sirvén, *Perón y los medios de comunicación (1943-1955)*, Buenos Aires, 1984, 33; *El Día*, 27-XII-1944. En abril volvió Perón a anunciar que se opondría a que proclamasen su candidatura a la Presidencia: *El Día*, 23-IV-1945; Luna, *El 45*, 147-149.

[12] Con estos antecedentes resulta claro entender por qué, en repetidas oportunidades, aprovecharon los presidentes de la Nación sus facultades legales para destituir a los gobiernos de La Plata y nombrar en su lugar a un interventor para que rigiera los destinos de la provincia en su nombre. Según Richard Walter, entre 1912 y 1943 hubo media docena de casos semejantes o se amenazó con que ocurrieran. Ver Walter, *The Province of Buenos Aires*, XII.

rar los salarios y las condiciones laborales de la clase obrera.[13] Durante los años veinte y los treinta, Bramuglia fue miembro del Partido Socialista, ligado íntimamente con las actividades sindicales. Se desempeñó como asesor jurídico de la Asociación de Obreros de la Unión Telefónica, de la Unión de Tranviarios y de la Unión Ferroviaria, además de abogado consultor de la Confederación General del Trabajo (CGT). Tras el golpe de estado de junio de 1943 asumió como Director General de Previsión Social en la Secretaría de Trabajo, "habiendo sido uno de los más eficaces colaboradores del coronel Perón".[14] La llegada de Bramuglia a la Secretaría de Trabajo era un testiminio adicional del caracter heterogéneo de la coalición que comenzaba a cristalizarse alrededor de Perón.[15]

Otra de las razones que aumentaban la popularidad del joven abogado en su nuevo cargo era el ser visto como coprovinciano, por haber nacido 41 años antes en Chascomús y haberse diplomado en Derecho en la Facultad de Ciencias Jurídicas y Sociales de la Universidad de La Plata en 1925, cursando luego el doctorado en jurisprudencia en la Universidad de Buenos Aires, donde se especializó en derecho laboral y legislación social.

En cuanto se supo la noticia de su nombramiento, los dirigentes seccionales de la Fraternidad, la Unión Ferroviaria y otras organizaciones obreras, adoptaron las medidas necesarias para expre-

[13] Baily y Kenworthy afirman que para la CGT, uno de los actos más populares de Perón en aquellos meses fue nombrar a Bramuglia como interventor federal de la provincia de Buenos Aires. Ver Samuel L. Baily, *Labor, Nationalism and Politics in Argentina*, New Brunswick, 1967, 78-9; Eldon Kenworthy, "The Formation of the Peronist Coalition", tesis doctoral inédita, Yale University, 1970, 163. Sobre la Secretaría de Trabajo y Previsión, sus acciones para modificar la situación de la clase obrera dento de la sociedad y el apoyo creciente que obtenía Perón, ver Joel Horowitz, *Argentine Unions, the State and the Rise of Perón, 1930 - 1945*, Berkeley, 1990, cap. 9; David Tamarin, *The Argentine Labor Movement, 1930 - 1945*, Albuquerque, 1985, cap. 7; Juan Carlos Torre, *La vieja guardia sindical y Perón*, Buenos Aires, 1990, cap. 3.

[14] Rein, *Bajo la sombra de Perón*, cap. 2; entrevistas del autor con Carlos Bramuglia (Madrid, julio de 2002) y con Cristina Bramuglia y María Graciela Bramuglia, Buenos Aires (julio de 1996).

[15] Sobre la base social que sustentó al peronismo existe un debate muy amplio. Algunos de los aportes más valiosos a esta polémica pueden encontrarse en: Manuel Mora y Araujo e Ignacio Llorente (comps.), *El voto peronista*, Buenos Aires, 1980; P. H. Smith, "The Social Base of Peronism", *Hispanic American Historical Review* 52/1 (1972): 55-73; E. Spencer Wellhoffer, "Peronism in Argentina: The Social Base of the First Regime, 1946-1955", *The Journal of Developing Areas* 11/ 3 (1977): 335-35; Walter Little, "The Popular Origins of Peronism", en D. Rock (ed.), *Argentina in the Twentieth Century*, London, 1975, 167-178.

sar su adhesión al nuevo Interventor. La Concentración Social de la Provincia de Buenos Aires, bajo la dirigencia de Manuel Anglada, que incluía muchas asociaciones obreras de distintos ramos y distintas tendencias, preparó la bienvenida. En un telegrama a Bramuglia expresaron su confianza en que habría que completar desde el gobierno de la Provincia la obra iniciada en la Secretaría de Trabajo y Previsión.[16]

Esta movilización de trabajadores 'antiguos' y 'nuevos' en la Provincia, para apoyar a Bramuglia, cobra relevancia en el contexto del debate inaugurado por las investigaciones de Gino Germani sobre el apoyo obrero a Perón.[17] El argumento dominante durante un largo período fue que dicho apoyo venía principalmente de los trabajadores 'nuevos', aquellos que habían inmigrado relativamente poco antes desde el interior del país hacia Buenos Aires, en el contexto de los procesos de industrialización, principalmente de sustitución de importaciones, y de urbanización en los años 30. Según este argumento, estos trabajadores tenían posturas tradicionales, estaban acostumbrados al paternalismo autoritario, carecían de conciencia de clase y evitaban las posturas revolucionarias. Esta masa no educada era impulsada, según se afirmaba, por criterios irracionales y cayó como presa fácil en las redes del carisma de Perón. El encanto de las manifestaciones masivas en las que el individuo pierde su criterio autónomo, y la incesante proclama de lemas a voz en cuello, eran suficientes para garantizar su apoyo al Líder. Contrariamente a ello, la clase obrera más antigua, formada en su mayoría por trabajadores oriundos de Europa, era más educada y con mayor conciencia de clase, por lo cual conservó, aparentemente, su lealtad a los partidos de izquierda.

Investigaciones revisionistas, llevadas a cabo en las últimas décadas, cuestionaron la validez de esta interpretación. Dirigentes sindicales veteranos tuvieron un papel destacado en el ascenso del peronismo. En contraste con la Confederación General del Trabajo, que pocos meses antes de la revolución de junio de 1943 se escindió por cuestiones ideológicas y personales en CGT-1 y CGT-2, la clase obrera no estaba dividida (entre 'antiguos' y 'nuevos'). Más aún, el proletariado no tuvo un papel pasivo en el papel del ascenso de

[16] *El Día*, 29, 30-XII-1944; 10-I-1945.

[17] Gino Germani, *Política y sociedad en una época de transición*, Buenos Aires, 1968.

Perón. No únicamente trabajadores 'nuevos' y no agremiados, sino que la mayor parte del movimiento sindicalista empezó a dar su apoyo a Perón entre 1943 y 1945, para defender sus propios intereses, no los del Líder. El apoyo vino de todos los sectores obreros, acorde con el proyecto reformista que habían comenzado a cristalizar varios dirigentes en años anteriores.[18] El análisis de lo ocurrido en la Provincia de Buenos Aires durante la administración Bramuglia, como veremos a continuación, refuerza los argumentos revisionistas.

Bramuglia eligió un equipo de tres ministros para trabajar con él: el Dr. Francisco Arturo Sáinz Kelly para la cartera de Gobierno, el Dr. Ricardo Riguera para la de Hacienda y el Dr. Víctor Enrique Rivarola para Obras Públicas. Cabe señalar que Sáinz Kelly era uno de varios periodistas que se acercaron a Bramuglia después de que en la Secretaría de Trabajo y Previsión, bajo sus directivas, se dictaron los decretos-leyes instituyendo el Estatuto Profesional del Periodista y el régimen de jubilaciones y pensiones del mismo gremio. Riguera era un abogado y doctor en Jurisprudencia, que había ocupado anteriormente cargos similares a los de Bramuglia: Jefe de la Asesoría Jurídica de la Caja de Jubilaciones de la ley 11.289 y abogado consultor de la Fraternidad y de la Unión Ferroviaria. Después de la Revolución de junio de 1943, Bramuglia aseguró su nominación como interventor en las cajas de jubilaciones de la ley 11.110 y de Periodistas y luego director del Instituto Nacional de Previsión Social en representación del Gobierno.[19]

Sin embargo, el nombramiento de Riguera tenía una importancia adicional, dado que se trataba de un activista de la Unión Cívica Radical, el partido político más grande e importante en la Argentina hasta la aparición del peronismo. Tanto Perón como Bramuglia deseaban establecer una coalición en la que participaran representantes de la clase obrera junto a los radicales, para atraer votos de la clase media y para obtener cierto tipo de legitimidad. De manera similar a la que había intentado anteriormente su amigo Farrell,

[18] Miguel Murmis y Juan Carlos Portantiero, *Estudio sobre los orígenes del peronismo*, Buenos Aires, 1971. Entre las investigaciones más recientes, pueden señalarse: David Tamarin, *The Argentine Labor Movement, 1930 - 1945*, Albuquerque, 1985; Joel Horowitz, *Argentine Unions, the State & the Rise of Perón, 1930-1945*, Berkeley, 1990; Juan Carlos Torre, *La vieja guardia sindical y Perón: sobre los orígenes del peronismo*, Buenos Aires, 1990.

[19] Sobre los ministros de Bramuglia, ver *El Día*, 11-I-1945.

Perón también trató de llegar a un acuerdo con la cúpula radical antes de las elecciones presidenciales. Aunque no logró atraer a personajes de la primera línea del partido radical, tuvo bastante éxito con varios de los miembros de la segunda línea. En la provincia de Buenos Aires, Bramuglia debía captar el apoyo de militantes locales.

Desde un comienzo, el interventor proyectó una imagen de moderado y responsable, que despertó simpatía incluso en círculos que expresaban sus reservas respecto del gobierno militar y del coronel Perón. Al asumir las funciones se presentó como un nativo del lugar, un *self made man* de orígenes humildes, lo que lo habilitaba para conocer perfectamente las verdaderas necesidades de la auténtica clase trabajadora. Efectivamente, Bramuglia era descendiente de inmigrantes italianos pobres, que abandonaron su tierra en los años 80 del siglo XIX por problemas políticos, a consecuencia de sus actividades anarquistas. Bramuglia prometió mejoras sociales y un gobierno de puertas abiertas; a la clase media y a quienes practicaban profesiones liberales, les aseguró ser amigo de la libertad de prensa y enemigo de la persecución policial. También intentó tranquilizar a los círculos católicos; descartando las posturas anticlericales que se le imputaban (Juan Atilio Bramuglia no bautizó a sus hijos, testimonio de su actitud evidentemente laica, por lo menos hasta su ingreso a la política),[20] declaró que él y su familia eran cristianos y que con su nombramiento había recibido salutaciones de numerosas organizaciones religiosas de la provincia, incluyendo la Federación de Asociaciones Católicas, filial de la de monseñor Miguel de Andrea.

La ceremonia en la que asumió el cargo indicaba los nuevos rumbos. Una muchedumbre, entre la que se destacaban numerosos trabajadores, se agolpó en la plaza San Martín, frente a la Casa de Gobierno de La Plata. Prueba de la importancia que se atribuía en el bando peronista a la nueva función de Bramuglia la constituía la imponente presencia de figuras que asistieron al acto. Entre ellas se contaban el vicepresidente Perón; el Secretario de Industria y Comercio, general Julio Cecchi; el Secretario de la Aeronáutica, comodoro Bartolomé de la Colina; el general Eduardo Ávalos, jefe de la guarnición de Campo de Mayo; el Jefe de la Policía Fede-

[20] Según testimonio de su hija Lita (Martínez, Pcia. de Bs. As., 1.8.2003) y de su sobrina, Cristina Bramuglia (Buenos Aires, 11.8.1998).

ral, coronel Filomeno Velazco; el Presidente de la Corte Suprema y la cúpula mayor de la Secretaría de Trabajo y Previsión: el Subsecretario, mayor Fernando Estrada; el director general de Acción Social Directa, teniente coronel Domingo Mercante, y el Secretario del Instituto Nacional de Previsión Social, Dr. Carlos R. Desmarás.

El acontecimiento fue una demostración de apoyo y simpatía hacia la Secretaría de Trabajo y Previsión, por sus logros en beneficio del proletariado, siendo por extensión una muestra de adhesión a Perón y Bramuglia, a quien se identificaba con la institución. En nombre de los trabajadores, pronunció un discurso Rafael Armando Ferrer, Secretario de la Asociación de Empleados del frigorífico Swift, de Berisso. Según Ferrer, "la revolución del 4 de junio ha sido el comienzo de una nueva era de justicia social", y dio las gracias a Perón, Bramuglia y Mercante, "los eficaces propulsores de la justicia social argentina".

El discurso de Bramuglia en dicha ocasión fue una obra de arte, que combinaba conceptos nacionales y sociales, basada en corrientes ideológicas que se venían dando desde hacía varias décadas en el partido socialista. Era una mezcla de ideales de libertad, igualdad civil y justicia social, en el marco de una concepción moral según la cual todos los sectores de la población tomaban parte activa en el apuntalamiento de los cimientos de la sociedad civil y gozaban de igualdad de oportunidades, imbuidos por un sentimiento común de pertenencia a la nación.[21]

Bramuglia justificó el golpe de estado de 1943, que puso punto final al fraude y la corrupción política de la Década Infame (1930-1943), y destacó la importancia de la libertad en la tradición argentina, al tiempo que aclaraba que "la libertad, para ser tal, necesita desterrar la miseria, que es una desgracia para la Nación..."[22] Asimismo, presentó a su público una visión democrática de un estado de bienestar de vanguardia, junto a un compromiso político para con el nuevo régimen:

[21] Sobre estas concepciones que se fueron desarrollando en la izquierda argentina antes del ascenso de Perón, ver Idit Gil, "Argentine Leftist Intellectuals, Nationalism and Social Justice (1894-1947): The Origins of Peronism?", Tesis doctoral inédita, Universidad de Tel Aviv, 1997.

[22] Juan A. Bramuglia, "Recuperación de la fe nacional y de la verdad argentina", folleto que incluye el discurso pronunciado al asumir el cargo de Interventor Federal en la Provincia, 12-I-1945, en archivo de la revista *Qué sucedió en Siete Días*, Centro de Estudios Nacionales, Buenos Aires; *El Día*, 13-I-1945; *La Nación*, 13-I-1945.

> Declaro que tengo fe (...) en las instituciones democráticas de nuestro pueblo. Jamás ha dominado mi sentir ningún extremismo político, porque ellos absorben al individuo y liquidan su personalidad. Mi único credo político está consagrado en la proclama revolucionaria, síntesis de los anhelos argentinos...

Recordó a su audiencia que las luchas de los trabajadores por mejorar sus condiciones no le eran ajenas: "He militado toda mi vida al lado de la clase trabajadora argentina, en la lucha por las conquistas de mejores condiciones de vida y estoy con la revolución porque ella cumple y satisface las modalidades de mi espíritu, al crear, como lo ha hecho, una nueva conciencia social argentina...".[23]

Ante la insistencia del público, también habló Perón, quien dijo:

> Un nuevo soldado de la Revolución llega como delegado del Poder Ejecutivo a ejercer el gobierno de la provincia de Buenos Aires. Es uno de sus hijos humildes, trabajador y virtuoso, como he podido comprobarlo en un año de trabajo a mi lado, con resultados excelentes. El doctor Bramuglia viene a su provincia natal a tomar el gobierno y demostrar que los hombres humildes y de trabajo, suelen ser los más capaces en la realización de las obras para el pueblo.

La consolidación del apoyo de la clase obrera

Durante su gestión, Bramuglia fue muy activo y realizó numerosas giras por la provincia, se entrevistó con diversos públicos, pronunció gran cantidad de discursos y sancionó varias iniciativas legislativas.[24] No fue un período sencillo para el Interventor. En la provincia de Buenos Aires, como en otros sitios del país, 1945 fue

[23] Al día siguiente, *El Día* publicó un editorial con elogios a Bramuglia, bajo el título "El discurso del interventor", 14-I-1945. Según el periódico, "el mensaje ha pulsado realmente las esperanzas".

[24] Juan Atilio Bramuglia, *El nuevo derecho social argentino*, La Plata, 1945. Se trata de una recopilación de varios discursos que pronunció mientras se desempeñó como interventor en la provincia de Buenos Aires.

un año de agitación política y social, que se agudizó con el telón de fondo del fin de la guerra mundial. Esa agitación tomó la forma de manifestaciones, huelgas y choques en la Universidad de La Plata y de relaciones laborales tensas, particularmente en los frigoríficos de Berisso. Tanto de las diversas iniciativas que emprendió desde su cargo como de una serie de discursos pronunciados, surgen algunas características claras, de las cuales resaltan dos en particular: en primer lugar, Bramuglia aparece como entusiasta defensor del gobierno militar y de su política social, tal como se venía implementando en la Secretaría de Trabajo y Previsión, por lo que se identificaba de manera absoluta con Perón. Mientras la situación del 'coronel del pueblo' fuera estable, Bramuglia gozaría de una amplia capacidad de maniobra. Una vez sacudida la firmeza de Perón en septiembre-octubre de 1945, llegó también el final del período de Bramuglia al frente de los destinos de la provincia.

En segundo lugar, dado su pasado socialista y la creciente resistencia de los partidos de la izquierda tradicional –socialistas y comunistas– hacia Perón y su política 'demagógica' (estos grupos veían al gobierno militar como una versión criolla del fascismo),[25] Bramuglia se encontraba constantemente justificando su adhesión al bando del vicepresidente. Tanto los socialistas como los radicales que cooperaron con el oficialismo, fueron apodados 'colaboracionistas' por los opositores, un término que los asociaba con los franceses que habían servido a las fuerzas nazis de ocupación.

A finales de marzo de 1945, en vísperas de la decisión del gobierno de decretar el estado de guerra con Alemania y Japón, en un discurso pronunciado en Ingeniero White, Bramuglia comenzó con una salutación en nombre del presidente Farrell y del coronel Perón, de quien dijo que «como toda la masa trabajadora argentina conoce, está siempre presente a sus desvelos y en sus inquietudes». En esta alocución enfatizó el dramático cambio llevado a cabo en el área de la legislación social desde que Perón había asumido el cargo de Secretario de Trabajo y Previsión. Antes de la revolución de

[25] Sobre las diversas interpretaciones del peronismo y su presunta similitud con el fascismo europeo de entreguerras, véase Cristián Buchrucker, "Interpretations of Peronism: Old Frameworks and New Perspectives", en James Brennan (ed.), *Peronism and Argentina*, Wilmington, DE, 1998, 3-28; Carlos S. Fayt, *La naturaleza del peronismo*, Buenos Aires 1967; Alberto Ciria, *Perón y el justicialismo*, Buenos Aires 1971; Ricardo del Barco, *El régimen peronista, 1946-1955*, Buenos Aires 1983.

1943 faltaban leyes fundamentales referidas a los derechos de la clase obrera y algunas de las existentes eran letra muerta:

> Nosotros no hemos inventado la cuestión social; el movimiento revolucionario no la inventó. Ella existía y estaba totalmente descuidada por los gobiernos caudillistas anteriores. El gobierno revolucionario ha tratado de corregir esos profundos males argentinos y ahora la masa trabajadora argentina puede decir que está protegida por el Estado, como era su deber.

A quienes le acusaban de colaboracionismo, como si se tratara de un régimen extranjero que había ocupado el país, intentó exponer su credo ideológico:

> [D]esgraciadamente, una propaganda que se inflitra desde todos los ángulos del país a nuestras manifestaciones, sobre todo a la de los civiles, se la desacredita aplicando una palabra que ha sido mal empleada en todo el resto del mundo. Se nos llama a nosotros colaboracionistas (...) Se nos dice colaboracionistas a los civiles que queremos que se realice de una vez por todas la justicia social porque queremos que la clase trabajadora viva en el mayor bienestar, porque tiene derecho legítimo a vivir con dignidad y porque queremos, por último, con un sentido realista, profundamente democrático, la verdadera democracia; porque queremos entrar en el régimen de la ley; régimen de la ley que nos sacó, no el movimiento revolucionario, sino ellos, con fraudes y el desquicio permanente de la cosa pública.[26]

En los meses en que fue interventor, Bramuglia bregó por mejorar las condiciones laborales en los talleres y fábricas en los que la iluminación y la ventilación eran insuficientes y las condiciones higiénicas llegaban a bajísimos niveles. Intentó establecer por ley derechos de jubilación para trabajadores de varios sectores y lo-

[26] *Ibídem*, 48-49. Sobre la visita a Bahía Blanca e Ingeniero White y los eventos con participación obrera de diversos sectores, particularmente del ámbito ferroviario, ver *La Nación*, 26-III-1945.

grar el pleno empleo. Su objetivo era implementar en la provincia la nueva política social con las leyes que se aplicaban en la Capital Federal, pues "pasando el Riachuelo, por todo el vasto territorio de nuestro pueblo, la masa industrial carece totalmente de protección".[27]

Entre otras cosas, Bramuglia procuró mantener firme la base de apoyo que tenía entre los trabajadores de los ferrocarriles, agremiados en La Fraternidad (fundada en 1887) y la Unión Ferroviaria (1922), que desempeñaban tradicionalmente un papel central en el movimiento obrero organizado en la Argentina. Por ello cooperó con Joaquín de Vedia, Secretario General de la Unión Ferroviaria en la provincia de Buenos Aires, y asignó gran importancia a la inauguración de instituciones para el bienestar de este sector, como la del Hospital Regional Ferroviario en Punta Alta, en marzo de 1945.[28]

Simultáneamente, Bramuglia adquiría adeptos también entre los trabajadores de otros gremios. Su mediación en los conflictos entre los trabajadores y los propietarios de los frigoríficos de Berisso, Ensenada y Avellaneda, fue muy apreciada por los sindicalistas, según el relato de su líder, Cipriano Reyes, en sus memorias.[29] Esta mediación vino a consecuencia del propósito de las patronales de despedir a miles de trabajadores y, junto con el delegado regional en la Secretaría de Trabajo y Previsión, el Dr. Carlos Insúa, Bramuglia mantuvo un vínculo muy estrecho con el Sindicato Autónomo de los Obreros de la Industria de la Carne, que dirigía el mencionado Reyes. Perón y la Secretaría respaldaron a los obreros huelguistas y reconocieron la legalidad de su lucha, dado que la medida tomada por los empleadores contradecía los acuerdos laborales existentes.

La huelga en Berisso, quizás la mayor concentración de trabajadores industriales en la Argentina a la sazón, preocupó mucho a Bramuglia, ya que con rapidez se extendía más allá de los frigoríficos. Al cabo de dos semanas también se habían plegado los textiles, tras haberse despedido al secretario de su sindicato, y el 17 de

[27] *Ibídem*, 47.

[28] Sobre los esfuerzos para estrechar las relaciones con la UF, ver también: *Vida Ferroviaria* (La Plata), enero de 1945, en archivo de la revista *Qué*.

[29] Sobre la huelga, véase Cipriano Reyes, *Yo hice el 17 de octubre*, Buenos Aires, 1984, vol. 1, cap. VIII. Sobre la simpatía hacia Bramuglia, véase C. Reyes, *La farsa del peronismo*, Buenos Aires, 1987, 48; entrevista del autor con Reyes (La Plata, 3.5.1996); *El Día*, 13-IV-1945.

abril hubo también un paro de comercio en la ciudad, como muestra de solidaridad con los obreros de la carne.[30] Después de tres semanas de medidas de fuerza, se llegó a un acuerdo en los frigoríficos y se volvió al status quo anterior a la crisis. El compromiso obtenido era considerado una victoria de los trabajadores y Bramuglia lo veía también como un logro personal.[31] Prometió a las patronales una indemnización estatal por las pérdidas ocasionadas por la huelga y por evitar la cesantía de miles de personas. Respecto de los 75 trabajadores despedidos por una huelga anterior en enero, el interventor dijo que se les propondría ocupación en dependencias públicas nacionales o provinciales. Los obreros de Berisso, muchos de los cuales eran leales seguidores de Perón, obtuvieron también una promesa del ministro de Obras Públicas, Rivarola, quien les aseguró que en breve se procedería a construir una sede para la Federación de Asociaciones Gremiales de Berisso.

Sin embargo, en los meses siguientes continuó la agitación en el ramo de la carne con asambleas obreras, paros y negociaciones con la mediación de Perón, Mercante y Bramuglia, principalmente por conflictos atinentes al pago de los haberes durante los primeros 20 días de huelga y la detención de varios obreros. En la segunda quincena de agosto arreció la tensión en los frigoríficos. Bramuglia tomó, evidentemente, partido por los gremios, sosteniendo que los argumentos de los empresarios "se inspiran en el deliberado propósito de confundir a la opinión de los trabajadores y dificultar la solución del problema". La reacción no se hizo esperar y, al día siguiente, las empresas publicaron una solicitada en la que argumentaban que el comunicado oficial del Interventor estaba "caracterizado por cargos tan graves como imprecisos".[32] La tensión en Berisso llegó a un tiroteo entre grupos rivales de trabajadores, parte de los cuales apoyaban a Reyes y otros a José Peter, del Partido Comunista. Hubo decenas de heridos, entre ellos tres hermanos de Reyes, uno de los cuales falleció dos días más tarde. El vicepresidente Perón asistió al funeral.

Bramuglia actuó también para mejorar la situación de los trabajadores rurales y los pequeños agricultores, en el espíritu del Estatuto del Peón que había adoptado el gobierno militar, que ata-

[30] "Peronism and the Argentine Working Class", *Journal of Social History*, Spring (1988): 441-461.

[31] *El Día*, 22-IV-1945.

[32] *El Día*, 28-VIII-1945.

caba su tradicional dependencia respecto del patrón.[33] Sin embargo, no intentó implementar una reforma agraria en la provincia, como tampoco intentó hacerlo Perón desde la Presidencia de la Nación en el decenio siguiente. La retórica, no obstante, sí se encontraba subyacente. Durante una visita a Gral. Pinto, Bramuglia anunció un amplio programa para dar la tierra al que la trabajara. Dijo que aquel que empleaba el campo para renta no era el propietario útil que reclamaban las tierras argentinas.[34] Sostenía que el lugar estaba ahogado por un cinturón de latifundios, que impedía su desarrollo. Asimismo, añadió que el latifundio constituía una etapa de regresión que se debía derrotar a toda costa, pues el peligro era mayor cuando envolvía a una ciudad o una población. Fue un discurso largo y fundamentado contra el latifundismo, alegando que obstaculizaba el progreso agrario, afectaba a las provincias en términos demográficos y se caracterizaba por la injusticia social. Defendió la propiedad en función social:

> El Estado protege y reconoce a la propiedad privada mientras ésta cumple con su natural función convergiendo al bienestar común. Lo contrario de este principio es la propiedad como factor anarquizante y creador de la lucha de clases. La propiedad rural no será más en la tierra argentina el medio para la explotación del hombre del campo, así como la propiedad industrial no será el escenario para la explotación de las clases proletarias...

Eran palabras agudas, aunque el peronismo no fue revolucionario sino reformista y esta retórica de la reforma agraria no se concretó, ni en los escasos meses que Bramuglia fue Interventor Federal en la provincia, ni durante el mandato presidencial de Perón.[35]

[33] Sobre la política agraria de los militares, ver: Presidencia de la Nación, Subsecretaría de Informaciones, *El campo recuperado por Perón (1944 - 1952)*, Buenos Aires, 1952; Mario J. Lattuada, *La política agraria peronista*, Buenos Aires, 1986, cap. III.

[34] *El Día*, 30-VII-1945. Ver palabras, con el mismo espíritu, en un discurso pronunciado en la localidad de Laprida, en *Crítica* (Buenos Aires), 24-VI-1945. Véase también: *Argentina económica*, s.f., 46-47, en Archivo de la revista *Qué*.

[35] El fundador y primer director del diario *Democracia*, que comenzó a publicarse en diciembre de 1945, Antonio Manuel Molinari, apoyó a Perón con la esperanza que concretara sus promesas de reforma agraria. No obstante, algunos meses más tarde

La educación y su función social

Bramuglia invirtió esfuerzos en ampliar el sistema educativo provincial para que diera cabida a un mayor número de alumnos. Ya en su discurso de inauguración, al asumir como Interventor, declaró su compromiso con la expansión de la "instrucción primaria, secundaria, de artes y oficios, suficientemente capacitada para que nadie quede sin recibir sus beneficios, para que nadie se coloque en infracción a sus deberes ya que lo que da estructura definitiva a la vida colectiva es la educación del hombre para la comunidad: del hombre para la ciudadanía".[36]

Por aquel entonces había aumentado la conciencia sobre las dimensiones del fenómeno del analfabetismo en la Argentina y el obstáculo que significaba para el desarrollo y la modernización, así como para el normal desempeño del Ejército. Según datos publicados en febrero de 1945, de una población total de 10.160.400 que había en el país en 1943, 1.680.800, o sea el 16,6%, eran analfabetos.[37]

A comienzos de marzo, con el inicio del año escolar, Bramuglia inauguró una campaña para erradicar el fenómeno, explicando en un discurso transmitido por radio que «la derrota del analfabetismo constituiría la mayor victoria humana. Mientras encontremos analfabetos, todos los recursos invertidos en educación por la provincia, habrán sido insuficientes porque no podremos crear al ciudadano que buscamos, hecho y orientado para las grandes necesidades argentinas». Prometió combatir la deserción escolar e implantar la constancia; destacó el significado nacional de la extensión de la educación y elogió las figuras de Sarmiento y Rivadavia.[38] Cabe señalar aquí que en sus discursos Bramuglia solía mencionar con frecuencia a los próceres nacionales enmarcados en las concepciones de la historiografía liberal, que colocaba a los dos mencionados

Molinari comprendió que, tras el triunfo en las elecciones presidenciales, Perón no llevaría a cabo sus promesas. Decepcionado, vendió el periódico a inversores que lo pusieron a disposición de Evita. Entrevista del autor con A. M. Molinari (Buenos Aires, 23.8.1989).

[36] *El Día*, 13-I-1945; Bramuglia, *Democracia y educación*, 31.

[37] *El Día*, editorial, "El analfabetismo y sus causas", 19-II-1945, 3; Raanan Rein, *Peronismo, populismo y política: Argentina 1943-1955*, Buenos Aires, 1998, 88-91.

[38] *El Día*, 1-2-III-1945. El texto del discurso aparece también en Juan A. Bramuglia, *Democracia y educación*, La Plata, 1945.

en el panteón de los héroes.[39] Desde su punto de vista, el peronismo significaba continuidad y un complemento a la epopeya libertadora. Por ello hablaba sobre "la necesidad de inspirarnos en el espíritu de Mayo, fortaleciendo los principios de la justicia social, capítulo final de la revolución que quedará inconclusa y que se traduce ahora por sobre las distancias recorridas".[40] En sus etapas iniciales, el peronismo no se apartó del legado de la historiografía liberal y no se sumó al intento de revalorización de la tradición hispánica y del período de los caudillos. Es en esta tendencia que en 1947, a las líneas de ferrocarriles que nacionalizó, Perón asignó los nombres de Urquiza, Mitre, Sarmiento y Roca, los héroes colocados por los liberales en el panteón nacional, además de San Martín y Belgrano, próceres sobre los cuales siempre hubo consenso entre la gran mayoría de los argentinos. En otras palabras, Bramuglia empezó en 1945 lo que los peronistas, al llegar al poder al año siguiente, iban a seguir haciendo: intentar apropiarse de la tradición liberal para obtener legitimidad y poder desacreditar a sus rivales políticos. Ésta era una reacción a los esfuerzos invertidos por los opositores para establecer una identidad entre Perón y Rosas, calificando al régimen como la 'segunda tiranía'. Recién después del derrocamiento de Perón en 1955 comenzó un proceso de adopción del revisionismo histórico y la figura de Juan Manuel de Rosas, el tirano del siglo XIX, fue presentada como la de un héroe nacional, mientras que Rivadavia pasó a ocupar la casilla de traidor a la patria.[41]

Para la erradicación del analfabetismo, Bramuglia anunció un plan para la construcción de 700 escuelas rurales en la provincia, aun con una, dos o tres aulas, en el curso de aquel mismo año.[42] El objetivo era garantizar que los niños de la provincia no tuvieran que alejarse demasiado de sus casas para tener acceso a la educación básica. También tenía claro que cualquier modificación del sistema dependía de la mejora de las condiciones de los docentes: un cambio en la autoimagen y en la imagen social del maestro, además de una mejora salarial para que no se vieran obligados a

[39] Véase, por ejemplo, su discurso en Bahía Blanca, *La Nación*, 26-III-1945.

[40] Bramuglia, *El nuevo derecho social argentino*, La Plata, 1945, 44.

[41] Rein, *Peronismo, populismo y política*, 106-109. Para una interesante discusión sobre el régimen peronista y el revisionismo histórico, véase Diana Quattrocchi -Woisson, *Los males de la memoria - historia y política en la Argentina*, Buenos Aires, 1995, Tercera Parte.

[42] *El Día*, 9-III-1945; 20-IV-1945.

recurrir a otras fuentes de ingreso complementario y así atraer a un personal más capacitado a la docencia. En un discurso pronunciado an-te una concentración de docentes realizada en el Teatro Argentino de La Plata a mediados de marzo, explicaba Bramuglia:

> La situación del maestro ha sido en nuestro país casi siempre precaria. Lo hemos visto debatirse en la miseria económica y soportar luego la persecución política. Lo hemos visto también sufrir la consiguiente humillación y pasar por todos los valladares de la justicia. Siempre es hora de honrarlo, alentarlo y darle los elementos para su completa dignificación profesional.[43]

Con el objeto de lograr dicha dignificación profesional, económica y social, Bramuglia coordinó con Perón y actuó para imponer un salario mensual mínimo de 200 pesos para los aproximadamente 14.500 docentes con que contaba la provincia.[44]

Bramuglia reiteradamente hacía referencia a la importancia del factor humano en el progreso nacional, declarando la necesidad de ampliar el sistema educativo en su totalidad, como así también la educación industrial y la agropecuaria. El objetivo era doble: en primer lugar, intentar aminorar el flujo migratorio hacia las grandes ciudades, y particularmente hacia el Gran Buenos Aires; en segundo lugar, garantizar la integración de los jóvenes en el proyecto de desarrollo y modernización que debía conducir al país a su independencia económica. La misma lógica se aplicaría más tarde, cuando el peronismo ocupara el poder.[45] El interventor enfatizó la función social de la escuela: mediante la educación se podría asegurar una auténtica igualdad de oportunidades, ya que el acceso a la misma no debía ser el privilegio de los sectores urbanos adinerados. La escuela era también un crisol que permitiría establecer la solidaridad entre argentinos de distintas regiones y de diversas extracciones sociales. Simultáneamente, presentó a la escuela como

[43] Bramuglia, *Democracia y educación*, 43.

[44] *El Día*, 22, 24-II-1945; 15-III-1945. En mayo se implantó también un sueldo mínimo de 180 pesos en la administración de la provincia.

[45] Sobre la expansión del sistema educativo en el período presidencial de Perón, así como sobre el adoctrinamiento que la acompañó, véase: Mónica Esti Rein, *Politics and Education in Argentina, 1946 - 1962*, Armonk, NY, 1998; Mariano Ben Plotkin, *Mañana es San Perón*, Buenos Aires, 1993.

un baluarte de la democracia, por lo que "el respeto permanente para la libertad de enseñanza debe ser la razón única de la vida escolar".

Bramuglia también intentó mantener el diálogo con los estudiantes de La Plata, lo cual encajaba perfectamente en el marco de la nueva política del gobierno militar para la normalización de las universidades. Algunos días después de haber asumido el cargo, se reunió con sus representantes, que pidieron autorización para volver a abrir los centros estudiantiles. Bramuglia aclaró que mantenía firme su compromiso con la libertad de pensamiento, de expresión y de reunión, y que intercedería ante las autoridades nacionales y universitarias en este asunto.[46] Mas la liberalización de la postura del gobierno hacia las universidades no mermó la oposición del estudiantado hacia el régimen militar. Por el contrario, en el transcurso de 1945, las casas de altos estudios se convirtieron en destacados baluartes de resistencia al gobierno *de facto* y a Perón, exigiendo volver rápidamente a la democracia.[47]

A mediados de marzo hubo disturbios en la Universidad de La Plata. Las manifestaciones estudiantiles chocaron con las fuerzas policiales, se lanzaron gases lacrimógenos y hubo varios detenidos; Bramuglia intercedió en favor de éstos, para que fueran liberados.[48] No obstante, al cabo de un mes, los estudiantes volvieron a la ofensiva, intentando tomar la universidad y enfrentándose a la policía. El gobierno resolvió poner fin a la agitación y designó como interventor al Dr. Benjamín Villegas Basavilbaso. La destitución del rector anterior, el doctor Ricardo Labougle, junto con la intervención federal, fueron considerados por los estudiantes como un logro. El nuevo interventor prometió organizar a la brevedad elecciones a los cargos en la Universidad.[49]

A un grupo de unas cien mujeres, esposas de presos políticos, con las que se encontró a fines de marzo y en abril, Bramuglia les prometió que aquellos que se encontraban a la orden del gobierno de la provincia serían liberados, mientras que intercedería por los que se encontraban a disposición del Poder Ejecutivo Nacional ante

[46] *El Día*, 21-I-1945.

[47] M. E. Rein, *Politics and Education*, 90-92; Alberto Ciria y Horacio Sanguinetti, *La reforma universitaria*, Buenos Aires, 1983, 111-115; Carlos Mangone y Jorge A Warley, *Universidad y peronismo*, Buenos Aires, 1984; Richard Walter, *Student Politics in Argentina*, New York, 1968, 124-135.

[48] *El Día*, 16-III-1945.

[49] Luna, F., *El 45*, 88.

el Ministro del Interior. Cuando renunció a su cargo, al cabo de unos diez meses, podía expresar con orgullo: "En la provincia de Buenos Aires a mi llegada había presos políticos y sociales. Dejo la provincia de Buenos Aires sin presos políticos ni sociales. Yo nunca puse preso a nadie (...) No he contribuido a que se moleste ni que se torturara a nadie de ninguna manera. Yo no he cerrado ningún diario ni he impedido ninguna reunión. Tampoco he cerrado local de ninguna especie".[50] Para la Argentina de aquellos tiempos, se trataba, sin duda, de un logro.

Si la neutralidad del gobierno militar durante la segunda guerra mundial fue concebida por muchos como una expresión de simpatía hacia el Eje, Bramuglia, en cambio, que simpatizaba con los Aliados y era considerado como partidario de las instituciones democráticas, destacaba en sus discursos, tras la Conferencia Interamericana sobre los Problemas de la Paz y la Guerra (febrero-marzo de 1945) en Chapultepec, México, la solidaridad continental. En mayo de 1945 participó en varias ceremonias para señalar la victoria aliada, algunas por iniciativa suya. Por ejemplo, organizó un Tedéum en la catedral de La Plata, y en un discurso en Punta Alta afirmó que «centenares de millones de hombres cantan hoy los himnos jubilosos de la nueva edad», hablando luego de la "victoria de la civilización (...) victoria del hombre sobre la negación de la vida".[51]

Las actividades de Bramuglia encontraron gran eco en la provincia, entre otras razones porque, pese a su posición crítica hacia el gobierno *de facto* y hacia Perón, el diario *El Día* de La Plata (fundado en 1884) solía dar una detallada cobertura de las actividades del interventor, elogiando su personalidad y sus logros desde las páginas editoriales. El 4 de junio, para el aniversario del golpe militar, publicó un artículo titulado "Múltiple y efectiva acción de gobierno realiza la Intervención Federal en la Provincia", donde se destacaban las acciones del interventor para reducir la carga impositiva, el propósito de cumplir con los compromisos del gobierno y equilibrar la balanza de pagos, la campaña contra el analfabetismo, la gran inversión en edificios hospitalarios, la mejora de los salarios docentes, la construcción de comedores escolares, un

[50] *El Día*, 20-IX-1945. Véase también *Hoy*, 25-VI-1945.
[51] *El Día*, 26-III-.45, 12-V-1945, 14-V-1945; *Vida Ferroviaria*, enero de 1945.

internado para varones, el edificio para los sindicatos en Berisso, entre otras.[52]

Si recordamos que el panorama que presentaba la prensa argentina a mediados del 45 era negativo desde el punto de vista del bando peronista naciente, la simpatía de que era objeto Bramuglia en *El Día* es digna de mención. De alguna u otra manera, los grandes diarios de la Capital Federal y casi todos los órganos tradicionales del interior eran hostiles al gobierno *de facto*.[53]

Otro factor que influyó en la imagen positiva de la gestión de Bramuglia en los medios de información, fue la eficaz labor de su amigo y colaborador político durante tres décadas, Enrique Corominas, a quien el interventor designó como director general de Prensa y Radiodifusión de la provincia, cargo que desempeñó con éxito. En julio, Corominas fue nombrado también Subsecretario de Cultura del Instituto Nacional de Previsión Social, institución por la cual Bramuglia sentía especial afecto.

La constitución de una alianza política con disidentes radicales

En forma paralela a las acciones en pro del bienestar de los habitantes, particularmente los de los sectores más necesitados, Bramuglia actuó para formar un frente político amplio. Para ello, intentó atraer a activistas del partido radical, buscando promover en la provincia el plan que venía elaborando Perón desde hacía varios meses en el plano nacional, para crear un apoyo político civil: al movilizar el apoyo de sectores significativos de la UCR, Perón no ocultaba sus intenciones, reflejadas ya en su discurso de mayo de 1944 ante oficiales castrenses:

[52] *El Día*, 4-VI-1945; Juan A. Bramuglia, *Mensaje del Excmo. Sr. Interventor en la Provincia de Buenos Aires y memoria de los cinco primeros meses de gestión administrativa, en el segundo aniversario del gobierno de la revolución*, La Plata, 1945, en JAB Papers.

En septiembre-octubre arreció la crítica de *El Día* hacia el gobierno de Perón, al igual que la de la mayor parte de los periódicos del país. Por ello, su edificio fue uno de los blancos de los ataques obreros los días 16 y 17 de octubre. Las oficinas fueron apedreadas y varios de los camiones de reparto fueron quemados. Véase James, "October 17th and 18th, 1945", 445-447.

[53] Recién en septiembre de 1945 empezó a aparecer el diario *La Época*, y fue el único diario de la capital que apoyó a Perón casi hasta el final del 45. Véase Pablo Sirvén, *Perón y los medios de comunicación (1943-1955)*, Buenos Aires, 1984, caps. 3 -4.

> El Partido Radical, esta es la gran fuerza que perdura y que es poderosa. Pero su dirección es anticuada y se percibe un movimiento para expulsar a los generales. Anticipamos una revolución como la nuestra, que permitirá el acceso de los hombres jóvenes a la dirección. Se trata de una fuerza utilizable, si podemos encauzarla de modo que coopere con nuestra obra. Estamos ocupándonos de ello y tenemos confianza en el éxito.[54]

Para concretar este objetivo, Perón intentó llegar a un acuerdo con Amadeo Sabattini, el caudillo radical cordobés, a quien llegó a ofrecerle la cartera del Interior. La cauta actitud de Sabattini durante el primer año del gobierno militar, y su defensa de la neutralidad, contribuyeron a la sensación que podría llegar a convertirse en un buen aliado para Perón.[55] El momento culminante de estas gestiones llegó a mediados de 1944, cuando se entrevistaron personalmente Perón y Sabattini. El primero ofreció llamar a elecciones y concederle al radicalismo todos los puestos efectivos de vicepresidente para abajo, dado que la presidencia debería corresponder a un hombre del Ejército. Pero Sabattini insistió en que el candidato a presidente debía salir del radicalismo.

El resultado fue que no se llegó a ningún acuerdo y Sabattini se exilió voluntariamente en Uruguay, de donde volvió a fines de marzo de 1945. Tampoco prosperaron los contactos mantenidos con otros miembros del ala intransigente del Partido Radical. Ninguna de las figuras partidarias de envergadura nacional estaba dispuesta a respaldarlo. Aquellos radicales que sí pasaron a revistar en sus filas llegaron a ello por influencia de FORJA; otros lo hicieron convencidos por interventores federales leales a Perón. También se adhirieron varios dirigentes del radicalismo revisionista y algunos del interior con significación política local, pero sin dimensión nacional. Perón concentró su atención, por lo tanto, hacia la clase obrera, aunque sin abandonar en ningún momento los esfuerzos por captar a los militantes del radicalismo, ante quienes se presentaba siempre como continuador del camino de Hipólito Yrigoyen.

[54] Citado en Robert A. Potash, *El ejército y la política en la Argentina*, vol. 1 (1928-1945), Buenos Aires, 1984, 350-351.

[55] Tcach, *Sabattinismo y peronismo*, 51; Roberto A. Ferrero, *Sabattini y la decadencia del yrigoyenismo*, Buenos Aires, 1984, vol. 2, 157-165.

En la provincia de Buenos Aires, Bramuglia intentó aplicar con todo ímpetu la política de Perón, valiéndose en parte de su imagen de político civil, moderado y pro aliado, y por otro lado, de la agitación y el intenso debate interno en el partido radical de la provincia desde comienzos de los cuarenta, en plena década infame. El sector unionista (continuador del alvearismo) controlaba la máquina partidaria y despertó el descontento entre parte de los radicales, debido a su conservadurismo y a su predisposición a participar en elecciones, lo que se interpretaba como prestar asistencia legal al régimen conservador fraudulento. Al producirse la revolución militar, el radicalismo revisionista de la provincia de Buenos Aires hizo llegar su 'emoción patriótica' al general Rawson, en una nota firmada por Ricardo Balbín, Oscar Alende y Alejandro Leloir. Todos ellos eran yrigoyenistas que mantenían un abierto enfrentamiento con las autoridades de la UCR desde la caída de Yrigoyen, o alvearistas que desde la revolución de 1943 sentían que su partido se encontraba en un callejón sin salida. Ellos eran ahora el principal objeto del cortejo de Bramuglia.[56] Algunas semanas después de asumir su cargo como interventor, Bramuglia comenzó una serie de encuentros con activistas radicales, entre los que se contaba Balbín, a fin de movilizar su apoyo.

Varios líderes partidarios en la provincia se apresuraron a advertir que los esfuerzos de Bramuglia podrían traer como resultado la conquista del partido desde adentro. En mayo y junio, el ingeniero Ernesto C. Boatti, presidente del comité de la UCR de la provincia de Buenos Aires, caracterizó el plan político de Bramuglia de esta manera: agrupar a todos los afiliados radicales del distrito (salvo aquellos que ocuparon cargos políticos o públicos antes del 4 de junio de 1943) que se prestaran a secundar los fines políticos del gobierno. Una vez efectuado este trabajo previo, dijo Boatti, se estaría en condiciones de inscribir un número suficiente de ciudadanos a fin de conquistar las funciones directivas del partido y más adelante imponer la fórmula para cuyo éxito se elaboraba este plan. Según sostenía, la publicación del Estatuto de los Partidos Políti-

[56] Sobre el descontento en el partido radical en la primera mitad del cuarenta, véase: Pedro Molina, "La Renovación Radical en Buenos Aires (1941-1946)", *Desmemoria* 7 (1995): 33-56; Luna, *El 45*, 102-106; Gabriel del Mazo, *El Radicalismo. El Movimiento de Intransigencia y Renovación*, Buenos Aires, 1957.

En el intento de atraer a radicales, Bramuglia solía asesorarse a menudo con uno de sus líderes, Alejandro H. Leloir. Véase, por ejemplo, *Crítica*, 24-VI-1945.

cos lo demostraba, ya que permitía a funcionarios públicos inscribirse y militar en partidos. Además, se daba la autorización a los ministerios de las provincias para declarar cesantía de empleados sin restricción alguna. De tal manera se podría presionar a la gente a afiliarse al partido radical y a votar de una manera determinada en las elecciones internas. También el aumento del número de cargos públicos en la provincia podía ser un medio para seducir a muchos a apoyar al gobierno: "de esta manera se pretenderá copar la dirección del radicalismo". [57]

Un mes más tarde, después que el general Farrell anunciara que antes de fin de año se convocaría a elecciones libres, la UCR dispuso expulsar de sus filas a todos los afiliados que aceptaran cargos del actual gobierno, o realizaran actos de colaboración. Las reiteradas amenazas dan muestra de la preocupación en los cuadros jerárquicos radicales en la provincia y en la ciudad de Buenos Aires. Además, en cierta medida, obstaculizaron los esfuerzos de Perón y de Bramuglia.[58] De la misma manera actuaron las autoridades del Partido Socialista, que veían con angustia cómo algunos de sus militantes más destacados, como Angel Borlenghi, secretario general de la Confederación de Empleados de Comercio, cooperaban con Perón.

El mismo día que Boatti lanzó su advertencia, figuras radicales de Córdoba exigieron explicaciones a los ex gobernadores Amadeo Sabattini y Santiago H. del Castillo sobre la índole de sus relaciones con el gobierno revolucionario. El segundo había aceptado un cargo y el primero se convirtió en "el líder de la política muda", adoptando un "silencio cómplice".

A mediados de agosto, Bramuglia resolvió reorganizar su gabinete provincial. En el ministerio del Gobierno puso al Dr. Ramón del Río, médico y dirigente radical revisionista de la zona sur de la provincia; a Luis R. Longhi, que fuera fiscal del Estado, al frente del ministerio de Hacienda, y al Dr. Alejandro Busquet, jefe radical revisionista de Bolívar, que desempeñó el cargo de contador general de la provincia y ocupó una banca en el senado bonaerense,

[57] *El Día*, 20-VI-1945.

[58] *El Día*, 24-V-1945; Luna, *El 45*, 108. Sobre la colaboración de parte de los radicales en la provincia de Buenos Aires con el gobierno militar, ver también Gayol et al., "Peronismo en Tandil", 321-322. Al día siguiente de la resolución de la Mesa Directiva del radicalismo, se hizo un acto en Parque Retiro organizado por radicales yrigoyenistas, pero sin ningún orador conocido. Luna, *El 45*, 168-169.

como ministro de Obras Públicas. Así contribuyó el "revisionismo" al gobierno provincial, con dos de sus más caracterizadas figuras: los doctores del Río y Busquet. Otro político radical, el doctor Antonio Rodríguez Jáuregui, de Pergamino, ministro de Obras Públicas durante el mandato de José Luis Cantilo en los años 20 y presidente del Consejo Nacional de Educación durante la segunda presidencia de Yrigoyen, estaba en la lista de los posibles candidatos para Hacienda, aunque al final Bramuglia optó por Longhi.[59]

En la ceremonia de jura de los nuevos ministros fue muy notoria la presencia de los dirigentes del "radicalismo colaboracionista", Salvador Cetrá y Alejandro H. Leloir, con quienes Bramuglia había coordinado la mayor parte de sus pasos para atraer a radicales al bloque peronista que se estaba formando. Cuando renunció el jefe de la policía de la provincia, Enrique Martínez Pena, en su reemplazo fue designado Alberto H. Reales, que había actuado como dirigente radical en la ciudad de Dolores y ocupado una banca en la Cámara de Diputados de la Nación (1940-1943).[60] De este modo, se puede decir que el núcleo radical 'revisionista' prácticamente mantenía el 'control' de los puestos clave del gobierno durante la última etapa de la gestión de Bramuglia.

Como ya se dijo, los esfuerzos del interventor para movilizar el apoyo político de disidentes radicales en la provincia reflejaron el programa de Perón para el ámbito nacional. A comienzos de agosto asumió como ministro del Interior Hortensio Jazmín Quijano, dirigente correntino de la segunda línea del radicalismo, que pertenecía al sector alvearista.[61] En lugar del ministro de Hacienda que renunció, Alonso Irigoyen, se nombró a Armando G. Antille, dirigente radical yrigoyenista de Santa Fe, que había sido el defensor judicial de Yrigoyen en los días difíciles de 1930. La UCR santafesina pronto adoptó una resolución por la cual se lo expulsaba del partido. El canciller renunciante, doctor César Ameghino, fue reemplazado por el doctor Juan I. Cooke, también de extracción alvearista, que había sido diputado por Buenos Aires hasta la revolución de junio del 43. El presidente del comité de la UCR de la provincia de Buenos Aires, el ingeniero Boatti, actuó para que se expulsara del partido a Cooke. También en Corrientes, San Luis y San Juan, el

[59] *El Día*, 19-VIII-1945, 21-VIII-1945, 28-IX-1945.
[60] *El Día*, 22-VIII-1945, 8-IX, 13-IX, 22-IX-1945.
[61] Datos biográficos de Quijano pueden encontrarse en Miguel Ángel Scenna, "Hombres de la política argentina", *Todo es Historia*, 101 (1975): 91-92.

partido echó a "colaboracionistas" que aceptaron cargos como interventores federales. Al mismo tiempo llegaba a Buenos Aires un destacado dirigente radical salteño, Alberto Durán, con el propósito de organizar un marco partidario que apoyara la gestión de Farrell y Perón.[62] Todos estos esfuerzos rendirían sus frutos en octubre de 1945, con el regreso de Perón a la arena política, al formarse la Unión Cívica - Junta Reorganizadora, que pronto se llamaría Junta Renovadora, bajo la dirección de Quijano, Antille, Leloir, etc. Este grupo formaría parte de la coalición peronista enfrentada con la Unión Democrática en las elecciones de febrero de 1946.

La tensión política se agudizó durante el mes de agosto. La oposición civil, alentada por las coyunturas internacionales creadas con la victoria aliada y el fin de la guerra, comenzó a unificar sus fuerzas. A finales de dicho mes, la Mesa Directiva de la UCR aceptó integrar un frente electoral 'con los partidos democráticos' frente al naciente peronismo.

La renuncia de Bramuglia

La creciente ofensiva de la oposición civil contra el régimen militar, concentrada en gran medida en la figura de Perón, aumentó la incomodidad que se venía sintiendo en círculos militares respecto del vicepresidente y sus ambiciones políticas. Era inevitable que esta campaña antigubernamental y la atmósfera en la sociedad civil no repercutiera en los cuarteles. Amadeo Sabattini alentó al comandante de la importante base de Campo de Mayo, el general Eduardo Ávalos, hasta hacía poco un íntimo amigo de Perón que no había puesto objeciones a su política, para que actuara en pro de la destitución del vicepresidente del gobierno, a cambio de integrar la futura fórmula presidencial del radicalismo. El 24 de septiembre fracasó un levantamiento militar en Córdoba, dirigido por el general Arturo Rawson, el mismo que ocupó la presidencia tras la revolución del 4 de junio de 1943, mas hubo de renunciar al cabo de dos días.

Una de las primeras víctimas de esta resistencia hacia Perón en el ámbito castrense fue Bramuglia, que había tenido tanto éxito

[62] *El Día*, 24-VIII, 31-VIII, 2-IX-1945; Ignacio Llorente, "Alianzas políticas en el surgimiento del peronismo: el caso de la Provincia de Buenos Aires", en Mora y Araujo y Llorente (comps.), *El voto peronista*, 277.

como interventor. La presión que se ejerció sobre él hizo que renunciara el 19 de septiembre, unos nueve meses después de haber sido nombrado y tras haber mantenido largas conversaciones con el Ministro de Guerra Perón y el Ministro del Interior Quijano.[63] En la carta que entregó a éste no mencionaba las razones que lo condujeron a presentar la renuncia: "Elevo a V. E. la renuncia indeclinable de interventor federal en la provincia de Buenos Aires, misión con que oportunamente me honrara el Poder Ejecutivo Nacional. Deseándole a V. E. éxito en la gestión de gobierno a su cargo, reitero mi fe en el porvenir de la patria en estas horas singularmente históricas".[64]

Bramuglia mismo convocó a una rueda de prensa en la residencia de los gobernadores en La Plata. Manifestó que se alejaba del gobierno, pero mantenía su solidaridad con la revolución del 4 de junio, el general Farrell y el coronel Perón. La decisión de Bramuglia de alejarse del cargo se produjo como consecuencia de presiones ejercidas sobre Perón, a quien no quedó otra alternativa que sacrificar al interventor con la esperanza de poder así aplacar a sus rivales. Cuando se designó al nuevo ministro del Interior a comienzos de agosto, Bramuglia ya había presentado su renuncia, junto con los otros 14 interventores federales, pero en aquella ocasión había sido rechazada pues, como expresaba el documento firmado por el Ministro y el Presidente, "no existe motivo para que el gobierno de la Nación prescinda de su valiosa colaboración, la que ha venido prestando con desinterés y patriotismo".[65] Bramuglia fue el primer interventor cuya continuidad fue confirmada, por lo que podía suponer que continuaría en el cargo por lo menos hasta que se completara el proceso de normalización constitucional y el gobierno fuera transferido a una administración civil.[66]

[63] Para el decreto presidencial que certifica la admisión de la renuncia, véase Ministerio de Interior a Bramuglia, 19.9.1945, JAB Papers; *La Nación*, 20-IX-1945. Según Luna, "el interventor de Buenos Aires estaba jaqueado de tiempo atrás por Campo de Mayo (...) En realidad, la hostilidad contra Bramuglia encubría la hostilidad contra Perón, a través de su más inteligente y eficaz colaborador"; Luna, *El 45*, 216.

[64] Bramuglia al Ministro de Interior Quijano, 19.9.1945, JAB Papers; *Clarín* (Buenos Aires), 20-IX-1945.

[65] *La Nación*, 5, 10-VIII-1945.

[66] Los tres siguientes en ser confirmados fueron los generales de brigada Aristóbulo Vargas Belmonte (Mendoza) y Humberto Sosa Molina (Entre Ríos) y el doctor Lázaro Nieto Arana (Santiago del Estero). Véase *La Nación*, 12-VIII-1945.

Esto lo corroborra el hecho de que apenas tres semanas antes de su alejamiento hubiera solicitado del presidente de la Unión Ferroviaria licencia sin goce de sueldo, por tiempo indeterminado, de su cargo como asesor letrado del gremio: "como esta situación se prolonga por un tiempo que considero excesivo para el normal desenvolvimiento de la Oficina de Trámites y no deseando, en modo alguno, perjudicar a la misma".[67]

No obstante, unos días antes de la renuncia, los periódicos comenzaron a publicar notas acerca de la crisis en el gobierno de la provincia.[68] La situación era muy embarazosa y las razones no eran claras para el público. Pero esto fue percibido como «una debilitación de la influencia del coronel Perón, con quien se manifiesta particularmente afecto el dimitente". Por primera vez se comenzaba a hablar de las "perspectivas de un fracaso [de Perón] en su gestión política".[69]

Bramuglia presentó su renuncia en una jornada de gran agitación política. La oposición hizo alarde de su fuerza ese mismo día, en el marco de la Marcha de la Constitución y la Libertad, bajo la consigna: "Transferencia del poder a la Suprema Corte y celebración inmediata de elecciones".[70] Más de 200.000 argentinos marcharon desde el elegante Barrio Norte hacia el centro de la ciudad de Buenos Aires, unidos por ese lema.

Por un breve lapso de tiempo, el puesto de Bramuglia fue ocupado por el ministro de Gobierno, Ramón del Río, para ser luego transferido a Alberto H. Reales, leal al canciller Cooke. Este nombramiento no entusiasmaba a Perón, aunque se veía obligado a aceptarlo. El 9 de octubre, bajo la presión aplicada desde Campo de Mayo, también debió renunciar a los cargos de Vicepresidente de la Nación, Ministro de Guerra y Secretario de Trabajo y Previsión; el 13 fue detenido y trasladado a la isla Martín García. Cuatro días más tarde era liberado por la influencia de las manifestaciones masivas de obreros, anunciando su candidatura a las próximas elec-

[67] Bramuglia al Presidente de la U.F., 23.8.1945, JAB Papers.

[68] *El Día*, 13-14-IX-1945. Según rumores recogidos por el diario, el candidato a suceder a Bramuglia era Mario M. Guido, ex presidente de la Comisión de Asuntos Políticos del Comité Nacional de la UCR, dirigente de la corriente alvearista, aunque éste lo desmintió en el acto y el nombramiento no tuvo lugar.

[69] *El Día*, 20-IX-1945.

[70] Luna, *El 45*, 209 y ss.

ciones presidenciales. También en esta oportunidad Bramuglia estaba a su lado, esta vez como Presidente de la Junta Coordinadora de los partidos y organizaciones que apoyaron a Perón.

Si bien en sus diversos discursos como interventor Bramuglia había asegurado a las audiencias que se sumó a una causa en la que creía y que "cuando se llegue a la normalidad institucional, a mí no me interesa ocupar la función pública y, desde ya anticipo que no la ocuparé...",[71] el éxito en el desempeño de sus funciones en la provincia de Buenos Aires y el prestigio del que gozaba en el movimiento obrero contribuyeron a que muchos lo consideraran como el candidato natural a gobernador, en las elecciones convocadas para febrero de 1946. Era también el puesto que más anhelaba cubrir. Cabe señalar que el ascenso de muchos políticos ambiciosos tuvo sus comienzos en el plano provincial y que el cargo de gobernador de Buenos Aires fue a menudo un trampolín para pasar a ocupar puestos en la arena nacional.

Efectivamente, el Partido Laborista, surgido como una de las secuelas del 17 de octubre y de gran gravitación dentro de la coalición peronista, eligió a Bramuglia como candidato a gobernador. Pero la gran presión ejercida por Perón forzó al laborismo a buscar otra alternativa, ante la promesa del coronel de nombrar a Bramuglia ministro en caso de resultar elegido como presidente. Pareciera que a Perón no le entusiasmaba la idea de tener a Bramuglia como gobernador, capaz de acumular fuerza política propia. Finalmente, tras su victoria en las urnas, Perón nombró a Bramuglia ministro en su gabinete. Pero por las mismas razones ya mencionadas, no le concedió la cartera de Trabajo, que él hubiera preferido, sino la de Relaciones Exteriores y Culto, suponiendo que como canciller Bramuglia tendría dificultades en crear una base de apoyo propia o de acumular prestigio en una medida que pudiera eclipsar al Líder mismo.

Conclusiones

La actuación de Juan Atilio Bramuglia es un ejemplo típico del importante papel cumplido por distintas figuras de la segunda lí-

[71] Bramuglia, *El nuevo derecho social*, 49. Algo similar dijo al renunciar, cuando aclaró que era falsa la especie que le atribuía prohijar candidatura alguna para la próxima renovación presidencial (*Clarín*, 20-IX-1945).

nea del liderazgo peronista, personalidades de extracción social y política variada, provenientes de la clase obrera, nuevos industriales, militares, de las filas nacionalistas y otros. Sus funciones en la movilización de apoyo al líder carismático, en la formación de la coalición peronista y en la modelación de la doctrina justicialista de aquellos años, aún quedan por revelar. Pareciera que numerosos historiadores y sociológos y politólogos han mordido el anzuelo de la retórica populista sobre el lazo directo e inmediato que aparentemente existía entre el líder carismático y las masas.[72] Si bien Perón eludió los canales partidarios institucionalizados para poder dirigirse a diversos sectores sociales, sobre todo de la clase obrera urbana, no dejó por ello de establecer vías intermedias alternativas para movilizar el apoyo popular. Varias figuras, como Bramuglia desde la Secretaría de Trabajo y Previsión o como Interventor en la Provincia de Buenos Aires, han desempeñado ese papel clave.

[72] Sobre la autoridad carismática y el presunto lazo directo entre el líder y las masas, véase: Max Weber, *Economy and Society*, New York, 1968; Edward Shils, *The Torment of Secrecy*, London, 1956; Dean Keith Simonton, *Genius, Creativity, and Leadership*, Cambridge, Mass., 1984; Douglas Madsen and Peter G. Snow, *The Charismatic Bond: Political Behavior in Times of Crisis*, Cambridge, Mass., 1991.

Capítulo VIII

Elites políticas en la provincia de Buenos Aires: peronistas y radicales en las elecciones de 1948

Los estudios sobre el peronismo han enfatizado largamente el análisis de su base social y especialmente el rol que habría jugado la clase obrera en su conformación inicial. Buena parte del debate historiográfico se ha centrado en la observación de las pautas del comportamiento obrero y en la postulada relación directa que se habría establecido entre la clase y un emergente liderazgo carismático o plebiscitario. A su vez, resulta evidente que la literatura sobre el tema ha privilegiado el análisis de los orígenes de ese movimiento político.[1] En la última década, sin embargo, se han presentado trabajos que, desde diversas perspectivas, cuestionan aspectos importantes de las interpretaciones previas. Así, desde una óptica nacional, se insiste en la necesidad de reevaluar la contribución de las «segundas líneas» en la modelación de las doctrinas y prácticas políticas del movimiento peronista.[2] Por su parte, las investigaciones en curso sobre las diversas configuraciones políticas provinciales en la década 1945-1955 están abriendo nuevos rumbos para interpretar tanto los olvidados partidos de oposición como las dispares características del peronismo en ámbitos político-administrativos acotados.[3]

[1] No por conocido el debate ha perdido vigencia. Los hitos característicos serían: Gino Germani, "Clases populares y democracia representativa en América Latina" en *Desarrollo Económico*, vol. II, Nº 2, 1962, pp. 23-43; Miguel Murmis y Juan Carlos Portantiero, *Estudios sobre los orígenes del peronismo*, Buenos Aires: Siglo XXI, 1972; Juan Carlos Torre, "La CGT y el 17 de Octubre de 1945" en Juan C. Torre (comp.), *La formación del sindicalismo peronista*, Buenos Aires: Legasa, 1988, pp. 119-151; y del mismo autor, *La vieja guardia sindical y Perón. Sobre los orígenes del peronismo*, Buenos Aires: Sudamericana, 1990. También Daniel James, "17 y 18 de Octubre: el peronismo, la protesta de masas y la clase obrera argentina" en *Desarrollo Económico*, vol. 27, Nº 107, 1987, pp. 445-461.

[2] Véase Raanan Rein, *Peronismo, populismo y política: Argentina, 1943-1955*, Buenos Aires: Ed. de Belgrano, 1998.

[3] Por ejemplo, César Tcach, *Sabattinismo y peronismo. Partidos políticos en Córdoba, 1943-1955*, Buenos Aires: Sudamericana, 1991. Darío Macor y Eduardo Iglesias, "El peronismo antes del peronismo. Memoria e historia en los orígenes del

En este artículo se intenta avanzar en el conocimiento de las elites políticas en la provincia de Buenos Aires en la década peronista, evaluando las continuidades y cambios ocurridos en su composición hacia 1948. Luego de indicarse el escenario político emergente tras los comicios efectuados en marzo de ese año, se analizará la recomposición de las elites dirigentes de los principales partidos (Peronista –PP– y Unión Cívica Radical - UCR), vinculándose en ambos casos sus candidatos a cargos electivos con las corrientes internas en las cuales habían participado. Finalmente se ofrecerá una aproximación al origen o extracción social de las direcciones políticas de ambos partidos.

El trabajo estudia la política provincial desde un enfoque que considera sus procesos como contribuyentes a delinear las características de la política nacional. En este sentido, la importancia del caso bonaerense es manifiesta; la provincia más rica y poblada de la Argentina, centro principal desde finales del siglo XIX de la producción agropecuaria de la "pampa húmeda", era a su vez, hacia mediados de los años cuarenta, el territorio que contenía la mayor proporción de la producción industrial argentina y, simultáneamente, donde se encontraban las más densas aglomeraciones del sector social que le otorgó al peronismo su perfil más acusado: la clase obrera.[4]

Las elecciones de 1948 en la provincia de Buenos Aires

Los primeros años del gobierno presidido por el general Perón se caracterizaron por un constante aumento de las "realizaciones"

peronismo santafesino", Santa Fe: Centro de Publicaciones, Universidad Nacional del Litoral, 1997. Marta Philp, "La conflictiva construcción de las instituciones durante el peronismo, Córdoba (1943-1950)" en M. E. Spinelli, A. Servetto, M. Ferrari, G. Closa (comps.), *La conformación de las identidades políticas en la Argentina del siglo XX*, Córdoba, 2000, pp. 159-188. Aixa Bona y Juan Vilanoba, "El peronismo en Santa Cruz: continuidades y cambios entre 1946 y 1950" Ponencia. VI Jornadas de Historia Política, UNMDP, diciembre de 2000.

[4] Los datos económico-sociales de la provincia pueden verse en Fernando Barba y María Demaría Massey de Ferré, *La Provincia de Buenos Aires 1910-1987*, La Plata: 1987. El aporte electoral bonaerense en el contexto nacional era (todavía es) decisivo: recordemos que en las elecciones de 1946, sobre un total de 2,5 millones de votantes, en la provincia votaron más de 800 mil (es decir, 1/3 del conjunto); véanse los resultados en Ministerio del Interior, *Las Fuerzas Armadas restituyen el imperio de la soberanía popular*, Buenos Aires: 1946, Tomo I.

gubernamentales que pretendían resolver algunas crisis o deficiencias manifiestas (en especial, la dependencia económica y la injusticia social), junto a un también constante aumento del "control social" por parte del gobierno, expresado en las crecientes limitaciones al ejercicio de ciertos derechos básicos de la política democrática –en particular, libertad de reunión y de expresión.[5] Los propósitos de asegurar la justicia social parecen haberse basado en fuentes confluentes; por una parte, la activa militancia obrera impuso un escenario de fuerte conflictividad social, en tanto los trabajadores intentaban traducir en mejoras económicas específicas lo que consideraban su victoria política de 1946.[6] A su vez, también el ideario peronista suponía la necesidad de remover las flagrantes desigualdades sociales con el propósito de evitar el "caos social", o incluso la preferencia de las masas por el comunismo. En otro sentido, aquello definido en el discurso peronista como "independencia económica" no se tradujo meramente en actos simbólicos (como su declaración formal, el 9 de julio de 1947), sino en una activa política de estatización de empresas o sectores económicos. La nacionalización del Banco Central, de los ferrocarriles, de los teléfonos, o la creación del IAPI –acaso la más audaz de las iniciativas peronistas– eran en la época una muestra contundente de hechos que comprobaban, según tal ideario, la característica frase: "mejor que decir es hacer".[7]

En ese contexto que enmarcaba el proceso hacia las elecciones de 1948, dos realizaciones del gobierno destacaron con caracteres especiales: la sanción, el 23 de septiembre de 1947, de la "ley de voto femenino", presentada como la confirmación del carácter "democrático real" del peronismo, en contraposición a la "democracia formal" defendida –peronistas dixistis– por las fuerzas políticas opositoras; y la conclusión definitiva de la negociación para la adquisición de los ferrocarriles británicos, presentada en un multitudinario acto público el 1 de marzo de 1948, que no sólo recogía los preceptos de algunos intelectuales nacionalistas (como Raúl Scalabrini

[5] Véase Peter Waldmann, *El peronismo 1943-1955*, Buenos Aires: Hyspamérica, 1986.

[6] Cf. Louise Doyon, "Conflictos obreros durante el régimen peronista, 1946-1955", en *Desarrollo Económico*, vol. 17, N° 67, 1977, pp. 437-.473.

[7] Un cotejo de los discursos y las realidades peronistas en relación a las políticas económicas, Noemí Girbal-Blacha, "Dichos y hechos del gobierno peronista (1946-55). Lo fáctico y lo simbólico en el análisis histórico" en *Entrepasados*, año VI, n° 13, fines 1997, pp. 63-78.

Ortiz, quien afirmó que "comprar ferrocarriles es comprar soberanía"), sino también demandas de larga data del movimiento obrero.[8]

Este conjunto de iniciativas del Estado central fueron continuadas por el Estado provincial en su ámbito de aplicación y acompañadas por una muy limitada coerción de las libertades públicas, reconocida incluso por los partidos adversarios.[9] De este modo, los procesos eleccionarios de 1948 en la provincia de Buenos Aires eran esperados con un muy comprensible optimismo por los dirigentes peronistas, quienes esperaban revalidar la victoria obtenida en 1946.

El 7 de marzo de 1948 se realizaron elecciones para renovar la representación de la provincia en la Cámara de Diputados de la Nación. Terminaban sus mandatos 21 legisladores (12 peronistas, 7 radicales y 2 laboristas "rebeldes");[10] adicionalmente se elegían dos legisladores para reemplazar a diputados fallecidos. Tratándo-

Cuadro 1. Elección de Diputados Nacionales, PBA, 7/3/1948

Partido	*Votantes*	*% s/total*
Peronista	431.360	59,45
UCR	201.941	27,83
Demócrata	32.351	4,46
Socialista	28.134	3,88
Comunista	18.614	2,57
En blanco	13.117	1,81
Total	**725.517**	**100,00**

Fuente: *La Nación*, 9 de abril de 1948.

[8] A finales de la década de 1930, la Unión Ferroviaria había planteado la necesidad de nacionalizar todo el servicio de ferrocarriles; véase Hiroshi Matsushita, *Movimiento obrero argentino 1930-1945*, Buenos Aires: Hyspamérica, 1986.

[9] No existe todavía un análisis detenido de las políticas públicas bonaerenses durante la administración del coronel Mercante. Una somera aproximación es provista por su hijo; véase Domingo A. Mercante, *Mercante: el corazón de Perón*, Buenos Aires: de la Flor, 1995, especialmente pp. 97-113.

[10] Llamamos laboristas "rebeldes" a los seguidores de uno de los fundadores del Partido Laborista, Cipriano Reyes (cuya base de operaciones era la provincia de Buenos Aires), quienes se negaron a integrarse a la estructura política unificada de las fuerzas peronistas a partir de mayo de 1946 y continuaron su actuación política con aquella denominación.

se de una elección nacional, la norma vigente era la denominada "ley Sáenz Peña", la cual establecía una representación de 2/3 para los candidatos más votados y 1/3 para la minoría, y consideraba a la provincia como un distrito único. El acto eleccionario ofreció los siguientes guarismos:

En esta elección, el porcentaje de votantes sobre el total de inscriptos (1.079.021) fue de 67,24%, reduciéndose notoriamente con respecto a las de 1946 (en ese caso, el porcentaje ascendió al 83,05%), lo cual parece confirmar que la participación electoral aumenta cuando están en juego cargos 'importantes'. Pero lo más destacable, quizá, fue que los partidos competidores parecen estabilizar un cierto porcentaje de votantes, similar al obtenido en 1946, y que prefigura un escenario político que, más que bipartidista, se asemeja al de partido predominante.[11] En aquellos comicios, las coligadas fuerzas peronistas (P. Laborista, UCR (JR), P. Independiente y Alianza Libertadora Nacionalista) obtuvieron el 53,56% de los votos, mientras el principal partido opositor, la UCR, consiguió el 31,68%.

Esta situación se confirmó una semana más tarde, al realizarse elecciones para renovar la mitad de la representación en la Legisla-

Cuadro 2. Elección de Legisladores Provinciales, PBA, 14/3/1948

Partido	*Votantes*	*% s/total*
Peronista	409.325	56,45
UCR	208.111	28,70
Demócrata	46.118	6,36
Socialista	27.969	3,86
Comunista	14.141	1,95
En blanco	19.481	2,68
Total	**725.145**	**100,00**

Fuente: *Diario de Sesiones de la Cámara de Diputados de la PBA* (DSCDPBA). La Plata: Taller de Impresiones Oficiales; 1948, tomo I, 3-5.

[11] Según su teórico, el sistema de partido predominante es un tipo de pluralismo de partidos, "un sistema de más de un partido en el que la rotación no ocurre en la práctica" y donde "los partidos menores son antagonistas verdaderamente independientes del partido predominante". Véase Giovanni Sartori, *Partidos y sistemas de partidos. Marco para un análisis*, Madrid: Alianza, 1980, tomo I, pp. 251 y ss.

tura provincial y, al mismo tiempo, para elegir intendentes y concejales en todas las comunas. La elección a cargos provinciales se realizó bajo las disposiciones de la ley provincial 5109, sancionada el 30 de octubre de 1946, la cual no innovaba mayormente en un ya adoptado sistema de representación proporcional para los cargos de senadores y diputados provinciales.[12] Se renovaban 63 cargos de legisladores (42 diputados y 21 senadores), los cuales se distribuían en 8 secciones electorales.[13] Terminaban sus mandatos 31 legisladores peronistas, 29 de la UCR, y 3 representantes del Partido Laborista (seguidores de Cipriano Reyes). Los resultados de la elección fueron los siguientes:

La cantidad de votantes fue prácticamente idéntica a la del comicio de la semana anterior y, como puede apreciarse, las ligeras variaciones porcentuales de los votos por partido no modifican la imagen general.

Traducidos estos guarismos a la pertenencia partidaria de los cargos en disputa, en lo relativo a los diputados nacionales el peronismo obtuvo 14 cargos (más los dos vacantes) y el radicalismo 7, con lo cual la representación provincial en la Cámara de Diputados de la Nación permanecía inmodificada. Distinto fue lo ocurrido en la Legislatura provincial; hasta entonces, el Senado mostraba una mayoría opositora (21 radicales, 1 laborista 'reyista' —que acompañaba a aquellos— y 20 peronistas), mientras que Diputados era de mayoría peronista (47) frente a 35 radicales y 2 laboristas disidentes. Los resultados electorales de 1948 permitieron que el peronismo obtuviera 13 cargos de senador contra 9 del radicalismo; en tanto que para diputados, los peronistas consiguieron 28, los radicales 13 y el socialismo uno. A partir de entonces, el peronismo tendría mayoría propia en ambas cámaras de la Legislatura provincial.[14]

Finalmente, cabe destacar que el empuje electoral peronista se tradujo en un aplastante triunfo en las elecciones comunales; so-

[12] El texto de la ley provincial 5109 puede verse en: Provincia de Buenos Aires, *Leyes promulgadas. Años 1946-1953*, La Plata: Taller de Impresiones Oficiales, 1954, tomo I, pp. 26-33.

[13] Las secciones electorales agrupaban un número variable de los 112 "partidos» (municipios) en que se dividía administrativamente la provincia. En lo que sigue, llamaremos "distrito" al "partido".

[14] Para el período 1948-1950, el Senado provincial quedó compuesto por 24 peronistas y 18 radicales; Diputados, por 53 peronistas, 30 radicales y 1 socialista.

bre 112 municipios en disputa, ese partido venció en 100, en tanto los 12 restantes fueron conseguidos por la Unión Cívica Radical.

La dirigencia política de la provincia hacia 1948 - el peronismo hacia su organización

La victoria de las coligadas fuerzas peronistas en 1946 no facilitaron, en principio, el apaciguamiento de sus fricciones, sino que parecieron amplificarlas. Las disputas entre ellas pretendieron ser resueltas por Perón a través de un acto de fuerza: la proclama del 23 de mayo de 1946 que 'ordenaba' la caducidad de los partidos que lo habían apoyado, conminándolos a formar el Partido Único de la Revolución. Presionados desde la cúspide del poder, despojados de algunos cargos a través de artimañas de dudosa ética, los principales dirigentes del laborismo han insistido en rememorar los acontecimientos posteriores a la elección de febrero de 1946 como un ataque directo a una fuerza política que, pensaban, era la auténtica triunfadora y, en su concepto, la única verdaderamente renovadora.[15] Sin embargo, las opiniones de los dirigentes laboristas no eran tan unívocas como parecen considerarlo en sus recuerdos los más reacios a disolver el partido.[16]

Desde luego, no finalizaron allí los conflictos. Como ha mostrado Moira Mackinnon, la búsqueda de una dirección orgánica en el peronismo estuvo plagada de alianzas y enfrentamientos de diversas características entre sus dirigentes, al punto que el prácticamente nonato Partido Único avanzó sin rumbo y culminó en un abierto fracaso. La reconstitución partidaria, entre fines de 1946 y principios de 1947, ahora como Partido Peronista, intentaría desde su máximo organismo –el Consejo Superior– dotar al nuevo partido de una mecánica orgánica, trabajando para ello en lo que sería su principal objetivo: la convocatoria a un Congreso Constituyente partidario, con delegados electos por los afiliados peronistas.[17]

[15] Véase Luis Gay, *El Partido Laborista en la Argentina*, Buenos Aires: Biblos-Fund. Simón Rodríguez, 1999; o Cipriano Reyes, *Yo hice el 17 de octubre. Memorias*, Buenos Aires: CEAL, 1984, 2 tomos.

[16] Luis Monzalvo ofrece una versión abiertamente contradictoria; véase *Testigo de la primera hora del peronismo*, Buenos Aires: Pleamar, 1974.

[17] María Moira Mackinnon, "Sobre los orígenes del Partido Peronisa: Notas introductorias" en Waldo Ansaldi, Alfredo Pucciarelli, José C. Villarruel (eds.), *Representaciones inconclusas. Las clases, los actores y los discursos de la memoria, 1912-1946*, Buenos Aires: Biblos, 1995, pp. 223-253.

En el arduo proceso de organización unificada del Partido Peronista destacan entonces, por su importancia intrínseca, las elecciones internas llevadas a cabo el 21 de septiembre de 1947. Ciertamente, esos comicios mostraron, en la ocasión, matices de lo más diferenciados; en Capital Federal, por ejemplo, las denuncias de fraude, antes y durante el comicio, parecían demostrar el apego de algunos dirigentes por prácticas heredadas de la década infame. Sin embargo, el escenario bonaerense fue una muestra de lo contrario: una inmensa movilización partidaria, cuyos componentes pluralistas y participativos probablemente no tuvieran parangón con lo sucedido en el conjunto de las provincias argentinas.[18]

En la elección interna desarrollada en Buenos Aires, los afiliados peronistas elegían 120 Consejos Directivos locales y 88 delegados al Congreso Constituyente del Partido (que se realizaría el 1 de diciembre de 1947). De esta manera, cada "distrito" en que se dividía administrativamente la provincia tendría su propia conducción local,[19] antes incluso de lo que resolviera el congreso. Las situaciones distritales no fueron homogéneas; así, los electores debieron optar por concurrir a votar una lista única, o bien a elegir entre varios candidatos. La primera situación se registró en cuarenta y cinco distritos; la segunda, en setenta y cinco.

De todos modos, la concurrencia fue imponente: más de cien mil personas participaron.[20] En ese verdadero 'test', entonces, nos interesa observar la recomposición de la dirigencia peronista de la provincia, rastreando los orígenes previos de sus dirigentes o candidatos a dirigentes. La forma inorgánica, y en buena medida caótica, con que el peronismo conformó sus cuadros dirigentes en 1946 implicaba, indudablemente, que nadie sabía con certeza cuál era el grado de su 'representación'; el armado de las listas de candidatos en aquella ocasión no se basó en un reconocimiento efectivo de la capacidad de las personas, sino en una serie de acuerdos (abiertos

[18] El diario platense *El Argentino* observó: "El comentario que unánimemente ha podido recogerse [...] es que pocas veces se ha registrado en la Provincia y, sin duda, cabe hacer extensivo el concepto al resto del país, un clima de entusiasmo tan vivo y fervoroso en comicios que se relacionan exclusivamente con el funcionamiento de una agrupación política"; 21/9/1947.

[19] El distrito La Plata estaba dividido en 9 secciones, cada una de las cuales elegía su propio Consejo local; los 111 distritos restantes elegían uno cada uno.

[20] Con los incompletos datos electorales que suministra *La Nación*, 23-24/9/1947, hemos computado 109.000 votantes. Según el diario *La Capital*, de Mar del Plata (3/10/1947), los mismos ascendieron a 147.000.

o escasamente difundidos) que mostraban la fluidez de las 'estructuras' que se encolumnaban tras la candidatura del coronel Perón.

En este contexto, ¿cuál era la trayectoria previa de las personas que participaron en la interna peronista? El cuadro 3 sintetiza la información recopilada.[21] Hemos contabilizado la presencia de 230 individuos que presentaron su candidatura a la Presidencia del Consejo Directivo Local; de ellos, localizamos los antecedentes políticos de 110 candidatos (la nómina, en el Apéndice 1). Obsérvese:

Cuadro 3. Trayectoria previa de dirigentes peronistas, 1947

Partido o cargo	*Dirigentes*
Laborista	43
UCR (JR)	38
Comisionados municipales	19
FORJA	3
ALN	2
Electores presidenciales 1946	2
UCR (disidente)	2
Independiente	1
Total	**110**

Fuentes: véase nota 21.

En la organización del Partido Peronista, como todo debería hacer suponer, eran los hombres provenientes del laborismo y de la junta renovadora quienes mayoritariamente recomponían, o componían, sus cuadros intermedios. La mayoritaria presencia de laboristas en esta relación indica evidentemente que los dirigentes de ese partido decidieron razonadamente incorporarse al Peronista. Considerar que se trataba de 'traidores' que aprovecharon la oca-

[21] Las fuentes consultadas han sido las siguientes: *La Nación*, 23 y 24/9/1947, y *El Argentino*, 22 y 23/9/1947 (participantes en la interna peronista); Félix Luna, *El 45*, Buenos Aires: Sudamericana, 1971 (candidatos a diputados nacionales); *La Nación*, 15/2/1946 (candidatos a legisladores provinciales); Ministerio del Interior, *Las Fuerzas Armadas restituyen el imperio de la soberanía...*, tomo I (diputados nacionales electos y electores presidenciales); DSCDPBA, 1918-1946, y Senado de la Provincia de Buenos Aires. *Diario de Sesiones* [en adelante, DSSENPBA], La Plata: Taller de Impresiones Oficiales, 1918-1946 (legisladores provinciales); *Registro Oficial de la Provincia de Buenos Aires*, La Plata: Taller de Impresiones Oficiales, 1945, 1946 y 1947 (comisionados municipales, funcionarios provinciales).

sión para 'defeccionar' del laborismo parece una forma bastante rara de ver las cosas. Por otra parte, la heterogeneidad política de las personas que se integraron al peronismo es visible, pero no tan importante como habitualmente se supone; el cuadro sugiere la menguada contribución de aliancistas, radicales disidentes y simpatizantes conservadores, aunque subestima la participación de forjistas.[22]

Hasta aquí se ha evaluado a aquellas personas que tuvieron alguna actuación político-partidaria. Pero, ¿de qué se trata en el caso de los 'comisionados municipales'? Permítase una breve digresión. Una pauta tradicional de la política bonaerense al ser intervenida la provincia –o al cambiar de signo el gobierno provincial– era reemplazar a los intendentes municipales por un 'comisionado' designado desde La Plata. La finalidad político-electoral de tales designaciones era obvia. Cuando, con posterioridad a la Revolución de Junio de 1943, comenzó a gestarse la posibilidad de un nuevo proyecto político encabezado por el coronel Perón, su piedra de toque fue la designación de Juan A. Bramuglia como Interventor Federal en la provincia de Buenos Aires. Las acciones del interventor se enfilaron a obtener el concurso de dirigentes radicales disidentes con la conducción "alvearista" del partido,[23] pero, a la vez, a dotar de 'cuadros' políticos de menor nivel al emergente proyecto. En este punto, Bramuglia (y sus sucesores en la intervención provincial) utilizaron convenientemente el recurso tradicional: la designación de comisionados municipales resultó el instrumento idóneo con el cual potenciar la actividad política de los

[22] Aliancistas designa a los furibundos nacionalistas que formaron la Alianza Libertadora Nacionalista, que en el caso bonaerense se integraron en el Partido Peronista (no fue así en otros lugares, como Capital Federal, donde se mantuvieron aparte); radicales disidentes a unos pocos hombres que tuvieron participación pública en la década de 1930, fuera de la estructura oficial del partido; el Partido Independiente fue una débil agrupación, mayoritariamente de ex conservadores, que apoyó a Perón en 1946. FORJA, por su parte, es más conocida. Un nutrido contingente de sus adherentes formaron parte del gobierno provincial peronista; baste consignar aquí que Arturo Jauretche fue Presidente del Banco Provincia, y que los ministerios de Hacienda y Educación estuvieron a cargo de dos hombres de esta agrupación, Miguel López Francés y Julio César Avanza.

[23] Un estudio, que señala éste entre otros aspectos de la actuación de Bramuglia en la provincia, es el de Raanan Rein, "Preparando el camino para el peronismo: Juan A. Bramuglia como Interventor Federal en la Provincia de Buenos Aires", *Revista Europea de Estudios Latinoamericanos y del Caribe*, nº 67, dic. 1999, Amsterdam, pp. 35-55.

dirigentes incorporados al 'peronismo'.[24] Asimismo, como en los comicios generales de 1946 no se eligieron autoridades municipales, la designación de comisionados durante los dos primeros años de la administración de Mercante mantuvo la misma finalidad.[25] El cuadro revela que la utilización de este cargo como 'canal' de reclutamiento de cuadros políticos intermedios no fue una iniciativa fallida en la conformación del peronismo provincial.

La estimación realizada se ha basado en aquellas personas de las cuales poseemos rastros de sus antecedentes previos; como queda dicho, ellos fueron, sin embargo, menos de la mitad de los participantes localizados. A falta de datos comprobados, el terreno queda abierto a la conjetura; sin embargo, nada nos hace pensar que los orígenes de estas otras personas mostrarían pautas demasiado disímiles.[26] En mi opinión, la tendencia general invita a considerar que se trataba de gentes provenientes del laborismo o el radicalismo renovador –que no lograron previamente postularse a cargos electivos–, o bien de nuevos dirigentes venidos, por así decir, 'de la nada'.[27]

Los candidatos peronistas en las elecciones de marzo de 1948

Una idea extendida, propalada en sus primeras versiones por la más cruda oposición antiperonista, afirma que las listas de can-

[24] El 22% de los comisionados designados en 1945 (279) tuvieron luego actuación como dirigentes peronistas. En 1946 se insertaron predominantemente en las filas de la Junta Renovadora. Un ejemplo emblemático lo provee Román Subiza: comisionado municipal en 1945, candidato a diputado nacional por la Junta Renovadora en 1946 y *a posteriori* alto funcionario en el gabinete de Perón.

[25] El hecho no pasó desapercibido para los contemporáneos, como lo revelan estas palabras del senador provincial laborista Juan M. Seisdedos Martín: "Ya no es un secreto para nadie que se pretende crear un partido oficial desde la función pública y, consiguientemente, se les otorga a los comisionados, además de las funciones administrativas, las de carácter político para gestar, mediante el poder que le da el gobierno de ese pequeño estado que es la comuna, la posibilidad del funcionamiento del Partido Único", *DSSENPBA 1946-1947*, tomo II, p. 1705.

[26] Salvo en lo concerniente a los comisionados: como hemos registrado a todos los individuos que ocuparon este cargo entre 1943 y 1948, podemos asegurar que no participó ninguno más en esta elección.

[27] En un curioso intercambio de solicitadas entre dos dirigentes del peronismo marplatense (Francisco Capelli, ex forjista, y Luis Alberto Mignone, ex laborista) puede vislumbrarse la informal manera de incorporar militantes (probables dirigentes): la "recomendación" de "muchachos inteligentes", activados por la emergencia de Perón

didatos a cargos electivos por el peronismo eran confeccionadas por el mismo Perón.[28] De este modo, los dirigentes peronistas no eran, en rigor, dirigentes; los cargos políticos relevantes eran premios a la obsecuencia más que logros de una actividad política continuada. La versión quizá obtenga visos de realidad hacia el final del gobierno peronista, aunque aún carece de confirmación.[29] Pero en las elecciones de 1948, la realidad fue muy distinta.

Los electos delegados bonaerenses al Congreso Constituyente del Partido Peronista se reunieron el 18 de enero de 1948 en La Plata, con la finalidad de confeccionar las listas de candidatos partidarios para las elecciones generales. Observemos, en primera instancia, los candidatos peronistas a la Cámara de Diputados de la

Cuadro 4. Candidatos peronistas a la Cámara de Diputados de la Nación, PBA, 1948

Candidato	*Resultado en elección interna*	*Distrito*
Oscar Bidegain	Ganador	Azul
José Cané	Ganador	Lincoln
Roberto Cursack	Ganador	Lobería
Eduardo Forteza	Ganador	B. Blanca
Florencio Lasciar	Perdedor	Morón
Alejandro Leloir	Lista única	Laprida
Balbino Letamendi	Lista única	G. Cháves
Alcides Montiel	Ganador	Quilmes
Valerio Rouggier	Lista única	Zárate
Carlos Seeber	Ganador	V. López
Juan C. Zamudio	Ganador	Mercedes

Fuentes: *La Nación*, 4/3/1948 (candidatos a la Cámara de Diputados). De la interna peronista, véase nota 21.

---

y cuyo pasado político era inexistente. Véase *La Capital* (de Mar del Plata), 18 y 19/9/1947.

[28] Véase, por ejemplo, Presidencia de la Nación, *Libro negro de la segunda tiranía.*, Buenos Aires, 1958.

[29] Un autor sugiere que esto habría ocurrido ya en la confección de las listas de candidatos para las elecciones de 1951; véase Georg Eickhoff, "El 17 de Octubre al revés: la desmovilización del pueblo peronista por medio del renunciamiento de Eva Perón" *Desarrollo Económico*, vol. 36, nº 142, (julio-septiembre 1996), pp. 635-660.

Nación. Como se ha indicado, los partidos debieron presentar listas con 16 integrantes. Los miembros de la lista peronista, ¿eran dirigentes de esa fuerza?, ¿o se trató de "acomodados", sugeridos "desde arriba"?

La primera comprobación debe señalar lo siguiente: de los 16 candidatos, 11 participaron en las previas elecciones internas del partido; de ellos, sólo uno había sido derrotado, en tanto que 7 resultaron triunfantes en la compulsa y 3 encabezaron listas únicas.[30] El cuadro siguiente lo especifica:

De esta manera, evidentemente la elección interna del Partido Peronista resultó la instancia de validación de sus dirigentes; la confección de la lista de candidatos a diputados nacionales tomó muy en cuenta la performance de las personas en esa compulsa. Pero, a su vez, el análisis resultaría incompleto si no se evaluara en qué medida tuvo lugar el denominado *cursus honorum* dentro de las filas partidarias, ascendiendo –o renovando– cargos en los cuerpos colegiados. Así, habría que señalar que, de las once personas señaladas, cuatro renuevan sus mandatos (esto es, habían sido elegidos diputados nacionales en 1946), mientras que 3 ascienden de legisladores provinciales a diputados nacionales. En el primer caso, se trató de Rouggier, Montiel, Letamendi y Lasciar; como queda dicho, sólo este último no resultó vencedor en la interna.[31] En el segundo caso, se encontraban Cursack, Zamudio y Forteza. Sin embargo, esto no fue todo, porque además debe señalarse que Cané había sido candidato a diputado nacional por la UCR (JR) en 1946, que Leloir venía actuando como presidente del Banco Nación desde 1944, en tanto que, menos notoriamente, Seeber fue elector presidencial en 1946. Por añadidura, otros dos integrantes de la lista, aunque no participaron en la interna partidaria, eran dirigentes conocidos: Juan C. Silvestre asciende de diputado provincial a diputado nacional (fue electo en 1946 por la Junta Renovadora), en tanto el dirigente sindical petrolero Horacio Haramboure, que había sido candidato a aquel cargo en 1946 también por la Junta Renovadora, venía desempeñándose como secretario del Senado provincial.

[30] Evidentemente, quienes encabezaron listas únicas también resultaron "ganadores" del cargo partidario (Presidente de Consejo Directivo local); hacemos el distingo para indicar los casos de distritos con elecciones "competitivas".

[31] Sin embargo, derrotado por un nuevo y joven dirigente del distrito de Morón, quizá su adquisición de un cierto *know how* en las tareas parlamentarias pudo haber sido reconocida al momento de confeccionar la lista.

De este modo, sólo de 3 de los 16 candidatos no se ha podido localizar su actuación previa, si la hubieran tenido.[32] Los 13 restantes parecen mostrar que las candidaturas a cargos importantes dentro del peronismo se basaban en las capacidades o habilidades que las personas tenían para actuar como dirigentes. Adicionalmente, se puede señalar que las candidaturas en este nivel indican un puntilloso intento por conservar el equilibrio entre las principales fuerzas formadoras de la coalición peronista originaria: de once personas de las que se cuenta con datos de su pertenencia partidaria previa, 6 eran laboristas y 5 de la UCR (JR).[33]

La convención partidaria con funciones de Congreso eligió también los candidatos peronistas a la Legislatura provincial. Se trataba en este caso de 21 cargos de senadores y 42 de diputados provinciales, cuya complicada distribución en secciones electorales carece de relieve a los fines que ahora se persiguen. Sobre un total de 63 candidatos, 28 de ellos (esto es, el 44%) participaron en la interna del partido, entre los cuales, a su vez, 6 venían actuando como legisladores, en tanto que otros 7 habían sido candidatos al cuerpo en 1946; de las personas que no participaron en la interna, 4 eran legisladores provinciales, 8 habían sido candidatos en 1946, 7 más tenían actuación previa como comisionados municipales, y 1 era hasta entonces director del Banco Provincia; de 15 individuos no tenemos referencias. El siguiente cuadro permite apreciar globalmente la situación:

Cuadro 5. Candidatos peronistas a la Legislatura provincial, 1948

Antecedente	*Cantidad*	*%*
Participantes en la interna	28	44
Legisladores electos en 1946	4	6
Candidatos a legislador en 1946	8	13
Comisionados municipales	7	11
Director Bco. Provincia	1	2
Sin datos	15	24
Total	**63**	**100**

Fuentes: *La Nación*, 14/3/1948 (candidatos a la Legislatura); véase también nota 21.

[32] Se trata de Vicente Tilly, Prudencio Ibarguren y Carlos Díaz.

[33] Laboristas: Cursack, Rouggier, Lasciar, Forteza, Montiel y Letamendi. UCR (JR): Silvestre, Haramboure, Zamudio, Cané y Leloir.

Nuevamente, cabe señalar que la participación en la interna partidaria aparece como la indicación o el dato relevante a tener en cuenta a la hora de confeccionar una lista de candidatos.[34] De este modo, podría decirse que la legitimación otorgada por la victoria en la elección interna predeterminaba buena parte de las chances de las personas para convertirse en candidatos a cargos electivos por el Partido Peronista; en este sentido, puede destacarse el hecho que 5 legisladores provinciales laboristas electos en 1946 fueron derrotados en la interna, y que tal situación parece haber sido anotada: ninguno logró ser candidato en las elecciones generales.[35]

Es interesante advertir, además, que los dirigentes peronistas parecen haber intentado preservar ese delicado equilibrio entre los principales canales de reclutamiento de cuadros. Así, entre aquellos 34 candidatos a legislador provincial de los cuales poseemos referencias de su actuación previa, independientemente de si actuaron en la interna partidaria o no, puede notarse la siguiente relación: 14 provenían de la Junta Renovadora, 10 del laborismo, 9 habían sido comisionados municipales, en tanto uno más había pertenecido a la Alianza Libertadora Nacionalista.[36]

De acuerdo con los resultados de la elección del 14 de marzo de 1948, el peronismo consiguió 41 de las 63 bancas en disputa. Un análisis detenido de estos legisladores electos permitirá, suponemos, apreciar la fuerte racionalidad política que presidió la articulación de los cuadros dirigentes peronistas de la provincia de Buenos Aires. En la ocasión, resultaron electos 13 senadores y 28 diputados provinciales por ese partido. La 'ruptura' en el personal

[34] Los candidatos a legisladores que ganaron o encabezaron listas únicas provenían de todo el territorio provincial; por ejemplo, dirigentes de distritos "obreros" como Raúl Pedrera (4 de Junio) o Federico Cepparro (L. de Zamora), de centros urbanos como René Orsi (La Plata) o Saúl Ratti (Lobos), o bien de distritos tradicionales del interior provincial, como Raúl Hoffman (Cnel. Pringles) o Vicente Rey (Gral. Lamadrid).

[35] Se trata de Eduardo Gutiérrez, Raúl Islas, Alberto Mignone, Felipe Tronelli y Raúl Galeano, quienes terminaron su mandato en 1948.

[36] Provenientes de la JR: Ángel Arenas, Manuel Bianchi, Saúl Ratti, Mateo Balo, José Martín, Alberto Pastor, Cayetano Nastasia, Felipe Rotelli, José Passerini, Julio Lescano Gorordo, Oscar Lara, Rafael Robles, Orlando Castro, Daniel Ferrer Burgueño. Provenientes del PL: José Zubiarrain Camino, Virgilio Nelbone, Miguel Delgado, Francisco Bertrán, Eduardo Olmos, José Palmeiro, Juan C. Salaverry, Eduardo Carvajal, Juan Merlo, Andrés Casanova. Provenientes de la ALN: Tomás Monetti. Comisionados municipales: Alberto David, Héctor Bernárdez, Mario Martínez, Rodolfo Arce, Eduardo Sturla, Carlos Hernández, Gustavo Villaverde, Francisco González Rodríguez, Miguel Navarro.

político fue una de las características que el peronismo emergente trajo consigo; tal como señalaron diversos autores, el ascenso a los principales cargos públicos de personas sin experiencia en las funciones gubernativas fue la nota predominante en 1946.[37] Por contraste, lo acontecido tras las elecciones que estamos analizando podría interpretarse como una suerte de 'continuidad en la ruptura', al menos en lo que al peronismo concierne (la situación en el partido radical, como se verá, parece diferente): de los 41 legisladores electos en 1948, entonces, se aprecia que 10 de ellos acreditan experiencia en el cargo, renovando de este modo su mandato (seis provenían del laborismo y cuatro de la Junta Renovadora);[38] por su parte, 7 habían sido candidatos a la legislatura en 1946 (5 por la JR, 2 laboristas),[39] en tanto 7 registraban actuación como comisionados municipales.[40] Si a estas personas se adicionan otros 10 dirigentes que provienen directamente de la interna partidaria,[41] parece suficientemente claro que la renovación del cuerpo parlamentario provincial, en lo que al peronismo concierne, tuvo una mínima dosis de aleatoriedad. Se trata de personas que, o bien muestran una cierta pericia en actividades gubernativas (en este caso, quienes venían actuando como legisladores o comisionados municipales), o bien exhiben una continuada actividad militante, ciertamente desde 1946 en adelante. Pero no parecen existir pruebas que estas personas no fueran 'dirigentes', sino 'trepadores', 'obsecuentes' u otros calificativos por el estilo; más bien, lo que esta aproximación permite afirmar es justamente lo contrario: que estos cuadros dirigentes del peronismo, verdaderas 'terceras líneas' de la organización partidaria, eran sin duda personas capaces de

[37] Tanto Félix Luna *El 45*, como Darío Cantón, *El Parlamento argentino en épocas de cambio: 1890, 1916 y 1946*, Buenos Aires: Edit. del Instituto, 1966, sostuvieron los prácticamente inexistentes antecedentes parlamentarios de los legisladores nacionales peronistas.

[38] Se trata de: Francisco Bertrán, Eduardo Olmos, José Palmeiro, Juan C. Salaverry, Eduardo Carvajal, Juan Merlo (laboristas), y Saúl Ratti, Daniel Ferrer Burgueño, Cayetano Nastasia, José Passerini (JR).

[39] Mateo Balo, Julio Lescano Gorordo, Oscar Lara, Rafael Robles, Orlando Castro (JR), y Andrés Casanova, Virgilio Nelbone (laboristas).

[40] Rodolfo Arce, Eduardo Sturla, Carlos Hernández, Gustavo Villaverde, Francisco González Rodríguez, Mario Martínez, Julio C. Avanza.

[41] Ellos fueron: Manuel Pedrera, Gilberto García, Domingo Soria, René Orsi, Pablo Guerrero, Mariano Arrieta, Federico Cepparro, Alberto Proia, Vicente Rey, Miguel Hoffman.

representar en los cuerpos colegiados provinciales los intereses o ideales que el peronismo defendía.

En la misma fecha de los comicios para elegir legisladores provinciales se desarrolló la elección de intendentes municipales. Del total de intendentes peronistas electos (100), se ha podido visualizar los antecedentes políticos de 54 (véase Apéndice 2). La siguiente tabla lo especifica:

Cuadro 6. Trayectoria previa de intendentes electos peronistas, 1948

Antecedente	*Cantidad*
Comisionados municipales	30
Participantes en la interna	21
Legisladores prov. electos 1946	1
Candidatos a leg. prov. 1946	2
Total	**54**

Fuentes: *La Nación*, 16/3/1948 (intendentes electos); el resto, véase cuadro 5.

En esta relación se ha considerado el antecedente más inmediato a la elección (algunos comisionados, por ejemplo, participaron en la interna, en tanto otros habían sido candidatos en 1946). Como puede observarse, en este caso la actuación como comisionado municipal ha sido una referencia decisiva para la posterior candidatura al cargo comunal. Por su parte, como la argumentación anterior viene resaltando, la performance en la interna partidaria fue otro elemento decisivo; en este caso, 13 habían triunfado en ese comicio, 4 encabezaron listas únicas y sólo 1 había sido derrotado.[42] Queda claro, nuevamente, que la legitimación como dirigente producida en la elección interna era otro elemento 'anotado' para futuras candidaturas.

En todos los niveles de cargos fueron integrantes de las listas peronistas personas sobre las que no se cuenta con referencias sobre su trayectoria política previa. Es difícil, ciertamente, realizar afirmaciones desprejuiciadas acerca de ellas. En el caso del pero-

[42] El único derrotado en la interna fue Juan J. Pereda (Gral. Pueyrredón).

nismo, parece que en demasiadas oportunidades se supone que si el individuo en cuestión no fue sindicalista, o si no tuvo una actuación mínimamente relevante en algún partido como el radical o el socialista, debe tratarse de 'conservadores' que deciden aprovechar un espacio escasamente estructurado con la finalidad de mantener su amenazada dominación. Sin embargo, una posibilidad menos considerada, pero probablemente más ajustada a la realidad, sería que personas sin actividad política pública –en el contexto del fraude permanente de la «década infame"– hubieran apreciado la emergencia del peronismo como el canal apropiado para volcar convicciones políticas que los partidos 'tradicionales' no podían contener o representar. Y ésta era, indudablemente, la imagen que los noveles dirigentes peronistas tenían de ellos mismos, tal como los siguientes términos de un senador provincial condensadamente expresan:

> Yo he venido a este Recinto traído por el pueblo de Buenos Aires y traído por una revolución, porque tengo como una de las características sustanciales de mi corta vida política, el de sostener que yo no tengo historia política, que nací a la vida pública con la Revolución y con este movimiento que sigue a Perón.[43]

La dirigencia radical

El 13 de enero de 1946 la Unión Cívica Radical había realizado un importante comicio interno, en el cual las corrientes enfrentadas dirimieron las postulaciones partidarias para las elecciones nacionales a efectuarse en febrero de ese año. En aquella ocasión, el "Movimiento de intransigencia y renovación", cuyo máximo dirigente provincial era Ricardo Balbín, obtuvo un destacado triunfo que le permitió a los hombres de la 'intransigencia' ocupar la mayoría de las candidaturas partidarias. Sin embargo, mayoría no es sinónimo de unanimidad; la victoria intransigente había sido por un muy escaso margen de votos,[44] y esa situación se vio reflejada

[43] *DSSENPBA*, 1948, tomo II, p. 962.

[44] En el comicio interno efectuado el 13 de enero de 1946, la "intransigencia" obtuvo 35.005 votos y el "unionismo" 34.149. Sin embargo, la observación de los resultados en cada distrito muestra una situación paradójica: en este caso, el "unionismo" venció en 66 distritos y la intransigencia en 46. Véase *La Nación*, 15/1/1946.

en la balanceada composición de las listas de candidatos del partido.

Muy distinta fue la realidad tras los comicios internos del radicalismo llevados a cabo el 30 de noviembre de 1947. Compitieron en la oportunidad nuevamente los mismos contendientes: el 'movimiento radical' de la provincia de Buenos Aires (lista blanca), encabezado por el veterano dirigente Ernesto Boatti, y la corriente intransigente (lista verde), conducida por Balbín. Esta elección era más trascendente que la anterior, dado que ahora definía no sólo las candidaturas en las elecciones generales, sino que renovaba las autoridades partidarias del comité bonaerense. La leve mayoría intransigente observada en 1946 fue transformada en una contundente victoria en 1948:

Cuadro 7. UCR, elección interna, 30/11/1947 (por secciones)

Sección	*Lista verde*	*Lista Blanca*
Capital	3.378	1.401
1ª	4.210	4.742
2ª	3.749	3.546
3ª	5.809	3.381
4ª	5.459	3.406
5ª	4.840	2.786
6ª	4.277	324
7ª	3.541	2.491
Total	**35.263**	**22.077**

Fuente: *La Nación*, 1 y 2 de diciembre de 1947.

El resultado alteró la composición de los cuerpos directivos partidarios: la intransigencia obtuvo la dirección del comité bonaerense, cuyos presidente y vicepresidente pasaron a ser, respectivamente, Ricardo Balbín y Moisés Lebensohn, en tanto que los vocales de ese cuerpo se distribuyeron así: 16 intransigentes y 8 por la minoría. La representación bonaerense en el Comité Nacional partidario quedó integrada por tres intransigentes (Roberto Parry, Crisólogo Larralde y Juan Prat) y uno por la minoría (Joaquín Vergara

Campo), mientras que la delegación ante la convención partidaria se compuso con 30 intransigentes y 14 de la lista blanca.[45]

La rotunda victoria intransigente tuvo un efecto gemelo en la composición de las listas de candidatos, tanto a diputados nacionales como a legisladores provinciales. El equilibrio entre candidatos de ambas corrientes que predominó en 1946 se convirtió en una neta mayoría intransigente en los aspirantes partidarios a los cuerpos colegiados. Así, entre los candidatos al Congreso Nacional, 11 pertenecían a la intransigencia, 2 al "unionismo" (la corriente encabezada por Boatti se integraba dentro de esa tendencia general); de tres personas no se han hallado referencias.[46] Similar situación se dio entre los candidatos a la Legislatura provincial; sobre 63 candidatos, eran intransigentes 40, en tanto que los otros 23 pertenecían al unionismo.[47]

Pero la elección interna no provocó solamente un desequilibrio en la composición de las listas a favor de la intransigencia, sino que además parece haber promovido una verdadera 'ruptura' en la representación partidaria, tanto en el Congreso Nacional como en la Legislatura. Obsérvese lo siguiente: como ya se ha indicado, los diputados nacionales del radicalismo que terminaban su mandato en 1948 eran 7 personas. De ellos, sólo uno (Balbín) consiguió renovar su cargo. Apenas se matizaría la cuestión si se considerasen aquellas personas que fueron candidatos a diputado nacional en 1946 (y no fueron electos); en este caso, de 21 candidatos en aquella ocasión, sólo 4 se postularon nuevamente en 1948 (y sólo uno logró su elección).[48]

En el caso de los integrantes radicales de la Legislatura provincial, su renovación fue más abrupta aún. Terminaban sus mandatos 29 legisladores; de ellos, ninguno logró renovar su banca. Sólo 2, de esos 29, lograron candidatearse en 1948, ambos para diputa-

[45] Véase en *La Nación*, 4/12/1947, la lista de personas.

[46] Intransigentes: Ricardo Balbín, Federico Cané, Moisés Lebensohn, Emir Mercader, Federico Monjardín, Ataúlfo Pérez Aznar, José Quinteros Luque, Ricardo Rudi, Fernando Solá, Roberto Parry, Miguel Arana. "Unionistas»: Mario Gil Flood, Mario Giordano Echegoyen. Sin datos: Isaac Sánchez Larios, Héctor Demaría Massey, Ambrosio Renis.

[47] En 1946, la distribución de candidaturas fue más equilibrada; correspondieron 67 a la intransigencia y 59 al unionismo.

[48] Quienes se postularon nuevamente en 1948 para diputado nacional fueron: F. Monjardín, Mario G. Echegoyen, M. Lebensohn y J. Quinteros Luque. De ellos, Monjardín resultó electo. Véase las listas de candidatos en Félix Luna, *El 45*, y *La Nación*, 4/3/1948.

do nacional, aunque no lograron concretar su aspiración (se trata de F. Cané y A. Pérez Aznar). Asimismo, si se observaran los 63 candidatos radicales a la Legislatura, sólo 8 de ellos ya habían sido candidatos en 1946.[49]

De este modo, la 'clase política' provincial, en su sector radical, parece haber sufrido un proceso de 'ruptura' notorio; ninguna de las personas que fungían como legisladores provinciales entre 1946 y 1948, y que de esa manera habían adquirido una cierta experiencia en las tareas legislativas, logran reingresar al cuerpo. Como una curiosidad, puede señalarse que 2 individuos que habían sido candidatos al Congreso Nacional en 1946 parecen realizar un cursus honorum inverso: en 1948 se presentan como candidatos a la Legislatura. Disminución de jerarquía compensada, al menos, por su obtención del cargo (se trata de Erasmo Goti y Héctor Noblía).

Los dirigentes peronistas y su extracción social

En la extensa variedad de ensayos que han pretendido discernir la denominada 'naturaleza de clase' del peronismo, suele dominar la idea de la composición policlasista de aquella fuerza política. De este modo, los analistas recalcan que el proletariado y otros segmentos de trabajadores proveerían la base de masas para una dirección política perteneciente en su totalidad a la burguesía y/o a las 'clases medias' superiores.[50] Estas opiniones se han centrado en la observación de las elites políticas al nivel 'nacional' y, a decir verdad, están escasamente basadas en información empírica consistente. Trataremos de incursionar en esta temática analizando las características sociales de la dirigencia política del peronismo bonaerense hacia 1948, presuponiendo como una noción verosímil que la dirigencia partidaria se muestre como un posible 'microcosmos' del partido *in toto*. Observemos, en principio, a los participantes en la elección interna partidaria. Hemos detectado información acerca de 45 postulantes a la presidencia de los Con-

[49] Ellos fueron: Luis Buzzi, León Chevallier, Héctor Finocchietto, Ricardo González, Miguel Irigoyen, Manuel Labriola, Antonino Matranca, Juan Murguía.

[50] Esta noción se encuentra presente en un amplio abanico de autores; pueden verse, por ejemplo, Rodolfo Puiggrós, *El proletariado en la revolución nacional*, Buenos Aires: Sudestada, 1968; o Walter Little, "Party and State in Peronist Argentina, 1945-1955" en *Hispanic American Historical Review*, vol. 53, nº 4, November 1973, pp. 644-662.

sejos Directivos locales (que representan, sobre un total de 120 personas, casi el 20%). ¿Cuál era la profesión u ocupación de esos dirigentes partidarios? El siguiente cuadro lo resume:[51]

Cuadro 8. Profesión u ocupación de participantes en la interna peronista, 1947

Profesión/ocupación	*N°*	*%*
Abogado	12	26,67
Médico	5	11,11
Profesión liberal (otra)	4	8,89
Empresario	3	6,67
Periodista	4	8,89
Sindicalista	8	17,78
Militar	3	6,66
Maestro	2	4,44
Obrero/empleado	4	8,89
N° de casos	**45**	**100,00**

Fuentes: véase nota 51.

La muestra presenta la extracción social de dirigentes políticos que se hallarían en la base de la organización, en las cercanías del 'cuadro' o del simple militante. En el más bajo nivel, entonces, de la dirección partidaria, puede observarse la profusa policromía sociológica de sus integrantes: el cuadro parece indicar que el mentado 'policlasismo' era una característica interna del Partido Peronista.[52] Para perfilar con mayor agudeza sus aristas, afirmaremos que al menos un tercio de la dirigencia distrital del partido estaba conformada por hombres provenientes de los 'sectores populares';[53] en

[51] La información ha sido recopilada de un extenso y heterogéneo listado de fuentes, y ha sido sistematizada en una base de datos de tipo relacional. Indicamos tres ejemplos del material documental utilizado: *Diccionario Biográfico de la Provincia de Buenos Aires*, Buenos Aires: "C» Signo Editorial Argentino, 1954. *Quién es quién en la Argentina. Biografías contemporáneas*, Buenos Aires: Guillermo Kraft, 1939, 1947 y 1950. Carlos Quirós, *Guía radical*, Buenos Aires: Galerna, 1986.

[52] El carácter policlasista sería patente para el "movimiento» peronista, en tanto éste englobaría tanto al partido como al movimiento obrero organizado.

[53] Esta categoría incluiría tanto a los trabajadores (obreros o empleados) como a segmentos bajos de la "clase media" Sobre este concepto, véase Luis A. Romero, "Los sectores populares como categoría histórica" UBA, mimeo, 1991.

efecto, integrando en esta categoría a las personas provenientes del ámbito sindical, los periodistas, los militares (se trata de oficiales de baja graduación o suboficiales) y los simples asalariados, obtenemos un más que interesante 47% del total. Con todo, queda el hecho relevante que poco más de la mitad de estos dirigentes peronistas pertenecían a la clase media 'alta', si consideramos como integrantes de este estrato tanto a los profesionales liberales como a los empresarios capitalistas.[54]

¿Habría marcadas disonancias entre los dirigentes partidarios y aquellos que el partido impulsaría para cargos públicos en torno al origen social de las personas? Si el proceso de afianzamiento de una elite dirigente que hemos mostrado más arriba no es desacertado, en ambos casos debería notarse una composición similar. Adicionalmente, algún matiz debía existir que haya hecho al peronismo tan distinto (o extraño) para sus opositores. Para observar esta cuestión, compararemos la extracción social de aquellas personas que fueron postuladas para un cargo legislativo en 1948 por los partidos Peronista y Unión Cívica Radical, con el propósito de observar las probables diferencias entre ellos.

Cuadro 9. Profesión u ocupación de candidatos, 1948 (en porcentajes)

Profesión/ocupación	*PP*	*UCR*
Profesional liberal	36,0	82,6
Sindicalista	28,0	0,0
Periodista/docente	16,0	17,4
Empresario	8,0	0,0
Militar/policía	8,0	0,0
Obrero/empleado	4,0	0,0
N° de casos	**25**	**23**

Fuentes: véase nota 51.

[54] Puede haber ocurrido que algunos profesionales universitarios no hayan sido hombres de altos ingresos; sin embargo, culminar estudios universitarios, en la época, era una posibilidad restringida a una elite. Fue justamente durante los gobiernos peronistas que las Universidades Nacionales ampliaron abruptamente su matrícula; véase Carlos Mangone y Jorge Warley, *Universidad y peronismo (1946-1955)*. Buenos Aires: CEAL, 1984.

El número total de candidatos por cada uno de los partidos en 1948 alcanzó a 79 individuos; de esta manera, la información presentada en el cuadro es, creemos, significativa (para el peronismo, el número de casos señalados representa el 31,6% del total, en tanto para el radicalismo es del 29,1%). Una primera impresión es evidente: la amplia tonalidad social que la dirigencia peronista muestra en contraste con la radical. En este sentido, no parece desencaminado considerar a la UCR como una especie de 'partido de una clase': prácticamente la totalidad de su dirigencia correspondería a individuos ubicados o pertenecientes a la 'clase media'. Por su parte, el peronismo presenta entre sus candidatos una amplitud policlasista cuasi similar a la vista entre sus postulantes a los Consejos Locales, aunque la representación de los individuos con titulación universitaria parece haberse reducido. Pero, asimismo, la inserción de las personas que pueden considerarse como integrantes de los 'sectores populares' fue decisiva en la composición de la Legislatura en su sector peronista: el porcentaje alcanza el 56%.

La extracción social de los dirigentes peronistas parece confirmar, por una vía distinta, las diversas opiniones que subrayan el policlasismo de aquella fuerza política. En realidad, no parece para nada irrazonable suponer que los individuos 'ven' los problemas políticos o sociales en formas diferentes, según la plataforma en que se encuentren ubicados en la pirámide social. Por lo tanto, sería bastante probable que aquellos dirigentes peronistas vinculados a las clases populares (no tanto por opción, según defienden los teóricos de los 'intelectuales orgánicos', sino por pertenencia vital) hayan impulsado tales puntos de vista en las diversas instancias estatales en las que se encontraron insertos, quizá con mayor relevancia en los órganos legislativos. Este fue, en nuestra opinión, el punto clave que hizo la 'diferencia específica' entre el peronismo y los otros partidos; más precisamente, entre el peronismo y aquellos otros partidos que tuvieron –o podrían tener– responsabilidades gubernativas.[55] La comparación aquí efectuada con los integrantes del Partido Radical es suficientemente explícita al respec-

[55] Tenemos la "impresión» que los dirigentes comunistas mostrarían también un elevado porcentaje de personas de las clases populares (decimos impresión porque, lamentablemente, no contamos con información comparable). Sin embargo, es casi obvio que el PC no era, en ningún sentido, un "partido de gobierno".

to; cualquier contrastación con épocas previas no haría más que ahondar las distancias.[56]

Consideraciones finales

Las elecciones de marzo de 1948 ofrecen una perspectiva adecuada para observar la conformación de la elites políticas en la provincia de Buenos Aires. La dirigencia peronista parece mostrar, en un momento que ya no es el de los 'orígenes', un proceso de consolidación donde las vocaciones políticas emergidas hacia 1945/46, y posteriormente, han debido revalidarse tanto ante la afiliación partidaria como en la adquisición de experiencia gubernamental en distintos niveles. En ambos casos, el equilibrio observado entre las personas provenientes de las fuerzas principales de la coalición peronista originaria (laborismo, junta renovadora) —aunado a ese canal siempre renovado de reclutamiento político que constituyó el cargo de comisionado municipal— destaca como una de las características principales del peronismo bonaerense. Es probable que la integración de estos elementos en una organización unificada sufriera menores fricciones que las registradas en otras provincias en virtud de la legitimación otorgada por los impecables comicios internos. Adicionalmente, puede destacarse que la estructura interna del Partido Peronista no parece mostrar, en su fase embrionaria, los marcados ribetes 'verticalistas' que se le atribuyen: es digno de atención el hecho que los afiliados eligieran sus conducciones partidarias locales.

En relación a la Unión Cívica Radical, puede afirmarse que en el bienio 1947-1948 fue cuando su dirigencia política se vio abruptamente renovada en virtud de la contundente victoria del movimiento de intransigencia y renovación en los comicios internos. En particular, en aquel segmento de la dirigencia política que nos hemos concentrado en mostrar (los candidatos a cargos electivos), el radicalismo provincial no parece haber considerado un ele-

[56] Véase, por ejemplo, el análisis realizado por Richard Walter sobre los legisladores conservadores y radicales de los años veinte y treinta, y se apreciará la profunda distancia que media entre ellos y los peronistas. El artículo es: "Politics, Parties, and Elections in Argentina's Province of Buenos Aires, 1912-42" en *Hispanic American Historical Review*, vol. 64, nº 4, 1984, pp. 707-735.

mento de interés, al instante de conformar sus listas de candidatos, la adquisición de experiencia parlamentaria, sino que priorizó la pertenencia a la 'intransigente' corriente triunfadora. Con todo, resulta evidente que el 'unionismo', aunque en declive, no era una mera cúpula de dirigentes enquistados en la conducción partidaria,[57] sino una línea con apoyo entre los afiliados del partido.

Por último, la aproximación intentada en torno a la extracción social de los dirigentes políticos de ambos partidos subraya la notoria distancia que separa a peronistas de radicales, en particular en lo concerniente a la integración de elementos provenientes de los 'sectores populares' entre los cuadros de la dirección político/partidaria. Incluso al nivel de la dirigencia política, el peronismo mostraba un evidente policlasismo, mientras el radicalismo preservó una pauta más tradicional de reclutamiento dirigencial entre individuos de las clases medias profesionales.

Apéndice 1

Orígenes políticos de dirigentes peronistas participantes en la elección interna.

Total: 110.

Provenientes del P. Laborista (43): Alejandro Abbiate, Juan Samuel Altube, Vicente Alvarez Pérez, Alfredo Arrieta, Vicente Bagnasco, Héctor Pablo Bosco, Luis Narciso Campo, Héctor Cámpora, Eduardo Carvajal, Leandro José Cerizola, Guillermo Coolen, Roberto Cursack, Manuel Ferrando, Benito Ferro, Miguel Eduardo Firpo, Eduardo Julio Forteza, Alfredo Misael Galeano, Américo Giordano, Gregorio Gutiérrez, Rufino Herce, Eduardo Lucio Islas, Gaspar Kess, Guillermo Lasciar, Balbino Letamendi, Cayetano Marón, Antonio Marra, Juan Ángel Merlo, Luis Alberto Mignone, Alcides Montiel, Virgilio Nelbone, Benito Ottonello, Raúl Ricardo Peláez, Juan Pianterosa, Silverio Pontieri, Ginés de la Quintana, Vicente Rapola, Manuel Rodríguez González, Valerio Rouggier,

[57] Esta es la interpretación radical (intransigente) típica; véase la obra de Gabriel del Mazo, *El radicalismo: el movimiento de intransigencia y renovación (1945-1957)*, Buenos Aires: Raigal, 1957. También, Roberto M. Uzal, "¡Que renuncie el comando de la derrota!" en *Todo es Historia*, n° 201, enero de 1984, pp. 8-40.

Juan Carlos Salaverry, Ángel Siri, Víctor Tronelli, Rodolfo Yezid Yanzón, José Zubiarrain Camino.

Provenientes de la UCR (JR) (38): Pedro Agotegaray, César Albistur Villegas, Raúl Alvarez, Ángel Calixto Arenas, Carlos Aronna, Mateo Balo, Almerindo di Bernardo, Manuel Bianchi, Antonio Bianculli, Alfredo Busquet, José Cané, Erasmo Carreño, Salvador Cetrá, Pablo Ferrari, Daniel Ferrer Burgueño, Emilio Gallina, David Giacobone, Alfonso del Giudice, José Ladaga Rosito, Oscar Lara, Alfredo Larrondo, Alejandro Leloir, Julio Lescano Gorordo, Alberto López Claro, Miguel Vicente Natiello, José Luis Passerini, Jesús Porto, Saúl Oscar Ratti, Felipe Rotelli, Walter Schiaffino, Jorge Alberto Simini, Carlos Augusto Suigo, Ramón Torres Brizuela, Juan Manuel Varela, Juan Edgardo Villar, Roberto Volpe, Juan C. Zamudio, Juan Zerillo.

Comisionados municipales (19): Horacio Agesta, Alberto Albanesi, Enrique Casanova, Gregorio Cejas, Constantino Curcumelis, Julio Desplat, Julián Drocchi, Arturo de Elías, Juan Adolfo Figueroa, Daniel Garbarino, Julián Goiría, Mariano Liandro, Victorio Luis Macchiavello, Victoriano Martínez de Alegría, Miguel Navarro, Miguel Cirilo O´Brien, Carlos Alberto Perlender, Julio Vázquez, Federico Von Wernick.

FORJA (3): Julio C. Avanza, Francisco Capelli, René Orsi.

ALN (2): Jorge Álvarez Ceballos, Víctor Asprella.

UCR (disidente) (2): Juan C. Allegro, José Sánchez Negrete.

P. Independiente (1): Eduardo Piñero.

Electores presidenciales: Manuel Raúl Pedrera, Carlos Manuel Seeber.

Apéndice 2

Trayectoria previa de intendentes peronistas.

Total: 54

Comisionados municipales (30): (designados antes del 24/2/46) Manuel Arias, Fernando Arricau, Juan Cassagne, Felipe Ianonne, Carlos Ipharraguerre, Rafael Laplaza, Luis Mangieri, Juan Marenzi, Enrique Ratti, Nicolás Rueda, Walter Schiaffino, Floriano Stickar, Guillermo Stura, Galeano Zazzali Monteverde. (Designados por Mercante): Italo Avale, Juan Ballesteros, Isidro Barrios,

Ismael Bengoechea, Héctor Blasi, Claudio Borton, Oscar Bruzzo, Manuel Cáceres, Ricardo Grassi, Francisco Gutiérrez, Hugo Hernández, José Irigoyen, Eduardo Mac Donnell, Ricardo Pérez, Antonio Scavuzzo, Pascual Simone, Carlos Tessari.

Participantes en la interna (21): Jorge Álvarez Ceballos, César Albistur Villegas, Héctor Álvarez, Italo Avale, Isauro Chiramberro, Manuel Ferro Konig, Cornelio Guillermón, Rufino Herce, Armando Lenguitti, José Marín, Victoriano Martínez de Alegría, José Mazzucco, Miguel Navarro, Juan J. Pereda, Nicolás Petroni, Felipe Rotelli, Oscar Sánchez Sambucetti, Pascual Santoro, Mauricio Scatamacchia, Walter Schiaffino, Alberto Vera, Conrado Walter.

Candidatos a cargos legislativos en 1946 (2): Mariano Pereyra, Aristóbulo Soldano (JR).

Legislador electo en 1946: Eduardo Villa Abrille (Laborista).

Capítulo IX

El gobierno de Domingo Mercante: expresión singular del peronismo clásico

El peronismo histórico –que se considera a sí mismo heredero de los principios de la "revolución del 43"– emerge de las elecciones de 1946 con un líder constitucionalmente elegido por un millón y medio de votantes, una base de poder proveniente de la clase obrera y un apoyo militar sólido. Precisamente, es en este ámbito castrense donde se generan los contactos iniciales entre Juan Domingo Perón y Domingo Alfredo Mercante, dentro del G.O.U. (Grupo de Oficiales Unidos) del ejército, que iniciara el cambio institucional del 4 de junio de 1943 en procura de un Estado fuerte, dirigista, planificador y –sustancialmente– benefactor, de orientación nacionalista, que redujera la influencia extranjera sobre la vida política y económica argentina y preocupado por un desarrollo industrial orientado a satisfacer las necesidades de un mercado interno en expansión.[1]

A partir de este momento, la relación entre Perón y Mercante, *estratega y ejecutante*, al decir de su hijo,[2] se consolida cada vez más; primero, dentro de la Secretaría del Ministerio de Guerra, convertida en centro de reunión de los principales dirigentes gremiales, y poco después en la Secretaría de Trabajo y Previsión, donde se destaca el papel del coronel Mercante como mediador en el conflicto ferroviario, gremio con el que había entrado en contacto desde muy joven, dada la ocupación de maquinista de su padre, logrando la libertad de los obreros detenidos, la reposición en sus puestos de los dirigentes destituidos y el levantamiento de la huelga. Se gesta desde aquí la campaña que conducirá a Perón a la primera magistratura. La relación entre ambos se consolida en la histórica jornada del 17 de octubre de 1945, en la cual Mercante cumple también un papel fundamental movilizando a los jefes sin-

[1] Potash, Robert A., *Perón y el GOU. Los documentos de una Logia secreta*, Buenos Aires, 1984.

[2] Mercante, Domingo A., *Mercante: El corazón de Perón*, Buenos Aires, 1995.

dicales, quienes por entonces sostenían que *"con Perón y con Mercante la Argentina va adelante"*.[3]

En las elecciones del 24 de febrero de 1946, la fórmula presidencial Perón-Quijano se impone por una diferencia de 127.887 votos a la dupla Tamborini-Mosca de la Unión Democrática, alianza partidaria organizada para oponerse a Juan Perón y sus ambiciones políticas. Mercante, que había rehusado la propuesta de Perón de acompañarlo como secretario general de la Presidencia, logra con el apoyo de los gremialistas que la asamblea del Partido Laborista proclame la fórmula Mercante-Machado para la gobernación de la provincia de Buenos Aires,[4] desplazando a la fórmula Alejandro Leloir (ex UCR)- Atilio Bramuglia (ex P.S.), ya acordada por Perón con sus nuevos aliados políticos. Esta actitud podría interpretarse como una primera demostración de la propia fuerza política de Domingo Mercante y de sus aspiraciones de avanzar más allá de un «segundo» plano, detrás del líder. El binomio Mercante-Machado triunfa sobre los candidatos radicales por una brecha de 147.575 votos, es decir, superior en 20.000 sufragios a la obtenida por la propia fórmula presidencial.

En la legislatura bonaerense, el panorama es diferente al que se vive en el Congreso Nacional. La UCR logra sumar 21 senadores, que serían acompañados por un laborista rebelde,[5] como frente opositor a los 20 legisladores que se incorporan por el Laborismo; en la Cámara Baja se integran 47 diputados laboristas, 35 radicales y 2 laboristas disidentes. Consecuentemente, Mercante va a gobernar hasta 1948 con un senado opositor, marcando una diferencia significativa con el gobierno nacional, donde el oficialismo cuenta con mayoría propia en ambas Cámaras.

Estos resultados y la personalidad del flamante gobernador le harán obrar de un modo que permite plantear la hipótesis de que

[3] Torre, Juan Carlos (comp.), *El 17 de octubre de 1945*, Buenos Aires, 1995.

[4] Este partido fue gestado desde la Secretaría de Trabajo y Previsión, a cargo de Mercante, quien a través de delegaciones provinciales logró el apoyo a la lista encabezada por Perón. En tanto, los líderes obreros, como el telefónico Luis Gay, Cipriano Reyes del gremio bonaerense de los trabajadores de la carne y el ferroviario Luis Monzalvo pretendían que Mercante fuese el candidato a vicepresidente.

[5] Oscar H. Aelo llama "laboristas rebeldes" a los seguidores de Cipriano Reyes, quienes se negaron a integrarse a la estructura política unificada de las fuerzas peronistas a partir de mayo de 1946 y continuaron su actuación política con aquella denominación. En "Elites políticas en la provincia de Buenos Aires: peronistas y radicales en las elecciones de 1948", en *www.tau.ac.il/eial/XIII_2/aelo.html*.

trazó estrategias políticas para crear redes clientelares que sustentaran un proyecto alternativo al del gobierno central. Pueden verse elementos que apuntalan esta teoría: por ejemplo, el trato que le da a la oposición y el papel que le asigna en el contexto de un régimen democrático; el respeto por la división de poderes que contrasta con la intervención que su sucesor – Carlos Vicente Aloé– hará del Poder Judicial con la autorización de la Legislatura; las discrepancias con la administración nacional surgidas por la aplicación, en el ámbito del Banco de la Provincia de Buenos Aires, de la reforma financiera de 1946; su política de fomento agropecuario en momentos en que el gobierno central pone toda su energía en la promoción de la industria; su marcada insistencia en la democratización de la propiedad rural frente a la relegada revolución agraria que Perón prometiera en sus discursos pre-electorales;[6] la vasta y aún hoy ponderada obra pública realizada durante su gestión, para la que exigía la aprobación de dos tercios de ambas Cámaras legislativas. Consecuentemente, su autor es alejado de la escena política al consolidarse, desde 1950/52, la conducción personalista del peronismo.[7]

Este trabajo pretende avanzar en el análisis histórico de la política económica del peronismo pero, en este caso, a partir del estudio de la gestión que Domingo Mercante lleva adelante en la provincia de Buenos Aires entre 1946 y 1952. Desde los lineamientos básicos de la macrohistoria político-económica del peronismo, el análisis se centrará en la política agraria e industrial implementada por el gobernador bonaerense, interesado en mantener un delicado equilibrio entre los tradicionales intereses del agro y los dinámicos y más nuevos sectores de la industria. La gestión mercantista se presenta como un ejemplo singular, ya que sin dejar de ser peronista y responder a los principios de la doctrina, tiene rasgos propios inducidos por las características mismas del primer Estado argentino: la provincia de Buenos Aires. El objetivo último de este artículo es, pues, contribuir a ampliar y complejizar las explicaciones de la experiencia peronista, en la que se reconoce la coexistencia de más de una expresión del peronismo clásico, contradiciendo así gran parte de la profusa literatura que ha insistido en remarcar

[6] Blanco, Mónica, "Peronismo, Mercantismo y Política Agraria en la provincia de Buenos Aires (1946-1955)", en *www.mundoagrario.unlp.edu.ar/nro2/Blanco.htm.*

[7] Rein, Raanan, *Peronismo, populismo y política. Argentina 1943-1955*, Buenos Aires, 1998, 48-51.

la homogeneidad del movimiento en estrecha relación con el verticalismo que lo caracteriza.

El proyecto político de Mercante - Su equipo de gobierno y la relación con la oposición

Domingo Alfredo Mercante y Juan Bautista Machado asumen como gobernador y vicegobernador el 16 de mayo de 1946, precediendo la asunción de Perón, quien asiste con su esposa a la Asamblea Legislativa. Su mensaje es breve y conciso. No hace grandes promesas, precisa la forma en que encarará la acción de gobierno:

> He de gobernar para todos los habitantes de la Provincia, sin partidismo de ninguna naturaleza. [...] La hacienda pública será manejada con rigurosa escrupulosidad. Los hombres de gobierno no son, en este aspecto sino administradores del patrimonio del pueblo, y sólo pueden disponer de él en la medida que satisfaga el interés público. [...] No he de poner el gobierno a mi servicio, porque me considero justamente al servicio del gobierno de la Provincia. Y los colaboradores que designe, lo serán porque he tenido en cuenta, además de su capacidad, la comprensión de ese principio que hace al gobernante un servidor de la comunidad.[8]

Mercante reúne a su alrededor un grupo de laboristas, ex miembros de FORJA, un movimiento formado a mediados de la década del 30 por jóvenes desilusionados del Partido Radical, que representan una postura nacional-populista y antiimperialista,[9] un núcleo proveniente de la UCR. Junta Renovadora y otros, sin historia política, que nacieron a la vida pública con la Revolución de 1943.[10] Entre los primeros figuran el propio vicegobernador y su primer

[8] Provincia de Buenos Aires, Cámara de Diputados, *Diario de Sesiones*, año 1946, sesión del 16 de mayo, 49-50.

[9] Miguel Angel Scenna, *FORJA. Una aventura argentina*, Buenos Aires, 1972; Alberto G. Piñeiro, *Del radicalismo al peronismo: "Hechos e Ideas" 1935-1941*, Buenos Aires; *Conflictos y Procesos de la Historia Argentina Contemporánea* 25; Arturo Jauretche, *FORJA y la década infame*, Buenos Aires, 1976.

[10] Aelo, "Elites políticas", 11.

Ministro de Obras Públicas, ingeniero José Cédola, hombre propuesto por Cipriano Reyes, que más atento a satisfacer los requerimientos del dirigente sindical que a imprimirle a su Ministerio el ritmo de trabajo que el gobernador pretendía, es reemplazado rápidamente por el ingeniero Raúl A. Mercante.[11] Un nutrido contingente de ex forjistas, de quienes Perón abrevó, entre otras fuentes, la creencia en un nuevo orden político capaz de garantizar la justicia social, su política de nacionalización de los servicios públicos, la planificación de la economía, el fomento a la industrialización, son quienes acompañan al gobernador de Buenos Aires en cargos claves de la administración provincial. Por ejemplo, el Dr. Miguel López Francés ocupa, desde 1947 y hasta 1952, el Ministerio de Hacienda, Economía y Previsión, organizándolo de acuerdo con los principios de la teoría económica en boga, de forma que *el manejo de la hacienda pública, [...] se desplaza hacia un plano financiero de administración y de control, mientras lo económico entra a jugar un rol creador, funcional y dinámico en la política estatal.*[12]

El Dr. Arturo M. Jauretche[13] asume, con la conformidad del Senado y el respaldo del gobernador, la presidencia del Banco de la Provincia de Buenos Aires el 31 de octubre de 1946, fecha en que éste, después de 40 años, cambia su estructura para convertirse en una entidad bancaria estatal, de acuerdo con la reforma financiera que impulsó el gobierno nacional en marzo de ese año. Otros dirigentes destacados son: el Dr. Arturo E. Sampay, fiscal del Estado provincial, presidente de la Comisión de Estudio del anteproyecto de reformas a la Constitución Nacional del Bloque Peronista y artífice, junto a Mercante, de dicha reforma; el Dr. Julio Cesar Avanza, Ministro de Educación, encargado de promover en el ámbito provincial las reformas que intentan convertir un sistema pedagógico y cultural de tipo liberal, agnóstico y enciclopedista en una escuela humanista, cimentada en una concepción cristiana, con importantes influencias vitalistas, articulada con las demandas de una enseñanza práctica instrumental –que muchos sectores reclamaban desde años atrás– y de "profundo arraigo argentinista". Manuel S. Mainar, para quien el peronismo era el realizador de una

[11] La relación de parentesco que los unía era lejana, ya que el gobernador y su ministro eran hijos de primos segundos.

[12] Provincia de Buenos Aires, Cámara de Senadores, *Diario de Sesiones*, año 1947, sesión del 2 de mayo, 22.

[13] Norberto Galasso, *Jauretche y su época*, Buenos Aires, 1985.

auténtica revolución social,[14] es designado Secretario de la Gobernación, asesor en temas agrarios, proponiendo la enfiteusis como medio de propiedad social de la tierra para que su titularidad quedara reservada sólo a la sociedad y a su órgano jurídico, que es el Estado.

Sin mayoría oficialista en el senado, Mercante debe desarrollar una política cauta y prudente, cuyo primer paso lo conduce a establecer relaciones francas, abiertas y directas con los líderes de la oposición. El gobernador convoca entonces al presidente del bloque radical de la Cámara Alta, senador Carlos Segretti, y a su par de Diputados a que propongan una persona para ser designada al frente del Tribunal de Cuentas de la Provincia. Este funcionario ejercería el control externo e interno, posterior y anterior de todos los actos de gobierno, sería revisor de sus cuentas y contralor efectivo e inapelable del patrimonio de la provincia. Con esta medida, que ya evidencia la política de consenso que Mercante mantendrá con la oposición, se descongelan prácticamente las relaciones que la UCR mantenía con el Laborismo después de una campaña electoral cruenta y dificultosa. En su mensaje de asunción, el gobernador reconoce que:

> Organismos de un mismo engranaje de gobierno, los poderes ejecutivo y legislativo deben marchar en íntima comprensión trabajando en común, con la intensidad que requieren los arduos problemas de la Provincia. Espero que he de contar con esa colaboración y sé que ella producirá fecundos resultados. [...] Será también norma de mi gobierno el aceptar todas las iniciativas y sugestiones, cualquiera que sea su procedencia, siempre que ellas redunden en el beneficio del pueblo.[15]

Los hechos confirman este deseo. Sin llegar a extremos de declinación partidaria, la oposición presta a la gestión de Mercante una colaboración que resulta esencial para la concreción de los planes de gobierno. La mayoría de los proyectos remitidos por el Poder Ejecutivo son transformados en leyes con no menos de los

[14] Manuel Mainar, "Reflexiones acerca del plan Perón", en *Hechos e Ideas* 46 (1948).

[15] Provincia de Buenos Aires, Cámara de Diputados, *Diario de Sesiones*, Año 1946, sesión del 16 de mayo, 49.

2/3 de los votos favorables de ambas Cámaras. De igual manera, las relaciones con los intendentes radicales no admiten diferencias con respecto a las mantenidas con los peronistas. Se construyen obras en razón de las necesidades de cada municipio y no promovidas por las adhesiones partidarias. Así, por ejemplo, el Hospital "Tomás Cestino" de la localidad de Ensenada recibe el nombre de un distinguido integrante del Partido Radical; al pabellón de consultorios externos del Hospital "Melchor Romero", en vida del doctor Joaquín Durquet, también prestigioso médico radical, se le da su nombre.

La oposición suma durante esta época fervor y una fiebre por "hacer", y sus miembros proponen obras y proyectos, recibiendo apoyo del gobierno a sus diversas inquietudes. El 4 de junio de 1946, al tomar posesión de la investidura presidencial, también Perón sostiene frente a la Asamblea Legislativa su decisión de "*... olvidar las injurias de las que he sido objeto y los agravios que me hayan podido inferir. De mi voluntad, de mi mente y de mi corazón han desaparecido las pasiones combativas y sólo le pido a Dios que me conceda la serenidad que requieren los actos de gobierno*".[16] Sin embargo, desde los comienzos mismos de su gestión adopta una línea de confrontación con la oposición. En 1947 afirma que: "*Ellos emplean el sabotaje, la agitación, la infiltración comunista, el atraco, el engaño en las masas. Nosotros no tenemos otro medio que la verdad, y la verdad ha de triunfar al fin, como ya triunfó*".[17]

A diferencia del consenso propiciado por Mercante, la convocatoria a la convivencia formulada por el líder del partido a quienes no adhieren a él tiene un formato errático que, en el límite de sus variaciones, puede interpretarse como: "*Construiremos entre todos la armonía social y política o ¡pobres de ellos!*" Esta modalidad contradictoria de ofrecer por un lado la participación y, por otro, amenazar con el castigo, prolonga en el juego político la matriz militar del pensamiento de Perón: "*si quieres la paz, prepárate para la guerra*".[18]

La victoria de las fuerzas coaligadas en torno a Perón no facilita el apaciguamiento de sus fricciones, sino que parece amplificarlas.

[16] Cámara de Diputados de la Nación, *Diario de Sesiones*, Año 1946, sesión del 4 de junio.

[17] En Ricardo Sidicaro, *Juan Domingo Perón. La paz y la guerra*, Buenos Aires, 1996, 36.

[18] *Ibídem*, 38.

El Presidente de los argentinos pretende resolver dichas disputas a través de un acto de fuerza: la proclama del 23 de mayo de 1946 que "ordena" la caducidad de los partidos que lo habían apoyado, conminándolos a formar el Partido Único de la Revolución, el cual, dados los enfrentamientos que se sucedieron en su seno, termina en un rotundo fracaso.[19] En el arduo proceso de organización y unificación del Partido Peronista, se destaca la convocatoria a un Congreso Constituyente partidario, con delegados electos por los afiliados en elecciones internas llevadas a cabo el 21 de septiembre de 1947. Estos comicios muestran matices diversos que, una vez más, evidencian diferencias de estilo de conducción entre el Presidente de la Nación y el gobernador de Buenos Aires. En la Capital Federal, las denuncias de fraude, antes y durante el comicio, parecen mostrar el apego de algunos dirigentes –quizás con la "anuencia" del propio Perón– por prácticas heredadas de la década infame. En cambio, el escenario bonaerense es una muestra de lo contrario: más de 100.000 personas participan de una movilización cuyos componentes pluralistas y participativos no tienen comparación con otras experiencias electorales realizadas en el conjunto de las provincias argentinas. De esta forma Mercante cumple con su promesa de garantizar la libertad comicial: *Ni intendentes, ni jueces de paz ni policías perturbarán de ningún modo y en ningún momento, este inquebrantable propósito de depuración de las prácticas políticas.*[20]

Los electos delegados bonaerenses al Congreso Constituyente del Partido Peronista se reúnen el 18 de enero de 1948 con el objeto de confeccionar las listas de candidatos para las elecciones legislativas de marzo, en las que el peronismo obtiene 14 cargos, más 2 vacantes por diputados fallecidos, y el radicalismo 7, con lo cual la representación provincial en la Cámara de Diputados de la Nación no se altera. Distinta es la situación en la Legislatura bonaerense, ya que los resultados electorales de 1948 permiten que el peronismo obtenga 13 bancas de senador contra 9 del radicalismo, en tanto que, para diputados, los peronistas consiguen 28, los ra-

[19] María Moira Mackinnon, "Sobre los orígenes del partido Peronista. Notas introductorias", en Waldo Ansaldi, Alfredo Pucciarelli y José Villarruel (comps.), *Representaciones inconclusas. Las clases, los actores y los discursos de la memoria, 1912 – 1946*, Buenos Aires, 1995, 223-253.

[20] Provincia de Buenos Aires, Cámara de Diputados, *Diario de Sesiones*, año 1946, sesión del 16 de mayo, 50.

dicales 13 y el socialismo 1. A partir de entonces, el peronismo tiene mayoría propia en ambas Cámaras provinciales. Cabe destacar que el empuje electoral peronista se traduce también en un aplastante triunfo en las elecciones comunales: sobre 112 municipios en disputa, el oficialismo vence en 100, en tanto los 12 restantes son obtenidos por la Unión Cívica Radical.[21]

La oposición antiperonista afirma que las listas a cargos electivos por el peronismo eran confeccionadas por el mismo Perón.[22] De este modo, los dirigentes peronistas no son, en rigor, dirigentes; los cargos políticos relevantes son premios a la obsecuencia más que logros de una actividad política continuada. Éste no parece ser el caso de la dirigencia peronista de la provincia de Buenos Aires, que muestra en 1948 un proceso de consolidación donde las vocaciones políticas emergidas hacia 1945/46 han debido revalidarse tanto ante la afiliación partidaria (internas de 1947) como en la experiencia gubernamental en distintos niveles. En ambos casos, el equilibrio observado entre las personas provenientes de las fuerzas principales de la coalición peronista originaria (laborismo, Junta Renovadora), aunado a ese canal siempre renovado de reclutamiento político que constituye el cargo de comisionado municipal, durante las intervenciones federales a la provincia, especialmente la de Juan Atilio Bramuglia, y durante los dos primeros años de la gestión de Mercante, destaca como una de las características del peronismo bonaerense. Es probable que la integración de estos elementos en una organización unificada experimentara menos fricciones que las registradas en otros distritos provinciales dada la legitimación otorgada por los impecables comicios internos. Otra diferencia digna de destacarse es que la estructura interna del Partido Peronista de la provincia de Buenos Aires no ofrece los marcados signos del verticalismo propio del peronismo de otras provincias, ya que es digno de atención el hecho de que los afiliados bonaerenses eligieran 120 conducciones partidarias locales. De esta forma, cada distrito en que se divide administrativamente el territorio provincial tiene su propia conducción, antes incluso de lo que resolviera el Congreso Constituyente.[23]

En la extensa variedad de ensayos que han pretendido discernir la denominada "naturaleza de clase" del peronismo domina la

[21] Aelo, "Elites políticas", 4.
[22] Presidencia de la Nación, *Libro negro de la segunda tiranía*, Buenos Aires, 1958.
[23] Aelo, "Elites políticas", 16.

idea de una composición policlasista de esta fuerza política. La dirigencia del partido en la provincia evidencia una profusa policromía sociológica, que incluye hombres provenientes de los sectores populares (obreros, empleados, chacareros, arrendatarios, peones rurales y segmentos bajos de la clase media), sindicalistas, periodistas, militares (oficiales de baja graduación o suboficiales), hasta dirigentes peronistas pertenecientes a la clase media "alta", si consideramos dentro de este estrato tanto a profesionales liberales como a empresarios capitalistas que fueron captados por el desarrollo de la pequeña y mediana industria nacional.

Reforma constitucional

Con la implementación de la nueva Constitución de 1949 se advierte otro rasgo de heterogeneidad entre el Poder Ejecutivo Nacional y el de la provincia de Buenos Aires. La elección de constituyentes del 5 de diciembre de 1948 da el triunfo al peronismo con el 66% de los votos, siendo el gobernador de la provincia de Buenos Aires el convencional más votado al regir el sistema de tachas. El coronel (R) Domingo A. Mercante va ser elegido presidente de la Asamblea Nacional Constituyente, de la cual se retira la oposición, sesionando a partir de entonces sólo el peronismo.

Entre las reformas implementadas en la nueva Constitución, cabe destacar el artículo 77, según el cual el presidente y el vicepresidente duran seis años en sus mandatos y pueden ser reelectos. La nueva Carta Magna cuenta también con seis Disposiciones Transitorias, de las cuales la quinta plantea: "*Autorízase por única vez a las legislaturas provinciales para reformar totalmente sus constituciones respectivas, con el fin de adaptarlas a los principios, declaraciones, derechos y garantías consagrados en esta Constitución. A tal efecto, en las provincias con poder legislativo bicameral, ambas cámaras reunidas constituirán la Asamblea Constituyente, la que procederá a elegir sus autoridades propias, y a tomar sus decisiones por mayoría absoluta*".[24]

El plazo para dar cumplimiento a esta disposición es de noventa días, y la adaptación a que hace referencia esta disposición "*no significaba nada más ni nada menos que la prórroga lisa y llana de*

[24] *Constitución de la Nación Argentina*, Buenos Aires, 1949.

todos los mandatos en la forma en que lo hacía la disposición transitoria sexta con respecto a los legisladores, haciéndola extensiva a los gobernadores que finalizaban en 1950".[25]

Mercante se va a oponer terminantemente a extender su mandato por decreto; por esa razón, la reforma de la Constitución Provincial tiene las particularidades que expresan el pensamiento del gobernador. Como cuestión fundamental se dispone el llamado a elecciones para ocupar la gobernación por el término de dos años, a los efectos de completar el mandato iniciado en 1946 y adaptarlo a la nueva Constitución Nacional. Además, se establece la no reelegibilidad de los futuros gobernantes; su artículo 10 dispone la prohibición a los funcionarios públicos de abusar de su posición oficial para realizar especulaciones comerciales; en el 16 se asegura la libertad de prensa, se establece que los delitos cometidos por la misma nunca se reputarían flagrantes, prohíbe el secuestro de las imprentas y sus accesorios como instrumentos del delito durante los procesos. En el artículo 120 se ratifica el papel del Fiscal de Estado inamovible para defender el patrimonio provincial; por el 124 se organiza el Tribunal de Cuentas, formado por un presidente y cuatro abogados vocales, nombrados con acuerdo del Senado.

Las elecciones provinciales para completar el mandato se realizan el 12 de marzo de 1950 y en ellas se verifica, a través de los votos, la obra realizada en la provincia por Mercante, quien se erige como segundo hombre del peronismo. Sin embargo, sus consideraciones hacia la oposición, los tratamientos legislativos en acuerdos previos con el radicalismo y versiones que lo daban permitiendo (en el territorio provincial) la edición de diarios opositores al gobierno de Perón, son signos evidentes de la independencia de criterio con que se maneja el gobernador. El triunfo corresponde al peronismo –¿o al *mercantismo*?– con el 63% de los votos: 486.549, contra 282.343 de la UCR. Este resultado cambia la composición de las Cámaras provinciales, ya que se incorporan o renuevan 27 bancas de senadores contra 15 de la oposición y 52 de diputados contra 31. Domingo Mercante obtiene 50.000 votos más que en la elección de 1946. Su contrincante radical, el doctor Ricardo Balbín, es encarcelado durante nueve meses, acusado de desacato contra el Presidente de la República en un discurso pronunciado en Rosario. Si bien el delito es de carácter federal, correspondiendo a la

[25] Mercante, *Mercante*, 124.

justicia de ese fuero procesarlo, el domicilio del acusado estaba radicado en La Plata, por lo tanto se encontraba bajo la jurisdicción de un magistrado provincial, debiendo ser alojado en un penal de la capital de la provincia.[26] Ante los reiterados intentos de Mercante por convencer a Perón de la inconveniencia de mantener preso al líder de la oposición, de quien, según sus propias palabras, "hay que buscar el apoyo, no la guerra", el Primer Magistrado responde: "No, Mercante, empezaron guerreando y lo vamos a llevar hasta sus últimas consecuencias. [...] Si el presidente de la República no logra que lo respeten, el país puede llegar a ser un caos. [...] No hablemos más del asunto".[27] El episodio concluye con instrucciones expresas que el gobernador da a su Ministro de Gobierno y al Director del Penal para que el líder radical pueda recibir visitas durante todo el día en las fiestas de fin de año. Políticos, legisladores, intendentes acuden sin restricciones a entrevistarse con Balbín hasta que, el 3 de enero de 1951, Perón decreta inesperadamente su indulto y su consecuente libertad.

Aun en estas cuestiones se evidencian rasgos diferenciadores entre el peronismo, que antepone la confrontación, y un mercantismo que busca consensuar con la oposición.

Nacionalización del Banco de la Provincia de Buenos Aires

La reforma financiera de 1946, a través del Decreto Ley 8503 que dispone la estatización del Banco Central de la República Argentina y el Decreto ampliatorio 11.554 que dispone el manejo del control de cambios, significa que el Estado asume el monopolio de los mecanismos financieros. El Banco Central acrecienta sus atribuciones y dispone que: "Su poder de acción también es absoluto en cuanto al manejo del crédito y a toda la banca. Los bancos privados se constituyen, desde entonces, en agencias del Banco Central de la República Argentina, con la nacionalización de todos los depósitos, inaugurando un nuevo régimen que les otorga la garantía de la Nación".[28]

[26] César Arrondo, *Balbín entre rejas, la prisión de Balbín en 1950*, La Plata, 2002.
[27] Mercante, *Mercante*, 144.
[28] Noemí Girbal - Blacha, *Historia del Banco de la Provincia de Buenos Aires. Gestión del doctor Arturo Jauretche (1946-1950)*, Buenos Aires, 1993.

La aplicación de la reforma financiera va a significar la primera diferencia concreta en la implementación de la política económica entre el gobierno provincial y el nacional. A través del primer Ministro de Hacienda que acompaña al gobernador, el arquitecto Carlos F. Ancell, se plantea la gravedad de la cuestión institucional y el ataque que implica a la autonomía provincial. Se aconseja entonces al Poder Ejecutivo Provincial gestionar la exclusión de su Banco en los alcances del Decreto Ley 11.554/46.

Los fundamentos que se esgrimen para la supresión de la aplicación de la mencionada ley apelan al artículo 7 del Tratado de San José de Flores de 1859, a la reforma constitucional de 1860 y al Convenio de Unión del 6 de julio del mismo año. De acuerdo con estos antecedentes históricos, si la provincia no puede gobernar su propio Banco, pierde sustentación la base económica en que se asienta su autonomía estatal. El gobernador Mercante adhiere a esta posición, contando con el aval del Fiscal de Estado (Arturo E. Sampay), y eleva estos informes a los ministros del Interior y de Hacienda de la Nación y al Presidente del Banco Central.

El 22 de mayo de 1946 la Cámara de Diputados bonaerense trata el tema y, sin impedimento de llevar a cabo un estudio exhaustivo del problema, expresa su solidaridad con el Poder Ejecutivo provincial por la actitud asumida en resguardo de su institución bancaria y la defensa de la autonomía. La respuesta del gobierno central no se hace esperar y taxativamente exige: "que el gobernador de la Provincia de Buenos Aires, como agente natural del gobierno federal intime al Banco de la Provincia de Buenos Aires el inmediato cumplimiento del Decreto 11.554/46".[29]

Las argumentaciones del nuevo decreto nacional son firmes y precisas, y en ellas se sostiene: que el régimen de los depósitos bancarios integra la legislación comercial y debe ser dictada por el gobierno federal, único que puede reglamentarla y dar instrucciones (artículo 67, inciso 11 y artículo 86, inciso 2 de la Constitución Nacional); que "la única autoridad que puede dictar leyes en toda la Nación sobre el régimen bancario, es el Gobierno Nacional, y las provincias están obligadas a acatarlas" (artículo 108 de la Constitución Nacional); que nada se expone en el pacto de San José de Flores sobre el Banco y que el Banco de la Provincia de Buenos

[29] *El Banco de la Provincia de Buenos Aires. Fundador del crédito y la moneda argentinos. Su provincialización en 1946*, Buenos Aires, Banco de la Provincia de Buenos Aires, 1950, 89.

existente entonces fue clausurado como consecuencia de la crisis de 1890, entrando la institución financiera en moratorias prorrogables legisladas por la Nación, hasta constituirse en 1906 en sociedad bancaria mixta como sociedad anónima; que el Banco así constituido no pertenece al gobierno provincial, pues éste es propietario de sólo una parte de las acciones, y del directorio de 12 miembros, el Ejecutivo bonaerense sólo designa a 4 y al presidente de la entidad. El resto es elegido por los accionistas particulares.[30]

Por estas consideraciones, el Poder Ejecutivo Nacional decreta, el 24 de mayo de 1946, el apercibimiento pertinente para que el gobernador bonaerense intime al Banco a dar cumplimiento y encuadrarse dentro del decreto 11.554. Así planteado el conflicto entre poderes, y con el objeto de no agravarlo, el gobernador Domingo Mercante remite el 27 de mayo un proyecto de ley para que la Legislatura local lo faculte a encuadrar la acción del Banco de la Provincia dentro de la política bancaria nacional. El primer paso a dar en este sentido es la provincialización del Banco, o sea la transformación de una sociedad mixta en una entidad totalmente en manos del gobierno provincial. En la Legislatura se aprueban los proyectos de ley facultando al Ejecutivo bonaerense a convenir la rescisión del contrato de la sociedad mixta (luego del correspondiente inventario y balance general, junto con el rescate de acciones en manos de particulares) y establecer una política de coordinación bancaria entre el Banco Central y el Banco de la Provincia. Finalmente, el 7 de octubre de 1946 se firma en la Casa Matriz de La Plata el convenio de disolución de la sociedad entre el gobierno provincial y los directores accionistas, fijándose el pago a cuenta a los accionistas particulares en m$n 230 por cada acción nominal de m$n 100 y la entrega de la posesión de la entidad para el 31 de octubre. En el acto de la firma del convenio toma posesión de su cargo el nuevo presidente de la institución, el doctor Arturo Martín Jauretche.

Evidentemente, además de razones legales y de una tradición histórica, la resistencia que ofrece Mercante para poner el Banco dentro de la órbita de la política financiera nacional está avalada por las utilidades obtenidas por los accionistas y el Estado provincial durante los cuarenta años en que funcionó la sociedad mixta, y por la identidad entre el gobernador bonaerense y la actividad económica provincial.

[30] *Ibídem*, 90-92.

Cuadro N° 1: Banco de la Provincia de Buenos Aires - Cierre de Libros (31/12/1906) y Balance (31/12/1945)

	1906	1945
Depósitos de terceros	32.017.800	971.458.700
Depósitos oficiales	22.304.300	110.508.300
Depósitos fiscales (mov. anual) Entradas	42.021.600	1.348.413.100
Salidas	31.177.200	1.366.587.900
Adelantos y préstamos en general	46.823.700	823.419.500
Caja y existencias	14.130.000	191.389.000
Giros y transferencias Emitidos	16.565.900	1.188.292.000
Deuda Pública Provincial (Cupones y títulos pagados)	531.296	60.181.800
Capital del banco (Integrado)	20.000.000	62.500.000
Reservas declaradas	157.500	39.397.500

Fuente: El Banco de la Provincia de Buenos Aires. Fundador del crédito y la moneda argentinos. *Su provincialización en 1946*, Buenos Aires, Banco de la Provincia de Buenos Aires, 1950, pp. 106/7.

Pese a los esfuerzos del gobernador Domingo Mercante, que están denotando rasgos de autonomía y decisión propia frente a la política financiera encarada por el gobierno nacional, el Banco de la Provincia de Buenos Aires cambia su estructura e inicia su nueva etapa operativa como entidad bancaria estatal, en un todo de acuerdo con las disposiciones de la reforma financiera nacional.

La planificación en la provincia de Buenos Aires

"Soy un hombre de la Revolución de junio, y en tal sentido he de promover con todo empeño las mejoras sociales cuyo logro ha constituido la esencia del movimiento revolucionario"[31]. Mercante, al igual que Perón, concibe un Estado que asume una posición vigilante, racional y orgánica sobre la economía general y que se pone al servicio de la doctrinaria "justicia social". Una política económica mercadointernista conducida por un Estado nacionalista y popular, dirigista y planificador, capaz de concretar la redistribución del ingreso en favor de la pequeña y mediana industria que produce para ese mercado interno expandido, es la que se implementa entonces en la *Nueva Argentina,* acreedora de la posguerra. La alianza entre los sectores más nuevos y pujantes de la burguesía industrial y la clase obrera organizada, con la garantía estatal, definen la esencia del gobierno populista de Juan Perón.[32] Para llevar adelante esta política, el flamante Presidente de los argentinos cuenta con el Consejo Nacional de Posguerra que él mismo había creado en 1944. Este primer organismo de planificación le brinda una información invalorable sobre todos los aspectos y problemáticas del país, ya que si bien sus objetivos y tareas eran esencialmente técnicos y económicos, los datos así obtenidos le permiten interpretar una realidad política y social dinámica.[33] El ideal planificador, nacido en aquellas áreas del mundo que fueron epicentros de la crisis económica, se transforma en manos del peronismo en un instrumento apto para resolver los problemas y para continuar el ciclo de crecimiento iniciado hacia 1943, aislando al país de las presiones depresivas y quebrando las consecuencias del ciclo capitalista. *"Tenía, además, la virtud de servir a la armonía social al posibilitar la coincidencia entre los intereses colectivos y los individuales. La planificación –la unión de "lo sacramental y lo moderno"– reemplazaba a la "vieja política" sometida al error o al acierto del gobernante."*[34]

[31] Provincia de Buenos Aires, Cámara de Diputados, *Diario de Sesiones*, año 1946, sesión del 16 de mayo, 50.

[32] Noemí Girbal-Blacha, "Estado, Campo e Crédito na Argentina Peronista: Confrontacão Pública, Acordos Privados (1946-1955)", en Sônia Mendonça y Márcia Motta (Org.), *Nacão e Poder: As domensões da história*, Niterói, RJ, 1998, 127.

[33] Mario Lattuada, *La política agraria peronista (1943-1983)*, Buenos Aires, 1986, vol. 1, 34. Carlos Fayt, *Naturaleza del peronismo*, Buenos Aires, 1967, 85.

[34] Aníbal Jáuregui, "Estado, sociedad y mercado para la "nueva argentina. La planificación económica en el peronismo histórico", en Asociación Argentina de Histo-

A partir de 1947 entra en vigencia el Primer Plan Quinquenal, en el que se advierte claramente que los sectores agrarios productores y comercializadores soportan el mayor peso del cambio que se opera desde entonces en la economía argentina. Integran el Plan 27 leyes básicas, divididas en tres grandes capítulos –a) Gobernación del Estado, b) Defensa Nacional y c) Economía–, que comprenden una amplia variedad de temas: reforma del Estado, legislación social, obrera y sindical y medidas de protección económica. Este Primer Plan también incluye un vasto conjunto de obras públicas, específicamente planificadas, y que se aplicaban como un mecanismo activador de la demanda interna. Las obras previstas serían financiadas con recursos crediticios estatizados mediante la nacionalización del Banco Central y el sistema bancario.[35]

En la provincia de Buenos Aires, mientras tanto, se lleva a cabo una reestructuración del Departamento de Hacienda, al cual se eleva a la categoría de Ministerio de Economía, Hacienda y Previsión, que incluye tres subsecretarías eminentemente técnicas. Por otro lado, se crea el Consejo Superior de Política Económica y la Dirección de Estadísticas e Investigaciones, organismos que al igual que el Consejo Nacional de Posguerra, le permitirán al gobernador alcanzar, primero, un conocimiento cierto de la realidad en la que debe actuar y de los problemas que le son conexos; y segundo, coordinar racionalmente su política económica. *"[...] El Consejo Superior de Política Económica permitirá adecuar orgánica y científicamente la acción de gobierno a las necesidades públicas y a las posibilidades reales y potenciales de la economía general de la Provincia, y a las justas requisitorias de ese nuevo sentido social que, para bien de la patria, ha estremecido jubilosamente la conciencia nacional"*,[36] expresa en la Legislatura bonaerense el Ministro de Economía, Dr. Miguel López Francés, en coincidencia con las palabras del Presidente de la República: *"No habrá exceso ni escasez porque la producción no será mayor ni menor que lo que exijan las necesidades del consumo [...] El Pueblo no carecerá de nada porque no se produ-*

ria Económica, Facultad de Ciencias Económicas, UNCu. CRICYT, *XVIII Jornadas de Historia Económica*, Mendoza, septiembre de 2002 (versión en CD-ROM).

[35] Noemí Girbal-Blacha, "Diagnóstico, legislación financiera y planificación económica (1946-1955)", en *Revista de Historia del Derecho* 23 (1995), 165.

[36] Provincia de Buenos Aires, Cámara de Diputados, *Diario de Sesiones*, año 1947, sesión del 2 de mayo, 22.

cirá al azar –como antes– sino que la producción servirá razonablemente a las necesidades reales del consumo".[37]

Si después de transcurridos cincuenta años se recuerda la gestión de Domingo Mercante es, sin lugar a dudas, por el amplio programa de obras públicas que realizó. El Plan Inicial de Trabajos Públicos, sancionado en 1946, es la primera experiencia de capacidad constructiva encarada por el Ministerio de Obras Públicas bajo la dirección del ingeniero Raúl Mercante, completada luego por el Plan Trienal de Trabajos Públicos, Trienio 1947/1949 (ley 5142, agosto de 1947), que incluye la realización de obras hidráulicas, viales, instalaciones electromecánicas, obras ferroviarias, fomento de la agricultura y forestación, trabajos geodésicos, vivienda económica, establecimientos industriales, obras de arquitectura, equipos útiles y elementos de transporte.

En esta materia también puede advertirse el rasgo personal que el gobernador confiere a la implementación de su política. Estos planes se someten a la aprobación legislativa, que debe sancionar cada ítem con 2/3 de los votos. Asimismo, se forma una comisión mixta bicameral que controla las inversiones y la ejecución de los trabajos. El financiamiento contempla que la máxima carga para atender los servicios de los planes no exceda el 10% del presupuesto anual de la provincia, lo cual se logra con una financiación a largo plazo por emisión de títulos de la deuda pública.[38]

El mercantismo, entre la reforma agraria y la conciliación de los heterogéneos intereses del agro bonaerense

La provincia de Buenos Aires, que asienta su riqueza sobre tradicionales bases agrarias, está llamada a jugar un rol protagónico en una etapa cuya consigna es: "producir, producir, producir [...] pues sin aumento [de la producción] no se pueden sostener los beneficios sociales conseguidos".[39]

[37] Presidencia de la Nación, *Manual práctico del Segundo Plan Quinquenal*, Buenos Aires, Subsecretaría de Informaciones, 1953, 25-26.

[38] Oscar González y Graciela Mateo, "De Mercante a Aloé, variaciones sobre la política económica bonaerense", en Asociación Argentina de Historia Económica, Universidad Nacional de Quilmes, *XVI Jornadas de Historia Económica*, Quilmes, septiembre de 1998 (versión en CD-ROM).

[39] Presidencia de la Nación, Subsecretaría de Informaciones, *Decálogo recomen-*

Comparando los resultados de los censos agropecuarios de 1947 y 1952, se observa el incremento sostenido de la producción de los dos tradicionales cereales que caracterizan la estructura productiva bonaerense.

Cuadro N° 2: Número de explotaciones y superficie cultivada en la provincia de Buenos Aires, según censos agropecuarios

Cultivo		1947	1952
Trigo	Núm. de explotaciones	39.303	43.678
	Superficie cultivada (ha)	2.563.551	3.165.541
Maíz	Núm. de explotaciones	50.634	63.166
	Superficie cultivada (ha)	1.174.549	1.313.909

Fuente: República Argentina. Ministerio de Hacienda, *Censo Agropecuario 1952*, Buenos Aires, Dirección Nacional de Estadística y Censos, 1953, pp. 76/77.

En el Plan Trienal se reconoce la necesidad de reacomodar la producción agro-ganadera e industrial a las nuevas condiciones de la economía mundial de posguerra. Se impone la introducción de nuevas variedades de productos, como cultivos especiales y plantas forrajeras e industriales, aromáticas y hortícolas, cuya producción se intensifica en la red de estaciones experimentales previstas en el mismo Plan. De esta forma, la producción agrícola se adecúa a las indicaciones precisas de cuáles serían las especies beneficiosas para cada región, siguiendo los preceptos enunciados por Perón: "Hay que racionalizar y decir: aquí se debe sembrar tal cosa, que da el ciento por ciento y no otra cosa que da el tres por ciento y hace que se esté perdiendo el noventa y siete por ciento del trabajo del agricultor".[40]

---

dado por Perón para el cumplimiento del Primer Plan Quinquenal de Gobierno en 1947, Buenos Aires, 1951, puntos 4 y 5, 241-247.

[40] *Ibídem.*

La explotación ganadera se fomenta de acuerdo con las aptitudes "ecológicas" de cada zona y se orienta al ganadero a producir lo que realmente sea de interés para el Estado, la industria y los mercados internacionales, aunque siguen prevaleciendo las explotaciones dedicadas a la cría de ganado bovino y ovino.

Cuadro N° 3: Número de explotaciones y cantidad de ganado en la provincia de Buenos Aires, según censos agropecuarios

		N° de explotaciones	*N° de cabezas*
Ganado bovino	1947	87.670	16.428.004
	1952	96.779	18.367.879
Ganado ovino	1947	43.026	16.294.738
	1952	46.003	18.138.204

Fuente: República Argentina, Ministerio de Hacienda, *Censo Agropecuario 1952*, Buenos Aires, Dirección Nacional de Estadística y Censos, 1953, pp. 50/53.

Se fomentan las industrias derivadas y la modernización de los métodos de trabajo, capaz de superar «*la decadencia en el proceso*

Cuadro N° 4: Algunos rubros de maquinaria agrícola, según censos agropecuarios

Año de censo	Cultivadoras/s ruedas	Cosechadoras automotores	Desgranadoras a motor	Tractores	Ordeñadoras mecánicas	Pulverizadoras sobre ruedas
1947	4.595	1.615	1.847	10.446	—	1.629
1952	18.380	3.349	2.508	17.755	804	3.108

Fuente: Presidencia de la Nación. Ministerio de Asuntos Técnicos, *IV Censo General de la Nación*, Buenos Aires, Dirección Nacional del Servicio Estadístico, 1948, tomo II, parte IV, pp. 486 a 491; República Argentina, Ministerio de Hacienda, *Censo Agropecuario 1952*, Buenos Aires, Dirección Nacional de Estadística y Censos, 1953, pp. 113/119.

de mecanización", cuya causa principal fue la dificultad de importación de insumos, el *"estancamiento en el proceso de cambio genético y el mantenimiento y aun retroceso del sistema estatal de generación y difusión de tecnología"*.[41]

En esta renovación del utillaje agrícola juega un papel destacado el Banco de la Provincia de Buenos Aires, a través de una operatoria que intenta satisfacer algunas condiciones del Plan Trienal, orientado a facilitar la importación de tractores e implementos agrícolas en beneficio de uno de los pilares de sustento de la economía provincial. Así, la entidad bancaria ofrece una línea de créditos especiales tanto para productores como para contratistas rurales, con garantías suficientes para obtener un monto de hasta el 80% del valor de la maquinaria y conforme a estos límites: m$n 3.000 para repuestos y accesorios, m$n 30.000 para tractores o cosechadoras nuevas, con un plazo de reembolso de hasta 5 años e interés del 5% anual. El beneficio se amplía otorgándose préstamos con régimen de prenda agraria a los agentes de fábrica o casas importadoras de implementos para el agro que fueron incluidos, en 1948, en el régimen de Crédito Rural de Habilitación (de bajo interés y largo plazo de reintegro). Entre 1946 y 1951, varias empresas de ese ramo (Simplex Máquinas Agrícolas S.R.L., Fábrica Argentina de Máquinas Agrícolas S.A., Mecánica Rural S.A. Comercial e Industrial) recibieron créditos del Banco Provincia, por importes que van entre los m$n 40.000 y 80.000.[42]

La reestructuración ministerial emprendida al comienzo de la gestión de Mercante también alcanza a las actividades rurales, ya que primero se separa la Dirección Agropecuaria del antiguo organismo provincial que nucleaba a la agricultura y a la industria y se le anexa el Departamento de Caza y Pesca y el Fomento Pecuario, con una orientación económica y no meramente técnica. La elevación de esta Dirección, en 1949, al rango de Ministerio de Asuntos Agrarios, incluyendo las Direcciones de Colonización, Agricultura, Ganadería, Transformación y Cambio e Irrigación, y la nueva ley de Colonización, nº 5286, promulgada en 1948, denotan el rol vital

[41] Osvaldo Barsky et al., *La agricultura pampeana. Transformaciones productivas y sociales*, Buenos Aires, 1988, 76-77.

[42] Noemí Girbal-Blacha, "La provincialización estatal del Banco y su ingreso en el régimen nacional", en Alberto de Paula y Noemí Girbal-Blacha, *Historia del Banco de la Provincia de Buenos Aires, 1822-1997*, Buenos Aires, 1998, tomo II, capítulo XI, 107-108.

que se le asigna al agro en la política económica bonaerense. Como en la anterior legislación (ley Nº 4418 de 1936), se confieren las actividades colonizadoras a un organismo especialmente creado para ello: el Instituto Autárquico de Colonización que, dotado de un fondo inicial de m$n 30.000.000, aporta orientación técnica en los diversos tipos de explotaciones agropecuarias extensivas e intensivas a las colonias agrícolo-ganaderas, granjeras, hortícolas o frutícolas; fomenta el desarrollo del cooperativismo para la industrialización y comercialización de la materia prima; promueve la modernización de los medios de producción, la protección del Estado como ente colonizador y la capacitación práctica de los hijos de los colonos.[43] Por otra parte, la nueva composición de su Directorio evidencia un mayor grado de autonomía respecto de los intereses de la burguesía agraria, incluyendo, en su reemplazo, a representantes de los colonos y de las cooperativas agrarias, ampliamente promovidas desde los comienzos de la gestión de Mercante.[44] Se otorga, de este modo, una más amplia participación a los sectores directamente vinculados a la producción agropecuaria, incluyendo a las mismas bases, comprometiéndolas en la toma de decisiones y otorgándoles –de acuerdo con los parámetros populistas– una dignidad simbólica y un más pleno acceso a la arena política.[45]

El Instituto, además de administrar las colonias existentes, funda las de General Pinto (5.000 ha), Caseros (968 ha) y colonia San Luis, habiéndose radicado 69 familias campesinas. En las tierras fiscales de Patagones se traza la colonia de San Martín, con 35.000 has. de superficie y 68 lotes adjudicados a pobladores auténticos. A diferencia de la legislación anterior, ya no es condición prioritaria poseer un capital inicial, ni acreditar el propósito de emplear un mayor capital en la explotación. Las nuevas condiciones para acceder a los lotes colonizables se vinculan estrictamente con la condición de productor rural, no propietario, con familia a cargo, buena conducta y moralidad acreditada. El anticipo inicial sería establecido por el Directorio en cada caso, no debiendo nun-

[43] Provincia de Buenos Aires, Cámara de Diputados, *Diario de Sesiones*, año 1949, sesión del 3 de mayo, 48-49.

[44] Graciela Mateo, "El cooperativismo agrario en la provincia de Buenos Aires (1946-1955)", en *www.mundoagrario.unlp.edu.ar.*

[45] Ricardo González Leandri, "El populismo en el poder: el gobierno peronista en el período 1950-1955", en José Alvarez Junco y Ricardo González Leandri (Comp.), *El populismo en España y América*, Buenos Aires, 1994.

ca exceder el 10% del valor del lote, contemplándose la habilitación de créditos especiales para tal fin. Particular atención se presta a la región del Delta, creándose el Instituto Provincial del Delta, que traza un plan de canalización y saneamiento para incorporar a la actividad económica una amplia y rica zona productiva.

El gobierno bonaerense, a diferencia del nacional, es cauto en los anuncios referidos a la política de tierras; no proclama una abierta revolución agraria y antes que prometerle al agricultor la propiedad de la tierra, le ofrece seguridad y *"libertad de acción"* sobre la tierra que trabaja, proveyéndolo de conocimientos adecuados y entregándole elementos para perfeccionar sistemas de cultivo en forma de anticipos o préstamos.[46]

Domingo Mercante, atento a la estructura productiva de su provincia y al logro de un delicado equilibrio entre una variada gama de actores socio-rurales, y entre éstos y otros protagonistas económicos beneficiados con la redistribución del ingreso agrario, considera que se debe *"conciliar el justo anhelo del hombre que quiere la posesión tranquila de su pequeña heredad, con las necesidades de la gran industria agraria. Ambas situaciones no se excluyen, como lo demuestra la experiencia, y el pequeño propietario puede subsistir al lado de la unidad económica necesaria para las explotaciones en gran escala"*.[47] En otras palabras, si bien se tiende a parcelar parte de los grandes establecimientos agropecuarios, se procura también que la división de la tierra no destruya explotaciones bien organizadas, independientemente de su tamaño. Entre 1946 y 1951 se debaten en las Cámaras legislativas de la provincia aproximadamente 60 proyectos de expropiación y colonización, y aunque muchos de ellos cuentan con informes técnicos favorables y aprobación en su Cámara de origen, muy pocos son los que se convirtieron en ley. Después de 1949 la mayoría pasa al "archivo por caducidad", y desde 1951 no se presentan nuevos proyectos. *"Aparentemente habría existido una contradicción "táctica" entre el apresuramiento de algunos legisladores comprometidos con la reforma del agro y la cautela del gobernador Mercante, quien si bien promovía esta reforma procuraba imponerle un ritmo que no le generase 'peligrosas' enemistades"*.[48]

[46] Gobernación de Buenos Aires, *Plan Trienal 1947-1949. Fundamentación técnico-económica*, La Plata, 1947, 389.

[47] Provincia de Buenos Aires, Cámara de Diputados, *Diario de Sesiones*, año 1947, 10.

[48] Mónica Blanco, "Peronismo".

Hacia 1949, el gobernador hace referencia a la necesidad de *"soluciones integrales"* en materia agraria: *"No se trata de la simple división del latifundio que ahoga a los pueblos e impide el progreso. Se trata de contemplar también los aspectos técnico y social que le son consubstanciales"*.[49] Se comienzan a delinear nuevos parámetros en materia de política agraria: modernización de los medios de producción, impulso a la agremiación de los productores a través de cooperativas agrarias, cuyo número había ascendido para 1951 a 294 frente a las 102 registradas en 1947,[50] coincidiendo con la función significativa que el peronismo le asigna al movimiento cooperativo en su intento de reducir los costos de intermediación.

La presión económica y política respecto de la necesidad de aumentar la producción se hace más evidente a partir de 1950, ya que junto al tema de la colonización aparecen cuestiones como el estímulo a la producción científica, el desarrollo de programas de riego y sanidad de sementeras y plantaciones. Se enfatizan entonces asuntos como la conservación de los suelos, forestación, difusión de las estaciones fitotécnicas y educación de la masa rural. Se presta particular atención a los terrenos comprendidos entre la zona oeste y sudoeste de la provincia, por ser los más afectados por la erosión, y los que se hallan sobre la costa atlántica en regiones bajas y pantanosas. Si bien no se llega a la recuperación total de los 2.000.000 de ha que ocupan estas tierras, la Dirección Agropecuaria en el marco del Plan Trienal realiza amplias plantaciones tendientes a la conservación del suelo y destinadas a impedir inundaciones. Asimismo se incrementa la forestación de la provincia para satisfacer necesidades primordiales de índole particular e industrial y conservar la estabilidad de la agricultura y ganadería.

La producción de plantas destinadas a la forestación crece de 5.000.000 de ejemplares en 1947 a 20.000.000 en 1950, inaugurándose nuevos viveros en La Plata, Bahía Blanca, Saladillo, Necochea, Mercedes, Junín, Rivadavia, Sierra de la Ventana, San Francisco de Bellocq, Coronel Dorrego, a los que se anexa el ex vivero nacional de Campana, que amplía las capacidades de la Es-

[49] Provincia de Buenos Aires, Cámara de Diputados, *Diario de Sesiones*, año 1949, sesión del 3 de mayo.

[50] *La Cooperación*, órgano de prensa de la Asociación de Cooperativas Argentinas, Buenos Aires, 7 de mayo de 1948, Nº 1017, 3. Mario Yuri Izquierdo, *Quince años en el cooperativismo agrario argentino (1953-1968)*, Buenos Aires, 1972, 62.

tación Experimental del Delta. Especial atención se presta a la conservación de las reservas forestales, constituyéndose el Parque "Los Derechos de la Ancianidad", un ejemplo emblemático, ya por la expropiación de las estancias San Juan y Santa Rosa, verdadero latifundio de 45.000 ha, propiedad de la tradicional familia Pereyra Iraola, como por su objetivo de preservar la sustantividad de la ciudad de La Plata frente al crecimiento del Gran Buenos Aires.[51]

El fomento del desarrollo agropecuario y el arraigo de la población rural constituyen uno de los objetivos primordiales de la política económica mercantista, ya que ve, con preocupación, cómo aumenta la emigración de los habitantes de los distritos rurales hacia los centros urbanos, iniciada en los años 20 y acrecentada radicalmente en los 30.[52] El censo de población de 1947 ya registra que, sobre un total de 4.273.900 habitantes que tiene la provincia de Buenos Aires, 1.741.300 (40,74%) están radicados en partidos que corresponden al conurbano y 2.532.500 en el resto del territorio provincial.[53]

Una de las estrategias empleadas para evitar que el *"atractivo urbanístico sustraiga brazos al campo"* es el de la capacitación de la *"masa de la población rural"*. En tal sentido, la enseñanza agrícola ocupa un lugar destacado en la planificación provincial, a diferencia del Primer Plan Quinquenal, cuya atención está focalizada en la educación técnico-urbana. Se crean escuelas agrícolas en los partidos de Adolfo Alsina, Alberti, Saladillo, Campana y Carmen de Patagones, al tiempo que se mejoran las de Dolores y Coronel Vidal y aumenta el número de escuelas primarias rurales. El discurso del gobierno bonaerense también apela a la mujer rural, enfatizando su rol hogareño como planificadora doméstica, a través de los ya tradicionales cursos del hogar agrícola, y a los niños, potenciales difusores de una *"conciencia agraria"* pero también de las políticas oficiales dirigidas al agro.[54]

[51] Graciela Mateo, "La Política Económica de Mercante: entre el agro y la industria", en Asociación Argentina de Historia Económica, Facultad de Ciencias Económicas, UNT, *XVII Jornadas de Historia Económica*, Mendoza, septiembre de 2000 (versión en CD-ROM, ISBN 950-554-220-8).

[52] Graciela Mateo, *Estado, Población y Sociedad en la Argentina. 1930-1943. Continuidades y Cambios*, Buenos Aires, 1999.

[53] Instituto Nacional de Estadística y Censos, *Anuario Estadístico de la República Argentina. 1979-1980*, Buenos Aires, 1981, 69.

[54] Talía Gutiérrez, *Estado Popular, Agro y Enseñanza (1946-1955). El caso de la Provincia de Buenos Aires*, Buenos Aires, 1996. Graciela Mateo, "Educación Rural y cooperativas en tiempos del Peronismo", en Facultad de Ciencias Económicas, UBA,

La política industrial bonaerense en sintonía con la planificación nacional

El 21 de octubre de 1946 se presenta en el Congreso de la Nación el Primer Plan Quinquenal, en una fecha que acompaña desde el campo de la gestión el compromiso de Perón con los trabajadores en la primera conmemoración del simbólico 17 de octubre. El plan es una manifestación de cómo se llevaría adelante ese compromiso desde el Estado y la industrialización masiva se transforma en el motor de la planificación a partir de una elevada protección arancelaria y de subsidios, así como la ampliación de los controles del Estado. Desde el discurso, los alcances del plan están destinados al conjunto de la sociedad y, al involucrarla, éste se legitima.[55] Perón define la esencia de la planificación emprendida en 1947:

> Desconcentración de industrias, energía barata y transporte económico mediante la electrificación progresiva de los FF.CC. La regulación de todo el programa se hará desde el plan industrial: será 'la boca del embudo'. Será el robinete regulador. Se dará más industrialización cuando llegue la deflación y tendrá tres aspectos: protección de las industrias existentes, fomento de las nuevas y reemplazo de las que aconseje el movimiento de importación y exportación.[56]

Por su parte, el programa económico de Domingo Mercante, elaborado *"sobre la arquitectura moral de la revolución del 4 de junio"*, presenta una clara *"orientación productivista"* basada también en la industrialización, aunque –como se ha visto– sin desconocer los intereses rurales. Pretende fortalecer la estructura económica de su provincia y elevar el estándar de vida de sus pobladores,

---

Segundas Jornadas Interdisciplinarias de Estudios Agrarios y Agroindustriales, Buenos Aires, noviembre de 2001 (versión en CD-ROM, ISBN 950-29-0653-5).

[55] Patricia Rotarán, "La Planificación en la época peronista (Argentina, 1946-1949)", en Asociación Argentina de Historia Económica, Facultad de Ciencias Económicas, UNCu. CRICYT, *XVIII Jornadas de Historia Económica*,$$ Mendoza, septiembre de 2002 (versión en CD-ROM).

[56] Palabras del general Perón en "Un Plan y veintisiete proyectos", *Qué sucedió en siete días*, 10-X-1946, 6.

contando para ello con el asesoramiento del Consejo Superior de Política Económica y el Instituto Inversor de la Provincia.

Como parte de la reestructuración ministerial se crea la Dirección de Industria y Comercio, cuyos objetivos son la protección y reactivación de las empresas existentes y la instalación de nuevas explotaciones, el ordenamiento de las gestiones comerciales y la creación de mercados de consumo. El propósito es estructurar un plan de acción que, como en la Nación, conjugue el rol intervencionista y dirigista del Estado con el esfuerzo privado en el aumento del potencial económico de la provincia. El ritmo acelerado que impone la realización del Plan Trienal exige un conocimiento pleno y preciso de la importancia y distribución geográfica de la industria y del comercio. Por tal motivo se confecciona el Registro General de Industria y Comercio.[57]

El fomento industrial encarado abarca tres aspectos fundamentales: el aumento de la producción, la estabilidad y defensa de la actividad y su radicación, ya que, dada la abundancia de capitales disponibles, se promueve la instalación de nuevas industrias locales dedicadas a la manufactura de elementos provenientes de los bienes agro-ganaderos, como plantas frigoríficas, empresas lácteas, curtiembres, procesadoras de lana y forestales. El Estado provincial toma a su cargo la explotación directa del Frigorífico Regional de Trenque Lauquen y de Bolívar, los cuales, a partir de la mejora de sus instalaciones y condiciones técnico-financieras, incrementan y abaratan la producción de carne destinada al consumo local.

Para incentivar la actividad avícola, que ya para 1946 registra una disminución del 60% de su potencial, el Poder Ejecutivo dispone la utilización de m$n 500.000 en la provisión, a precios económicos, de los alimentos necesarios para la manutención y evolución de sus explotaciones. El accionar proteccionista y de fomento también se extiende a otras producciones, como la frutícola y pesquera, como alternativas económicas para la producción bonaerense.

Los rubros industriales –textil, metalúrgico, de la construcción, del transporte y en general aquellos ramos que se asocian a la expansión del mercado interno y la urbanización características de la *"Nueva Argentina"* de Perón, como las papeleras, las cristalerías,

[57] Provincia de Buenos Aires, Cámara de Senadores, *Diario de Sesiones*, Año 1948, sesión del 3 de mayo, 64-65.

electricidad y química– son los sectores productivos que más crecen, hasta convertirse en dinamizadores de la industria y de la economía en los años 30 y 40.[58] Gran parte de estos establecimientos se ubican en el Gran Buenos Aires y también son preocupación de la política económica mercantista.

En 1947, la región metropolitana de Buenos Aires concentra el 63% del personal industrial del país, resultado de un proceso de descentralización de la industria hacia los partidos del conurbano, sobre todo hacia el oeste y noroeste. El ejemplo más claro lo constituye el crecimiento industrial del partido de San Martín, donde se ubican establecimientos textiles con ocupación extensiva de mano de obra, en gran parte femenina. Sin embargo, no desaparece la importancia como área de radicación industrial de la Capital y del sur del conurbano, sobre todo los partidos de Almirante Brown, Avellaneda, Lanús y Quilmes.[59]

Fiel al esquema adoptado por Perón en el orden nacional, el gobierno de la provincia recupera el control sobre las cinco empresas de capitales extranjeros que vendían el 95,14% de la energía producida en la provincia y lleva a la práctica el Plan General de Electrificación tendiente a estructurar un sistema con grandes centrales y red de interconexión y transporte, coordinado con el sistema nacional. Esta decisión beneficia, indudablemente, a las distintas industrias que ante la creciente demanda interna multiplican el consumo energético.[60]

La magnitud y volumen de las obras programadas en el Plan Trienal llevan a la creación de dos reparticiones: la Dirección de Fábricas y Canteras, que se ocupa de la producción y distribución de diversos materiales de construcción (piedras y tosca, arena, cal, cemento, mosaicos, tejas, ladrillos, postes), con el consiguiente abaratamiento de los costos y sumándose a las empresas privadas

[58] Noemí Girbal-Blacha, "Estado, crédito e industria en la Argentina peronista (1946-1955)", en Asociación Argentina de Historia Económica, Universidad Nacional de Quilmes, *XVI Jornadas de Historia Económica*, Quilmes, septiembre de 1998, (versión CD-ROM). Adolfo Dorfman, *Cincuenta años de industrialización en la Argentina 1930-1980*, Buenos Aires, 1983. Jorge Schvarzer, *La industria que supimos conseguir. Una historia político-social de la industria argentina*, Buenos Aires, 1996.

[59] Ana María Facciolo, "Crecimiento Industrial, expansión metropolitana y calidad de vida. El asentamiento obrero en la región metropolitana de Buenos Aires desde principios de siglo", en *Desarrollo Económico* 20, n° 80 (1981), 557.

[60] Provincia de Buenos Aires, Ministerio de Obras Públicas, *Plan General de Trabajos Públicos (Plan Trienal)*, La Plata, 1948, 123-127.

Cuadro N° 5: Grupos de industrias en la provincia de Buenos Aires, según Censo Industrial de 1947

	Datos del día de relevamiento					Datos del ejercicio considerado, miles de m$n					
		Personal ocupado		Fuerza motriz, H.P.							
Grupos de industria	Establ.	Empl.	Obreros	Motores primarios	Motores eléctricos	Sueldos y salarios	Mat. primas	Combus-tibles	Cte. eléct.	Prod. elab.	Valor agreg.
Total	**23.745**	**33.319**	**284.358**	**919.205**	**510.615**	**775.243**	**2.416.811**	**199.118**	**49.206**	**5.011.601**	**2.346.406**
Extractivas	**110**	**112**	**2.113**	**4.774**	**4.205**	**4.571**	**1.778**	**1.662**	**68**	**16.485**	**72.978**
Manufact.	**23.365**	**31.156**	**277.930**	**216.493**	**511.469**	**744.290**	**2.413.464**	**155.342**	**49.066**	**4.727.702**	**2.169.610**
Alim. y beb.	5.199	10.280	68.577	78.770	104.713	188.048	976.985	42.072	9.379	1.571.995	543.539
Tabaco	7	15	177	—	30	279	841	5	7	3.126	2.273
Textiles	909	3.410	52.672	9.259	64.543	138.165	349.093	11.323	11.471	810.172	438.283
Confecciones	2.088	774	6.569	741	2.833	15.806	54.725	464	314	98.617	13.141
Madera	2.034	657	12.671	4.652	22.742	25.455	74.728	537	1.235	137.483	60.983
Pap. y cart.	84	419	5.888	5.985	17.703	16.415	57.745	5.722	3.547	120.981	53.947
Impr., Publ.	747	794	3.152	22	2.931	8.363	10.296	31	357	29.651	18.967
Químicos	622	3.418	14.756	22.143	42.801	50.314	190.510	13.998	4.781	390.698	181.406
Deriv. petrol.	23	833	3.068	33.302	23.310	15.468	292.362	15.906	619	329.043	109.656
Caucho	49	487	3.923	1.298	16.144	11.376	44.666	1.990	2.286	89.316	49.374
Cuero	1.110	600	9.292	4.483	10.778	21.962	133.627	2.277	1.454	208.298	70.940
Vidr. y cer.	2.340	1.582	30.387	34.012	56.224	69.329	69.191	39.191	4.885	299.259	185.992
Metales	2.544	3.014	27.705	10.412	56.245	74.981	140.745	13.763	4.421	349.107	190.178
Vehículos	4.155	2.966	26.542	6.992	42.311	75.663	70.262	5.803	2.238	230.259	151.656
Maq. apr eléc.	453	1.225	5.480	402	8.239	15.517	18.727	1.883	771	61.341	40.780
Varios	1.001	882	7.117	4.050	9.064	16.119	18.459	1.177	1.321	58.346	37.389
Elect. y gas	**270**	**251**	**4.315**	**697.938**	**14.571**	**26.382**	**1.568**	**42.114**	**52**	**207.414**	**163.669**

Fuente: PRESIDENCIA DE LA NACIÓN. MINISTERIO DE ASUNTOS TÉCNICOS, *IV Censo General de la Nación*, Buenos Aires, Dirección Nacional del Servicio Estadístico, 1948, Tomo III, parte II, pp. 67/69.

del sector, en franco crecimiento, y la Dirección de Equipos y Talleres, que se encarga de los servicios de mantenimiento y reparación.[61] Paralelamente, una de las primeras realizaciones del gobierno de Mercante es la extensión del ramal del Ferrocarril Provincial que une a Olavarría con la Fábrica de Cemento y Cal *"Loma Negra"*. Con esta obra se elimina el transbordo de la fábrica al camión y de éste al ferrocarril, y llegan al conurbano y estaciones intermedias 1.000 toneladas diarias de cemento portland, con una rebaja de m$n 5,50 por tonelada.

Se adquiere una flota de barcazas y remolcadores para el transporte de piedra y arena, se triplica la capacidad productiva de las canteras provinciales y se compran 300 camiones para el traslado de los materiales. El Plan Trienal introduce el novedoso concepto expropiatorio de bienes muebles, facultad por la que el Ejecutivo bonaerense autoriza por Decreto Nº 1468 del 28/1/1949 la expropiación de hasta el 60% de la producción del cemento portland de *"Loma Negra"*, asegurándose el abastecimiento de un material básico para el rubro de la construcción.

El gobernador Domingo Mercante reconoce que la estabilidad y el progreso de toda industria están condicionados, entre otros factores, a la mano de obra calificada. Por tal motivo, durante los últimos años de su gestión se construyen varias escuelas-fábrica para la capacitación del obrero en especialidades diversas del trabajo manual y mecánico. En este sentido y teniendo en cuenta la importancia que le atribuye también a la enseñanza agrícola, Mercante es un fiel exponente del proyecto educacional peronista que prioriza la relación entre educación y trabajo, valorándola como su *"característica distintiva"* y como *"la obra de mayor envergadura"* de la llamada revolución del 43.[62]

El papel que el gobierno provincial asigna a la mujer y a la familia como *"base misma de la Patria"* conlleva el sello de la política nacional peronista, la cual, en contraste con la concesión de los derechos políticos a la mujer, orienta su discurso a resguardar la función primordial de la mujer como esposa y madre, pilar fundamental de la familia y *"ángel tutelar de la casa"*.[63] Esta función fe-

[61] *Ibídem*, 65-70. El Estado de California adoptó idéntico esquema para el logro de las mismas finalidades.

[62] Adriana Puiggrós y Jorge Bernetti, "Peronismo, cultura política y educación", en *Historia de la Educación*, Buenos Aires, 1993, tomo V, 273.

[63] Noemí Girbal-Blacha, "El hogar o la fábrica. De costureras y tejedoras en la Argentina Peronista (1946-1955)", en *Revista de Ciencias Sociales* 6 (1997): 221.

Cuadro N° 6: Grupos de industrias en la provincia de Buenos Aires, según Censo Industrial de 1954

		Datos del día de relevamiento				Datos del ejercicio considerado, miles de m$n					
		Personal ocupado		Fuerza motriz, H.P.							
Grupos de industria	Establ.	Empl.	Obreros	Motores primarios	Motores eléctricos	Sueldos y salarios	Mat. primas	Combus-tibles	Cte. eléct.	Prod. elab.	Valor agreg.
Total	**47.357**	**54.720**	**354.917**	**1.249.958**	**1.025.039**	**5.051.643**	**13.252.758**	**720.662**	**278.242**	**29.091.347**	**14.839.685**
Extractivas	**378**	**269**	**3.289**	**26.341**	**11.151**	**47.540**	**16.832**	**17.598**	**236**	**142.686**	**108.020**
Manufact.	**46.771**	**52.883**	**346.933**	**511.020**	**999.065**	**4.911.272**	**13.234.189**	**530.311**	**277.842**	**28.430.993**	**14.388.651**
Alim. y beb.	6.493	10.885	54.972	103.107	112.091	869.775	4.187.200	118.726	39.967	6.703.134	2.357.241
Tabaco	6	45	248	—	155	4.119	10.320	116	11	62.189	51.742
Textiles	3.487	8.647	80.167	50.648	162.762	1.119.815	2.216.019	47.011	76.351	5.154.153	2.814.772
Confecciones	3.239	608	6.829	847	4.375	67.844	247.723	1.327	1.959	474.177	223.168
Madera	5.022	926	14.056	13.262	60.540	131.195	408.133	4.796	6.116	785.536	366.491
Pap. y cart.	202	892	6.839	45.370	61.902	101.288	335.624	16.409	20.003	678.037	306.001
Impr., publ.	974	964	2855	22	4.055	39.377	42.696	202	1.527	141.448	97.291
Químicos	1.058	5.919	19.257	57.271	86.791	347.774	996.472	45.380	24.093	2.372.235	1.306290
Deriv. petrol.	39	1.421	5.033	40.624	27.934	119.915	1.151.258	34.186	3.347	2.567.175	1.378.484
Caucho	202	1.084	8.193	11.304	32.195	112.750	295.391	6.794	14.990	698.897	381.722
Cuero	2.031	619	6.056	4.554	19.169	72.824	281.132	4.851	3.957	519.440	229.500
Vidr. y cer.	4.819	2.573	31.284	63.661	88.891	392.209	447.099	142.509	23.467	1.606.645	993.570
Metales	6.766	7.729	47.384	62.528	163.559	645.981	1.354.106	67.618	30.997	2.949.251	1.496.530
Vehículos	8.730	6.002	41.898	39.460	92.987	561.654	604.752	27.725	12.350	1.826.513	1.181.686
Maq. apr eléc	1.474	3.643	14.832	9.167	31.918	257.828	546.869	6.840	10.232	1.551.452	987.511
Varios	2.229	926	7.030	9.195	19.741	66.924	109.395	5.819	8.845	340.711	212.652
Elect. y gas	**208**	**1.568**	**4.695**	**712.597**	**14.823**	**92.831**	**1.737**	**172.753**	**164**	**517.668**	**343.014**

Fuente: República Argentina. Poder Ejecutivo Nacional. Secretaría de Estado de Hacienda, *Censo Industrial, 1954*, Buenos Aires, Dirección Nacional de Estadística y Censos, 1960, pp. 53/60.

menina no es novedosa, pero ya a comienzos de la década del 50 debe ser compatibilizada con el aporte laboral de la mujer a la economía familiar, cuando desde el Estado se induce al ahorro, a la mayor producción y a la restricción en el consumo, sin renunciar por ello a la singular connotación social de la economía. La costura domiciliaria se constituye entonces en una de las actividades en las que el ama de casa puede conciliar el trabajo femenino con las funciones prioritarias de la mujer en el seno de la familia. Es entonces cuando el Banco Industrial de la República Argentina implementa una operatoria crediticia que favorece a las empresas fabricantes de máquinas de coser y a las costureras, tejedoras, modistas y confeccionistas de la Capital Federal, de los partidos del Gran Buenos Aires y del interior. Así, por ejemplo, en la sucursal Bahía Blanca del Banco Industrial, a fines de 1947, los préstamos acordados a costureras y modistas oscilan entre los m$n 2.500 y los m$n 3.000 y se destinan con exclusividad a la compra de máquinas de coser.[64]

El crédito a la producción agropecuaria e industrial

Para efectivizar las medidas tendientes al logro de una más equitativa distribución de la tierra, el gobierno bonaerense cuenta con el recientemente creado Instituto Autárquico de Colonización, con la ley Orgánica de Colonización y con el Banco de la Provincia. Este último eleva a consideración del Banco Central un vasto proyecto en materia de tierras, que prioriza la amplitud crediticia a favor de los auténticos trabajadores rurales, frente a la aparición de compradores sin mayores aptitudes agrarias, y amplía los recursos del Instituto de Colonización, avanzando más allá de lo estipulado por el gobierno nacional, donde el Consejo Agrario Nacional ve recortadas sus atribuciones y suavizadas sus originarias propuestas de reforma agraria. En efecto, entre los años 1946 y 1949 el Banco de la Provincia de Buenos Aires contribuye a la subdivisión de predios de más de 400.000 hectáreas. La región agroganadera oeste-sudoeste aglutina los mayores montos de préstamos hipotecarios rurales. En tanto, los proporcionalmente menores préstamos hipotecarios urbanos concentran sus importes máximos en el sudeste y norte bonaerense, donde se dejaba sentir la consolida-

[64] Ibídem, 225.

ción del impactante crecimiento del Gran Buenos Aires, iniciado ya en los años 30, y la expansión de la urbanización atlántica.

En el caso de la operatoria hipotecaria rural, es frecuente que los mismos solicitantes del crédito requirieran el préstamo en efectivo, subdividido en un número determinado de cuentas, con el compromiso de dividir el predio a hipotecar, para facilitar así la adquisición de lotes a los futuros compradores. Estancias, empresas agropecuarias e inmobiliarias reciben un importante porcentaje de estos créditos, quedando al resguardo de la intervención estatal en materia inmobiliaria y fraccionando sus campos, según su conveniencia, para eludir el impuesto a la herencia o integrándolos en sociedades anónimas.

Después de una fluctuante evolución de los créditos de la sección hipotecaria del Banco Provincia, desde 1949 el medio urbano recibe los principales beneficios de esta línea crediticia, que representa en número e importe casi el 90% del total de los préstamos acordados por la sección.

Cuadro N° 7: Sección Crédito Hipotecario - Préstamos efectuados anualmente según destino

Año	*Total*		*Rurales*		*Urbanos*	
	Cant.	*Importe ($)*	*Cant.*	*Importe ($)*	*Cant.*	*Importe ($)*
1947	1.889	87.342.180	628	75.186.180	1.261	12.156.000
1948	4.175	185.081.970	1.836	110.380.670	2.339	74.701.300
1949	1.801	69.161.100	672	29.549.000	1.129	39.612.100
1950	2.031	146.108.400	146	15.640.900	1.885	130.467.500
1951	5.235	340.756.100	282	22.556.900	4.953	318.199.200
1952	4.697	268.868.400	240	17.746.200	4.457	251.122.200

Fuente: Banco de la Provincia de Buenos Aires, *Memorias*, años 1947/1952.

La industrialización que promueve el Primer Plan Quinquenal conduce a un notorio crecimiento del conurbano bonaerense como efecto del impulso de la pequeña y mediana industria. Los cambios derivados de esta situación obligan al gobierno de la provincia, cuyo perfil económico es netamente agropecuario, a equilibrar el apoyo que, por medio del crédito, otorga a los distintos sectores productivos. El propósito es consolidar la *"paz social"* y el control forma parte activa de ella.

Los montos de los préstamos en efectivo, y en bonos acordados por el Banco de la Provincia de Buenos Aires entre 1947 y 1950, muestran un claro predominio de los otorgados a actividades rurales, especialmente a la explotación mixta, a excepción de los concedidos a emprendimientos industriales radicados en los partidos del Gran Buenos Aires. El destinatario del crédito agrario es el productor rural que se preocupa por el mejoramiento de los índices de rendimiento y calidad de sus cosechas, considerados éstos condiciones imprescindibles para preservar la racionalidad económica del productor, que dependía de la relación costos, precios y rendimientos. Si bien los beneficiarios de gran parte de estos créditos agrarios, cuyos montos individuales oscilaban entre los m$n 50.000 y m$n 1.265.000, son el pequeño y mediano productor, no están ausentes, entre los receptores, importantes empresas ganaderas (Juan Berisso Hnos. S.A., Bullrich y Cía. Ltda. S.A.), frigoríficas (Regional de Trenque Lauquen, The Smithfield Argentina Meat Co. Ltd.), consignatarias e inmobiliarias (Chivilcoy S.A. Financiera e Inmobiliaria, Alpesa Inmobiliaria) que, entre 1946 y 1950, percibieron montos que van de los m$n 30.000 a m$n 1.750.000. El análisis de casos específicos permite deducir que gran parte de esos préstamos se destinaron a la compra de equipamiento técnico-ganadero y al aumento y mejora de los planteles pecuarios.

El Banco de la Provincia de Buenos Aires también suma a sus líneas de préstamos el Crédito de Habilitación Rural agrícola de bajo interés (5% anual), exento de sellado y largo plazo de reintegro, que también beneficia a los pequeños y medianos productores, pero que a partir de 1950 se extiende a todos los productores rurales.[65]

El proceso de industrialización promovido por la planificación económica es acompañado por una renovada política crediticia, en beneficio de la categoría de medianos y pequeños industriales que producían para el creciente mercado interno, y que se efectiviza desde el Banco de Crédito Industrial, el Banco de la Nación Argentina y el Banco de la Provincia de Buenos Aires, cuyo presidente,

[65] Girbal-Blacha, "La provincialización", 104-108.

Arturo Jauretche, exponía en 1948 que el crédito de esa institución contribuía al *"sostenimiento y apoyo de las industrias establecidas dentro del plan de expansión económica previsto para el país"*.[66] Tal como ocurría con los préstamos rurales, el afán gubernamental por evitar enfrentamientos intra e intersectoriales lleva a que las grandes empresas industriales también se beneficiaran con las distintas operatorias crediticias.

Cuadro N° 8: Algunas empresas receptoras de créditos del Banco de la Provincia de Buenos Aires radicadas en Capital Federal y el Gran Buenos Aires

Rubro	Empresa	Fecha del acuerdo	Monto
Textil	Fabrica Arg. de Alpargatas S.A.I.C.	13/06/1947	$ 5.000.000
Textil	La Emilia Industrias Textiles S.R.L.	4/02/1948	$ 5.000.000
Textil	Manufactura Algodonera Argentina S.A.	28/09/1948	$ 1.000.000
Textil	Textil Oeste S.A	18/03/1949	$ 3.000.000
Metal mecánico	Siam Di Tella Lda.	14/09/1948	$ 6.000.000
Metal mecánico	Acindar Industria Argentina de Aceros S.A.	22/08/1950	$ 3.000.000
Metal mecánico	S.A. Talleres Metalúrgicos San Martín Tamet	28/12/1948	$ 1.000.000
Alimenticio	Cafés, Chocolates Aguila Saint Hnos. S.A.	24/08/1948	$ 6.700.000

Fuente: Banco de la Provincia de Buenos Aires, *Libros de Actas del Directorio*, años 1946/1951.

El proceso de urbanización que se estaba llevando a cabo desde los años 20 se acelera en las décadas del 40 y 50. Se desarrolla entonces el sector de las industrias vinculadas a la construcción, que debe atender tanto a emprendimientos privados como a la cre-

[66] Banco de la Provincia de Buenos Aires, *Memoria y balance*, año 1948, 19.

ciente obra pública, y que encuentra también en el Banco de la Provincia de Buenos Aires una importante fuente crediticia. Los fabricantes de materiales de construcción (hornos de ladrillos, mosaicos, tejas, caños corrugados, etc.) se benefician con préstamos, cuyos montos oscilan entre los m$n 15.000 y 25.000, con un interés del 5% anual.[67] A partir de 1949, el Banco Central de la República Argentina permite al Banco de la Provincia contar con facilidades para encarar un proyecto que solucione el problema habitacional con planes de financiación de 15, 20 y 30 años. El privilegio corresponderá a quienes teniendo solvencia demuestren *"mayores cargas de familia"*, garantizando las operaciones con derecho real de hipoteca en primer grado. Con este objeto, y para mantener al día el despacho de solicitudes de préstamos para edificación, se crea a mediados de 1950 la Oficina Técnica de la Sección Hipotecaria.[68]

La actividad industrial, al igual que la agropecuaria, venía sufriendo la falta de maquinaria para el reequipamiento que permitiera operar la expansión de la capacidad productiva de las plantas. El gobierno provincial, consciente de esta situación, canaliza el apoyo financiero a la industria a través de los organismos oficiales específicos. Así, en 1951 su entidad bancaria otorga un crédito de m$n 33.000.000 a la Dirección Nacional de Industrias del Estado, cuyo principal objetivo será importar materiales industriales. A partir de este año, cuando ya es evidente el *"cambio de rumbo"* y la consiguiente *"vuelta al campo"* impuesta por el gobierno nacional, el crédito del Banco de la Provincia de Buenos Aires se orienta a auxiliar a empresas vinculadas con la explotación de recursos naturales y cultivos regionales, con asiento de sus directorios en Buenos Aires, pero también sostiene el apoyo crediticio a firmas alimenticias, textiles y metal-mecánicas. Papeleras y cristalerías fueron otros rubros beneficiados por sus préstamos, como un símbolo del fomento a las medianas empresas radicadas en Buenos Aires: la Papelera Argentina S.A., Compañía General Papelera de Buenos Aires S.A. y Celulosa Argentina S.A., entre las primeras; La Esperanza S.A. y Cristalerías Rigolleau S.A., entre las segundas, se hicie-

[67] Girbal-Blacha, "La provincialización", 104.

[68] Graciela Mateo, "Viviendas Económicas (1946-1951): Un Ejemplo de Planificación en la Provincia de Buenos Aires", en Universidad Nacional del Comahue, Facultad de Humanidades, *VII Jornadas Interescuelas Departamentos de Historia*, Neuquén, septiembre de 1999 (versión en CD-ROM, ISBN 950-9859-52-4).

ron acreedoras a préstamos accesibles, cuyos montos oscilaron entre m$n 1.000.000 y 2.000.000.[69]

Algunas reflexiones finales

Domingo Alfredo Mercante y Juan Domingo Perón tienen un objetivo común: la planificación económica puesta al servicio de los sectores productivos y la redistribución del ingreso a favor de la pequeña y mediana industria y de los sectores populares. El primero formula el cambio con perspectiva nacional y encara el asunto como un «*problema económico social*», procurando *"adaptar al Estado a las necesidades populares que surgían"*.[70] El otro, sin negar esos principios, privilegia los intereses de su provincia, que asienta su economía sobre tradicionales bases agrarias y un cinturón industrial en expansión, y procura resguardar los intereses locales y, con ellos, sus fuentes de recursos y financiamiento.

En la política planificada, dirigista, nacionalista y popular llevada adelante por el Estado benefactor peronista se reconocen importantes cambios, como la posición vigilante, racional y orgánica del Estado sobre la economía con el propósito de lograr el incremento de la producción, la coordinación de las fuerzas naturales o artificiales que la generan, o transforman, y una más equitativa distribución de la riqueza. Se privilegia, en su primera etapa, el proceso de industrialización, cuando el Estado de bienestar se convierte en empresario y apoya a la burguesía nacional en ascenso, aunque sin descuidar a los sectores más conservadores de la economía. Domingo Mercante como gobernador de Buenos Aires debe preservar, quizás más que el gobierno nacional, un sutil equilibrio entre los intereses económicos de los sectores agropecuarios que tradicionalmente habían sustentado la estructura productiva de la provincia y la nueva categoría de medianos y pequeños industriales que radican sus empresas en los cada vez más populosos partidos del conurbano.

Su política fiscal; las medidas tomadas a favor de una más equitativa distribución de la tierra, que si bien no llegan a concretarse

[69] Girbal-Blacha, "La provincialización", 113-115.

[70] Presidencia de la Nación, Subsecretaría de Informaciones, *Doctrina Peronista*, Buenos Aires, 1951, 5-6.

en una auténtica reforma agraria le permiten avanzar más en ese terreno que al mismo gobierno nacional; el fomento a las actividades rurales características –agricultura, ganadería– y a otras nuevas –horticultura, fruticultura, apicultura–; el impulso otorgado, como consecuencia de su vasto programa de obras públicas, a ciertas industrias; la política crediticia del Banco de la Provincia de Buenos Aires que beneficia tanto al agro –grandes propietarios, cooperativas, arrendatarios y medianos productores– como a antiguas y modernas,grandes y medianas empresas fabriles; la importancia asignada a la enseñanza agrícola como a la capacitación obrera, son algunas de las estrategias que el gobernador, dueño de una personalidad lúcida e independiente, emplea para conciliar eficazmente esa dualidad de intereses.

Durante los seis años que gobierna la provincia, Domingo Mercante se mantiene fiel desde el discurso a los principios del peronismo y aplica sus políticas, otorgándoles el sello de un estilo de liderazgo diferente al de Juan Perón. Mientras el primero ejercerá sus dotes de mando, promoviendo la participación independiente y respetuosa de sus seguidores, el segundo, a la manera de los viejos caudillos, fomentará en sus partidarios obedientes una lealtad absoluta, y aun obsecuente. Estas diferencias, fundamentalmente en el estilo de hacer política, muestran desde un escenario clave a la hora del manejo del poder cómo es la provincia de Buenos Aires, la heterogeneidad del peronismo que va más allá de la cohesión interna y el verticalismo que tradicionalmente sus innumerables estudios han destacado.

CAPÍTULO X

La crisis de Guatemala (1954) y Haití (1991-1994): dos paradigmas de política exterior argentina[1]

Guatemala, en 1954, y Haití, entre 1991 y 1994, se convirtieron en escenarios de crisis[2] interpretadas, principalmente por Estados Unidos, como "amenazas" al sistema internacional y al americano en particular. Por ello, fueron analizadas en el ámbito de organismos internacionales: la Organización de Estados Americanos y la Organización de las Naciones Unidas. Allí se debatieron cuestiones relativas a la seguridad, el derecho de intervención, la soberanía política y la autodeterminación de los pueblos. Sin embargo, el sistema internacional asumiría en ambas oportunidades características distintas y, por lo tanto, la naturaleza de las cuestiones debatidas también poseería rasgos propios. La crisis de Guatemala fue planteada en el contexto internacional de la Guerra Fría, en tanto que la de Haití lo sería en el denominado "Nuevo Orden Mundial".

Estas crisis coincidieron con períodos en que presidentes justicialistas gobernaban la Argentina: en 1954, Juan Domingo Perón, y entre 1991 y 1994, Carlos Saúl Menem. Una manera de establecer la relación entre los modos de plantear la política exterior de ambos estadistas ante cuestiones relativas a los intereses americanos consiste en comparar los paradigmas desde los cuales formularon las decisiones asumidas ante cada una de las crisis, tal el objetivo del presente trabajo.[3] Los paradigmas serán definidos

[1] Una versión preliminar de este trabajo ha sido presentada en el Tercer Congreso Internacional de Filosofía y Cultura del Caribe (CONCARIBE), Bahía Blanca, diciembre, 1999.

[2] "Se define como crisis a un momento de ruptura en el funcionamiento de un sistema, un cambio cualitativo en sentido positivo o negativo, una vuelta sorpresiva y a veces hasta violenta y no esperada en el modo normal según el cual se desarrollan las interacciones dentro del sistema en examen [...]." En Norberto Bobbio, Nicola Matteucci y Gianfranco Pasquino, *Diccionario de Política*, Madrid, tomo I, 391.

[3] Esta investigación se basa, principalmente, en los discursos públicos de los actores gubernamentales argentinos, en virtud de que el planteo gira en torno a creencias, percepciones y posiciones oficiales.

como las interpretaciones dadas sobre la estructura y el funcionamiento del sistema político internacional, a partir de tres cuestiones clave señaladas por J. K. Holsti: las causas del conflicto así como las condiciones de paz y seguridad internacionales y, subsidiariamente, la naturaleza del poder; los principales actores y las imágenes del sistema internacional – sociedad de estados.[4]

La década del 50 fue testigo de un orden bipolar dominado por Estados Unidos y la URSS. Durante aquellos años, signados por la Guerra Fría, Estados Unidos buscaría reactivar el comercio internacional y el multilateralismo en el marco de un sistema político en el que iba ganando espacios el estado de bienestar, intervencionista en el campo económico, impulsor del pleno empleo y garante de la seguridad social. A partir de 1947, la política de Washington hacia el resto del mundo, en particular hacia América Latina, tuvo como principal objetivo contener al comunismo, y para ello buscaría reducir las "intromisiones" extranjeras y promover la estabilidad política en los países "amenazados" por su influencia. Constituía una respuesta a la política exterior de la URSS que, por entonces, lograba extender el comunismo a los países del Este de Europa. Se trataba de una época en la cual los Estados se constituían en los principales actores en un sistema internacional regido por políticas de poder. Por último, en un mundo anárquico amenazado por las pruebas de fuerza, la seguridad se hallaba asociada a la defensa militar de los territorios y las fronteras estatales. El principio de autodeterminación de los pueblos adquiría una importancia capital para aquellos Estados que, independientes o en vías de serlo, se consideraban amenazados por las políticas de poder emprendidas por Estados Unidos y la URSS. El sistema internacional se regiría por la seguridad colectiva ejercida por los organismos responsables de garantir la paz universal. En la práctica, consistía en la movilización militar de sus miembros, durante el conflicto o con posterioridad al mismo, basada principalmente en la disuasión y las respuestas a la agresión. Dentro de este sistema, el papel de los organismos internacionales era relativo. Así, la ONU, de alcance universal, hallaría dificultades en su accionar debido al derecho a veto de los miembros permanentes del Consejo de Seguridad, entre los que se hallaban las dos grandes potencias. En el ámbito regio-

[4] J. K. Holsti, *The Divided Discipline. Hegemony and Diversity in International Theory*, Boston, 1985, 7 y ss.

nal del continente americano, las limitaciones provenían de los históricos recelos de Latinoamérica hacia la pretendida hegemonía hemisférica del gobierno de Washington, que encontraría un canal de expresión en la OEA.

En los inicios de los 90, se asiste al surgimiento de un orden multipolar liderado por Estados Unidos, la Comunidad Económica Europea y Japón, en el que dominan los conceptos de transnacionalización, interdependencia, integración y bienestar. Para las grandes potencias, la extensión de la democracia y el mercado ocupan un lugar semejante al que tuviera la contención del comunismo durante la Guerra Fría. Es un mundo crecientemente interdependiente, que reduce la autonomía nacional de los Estados en términos de mutua dependencia entre los actores del sistema internacional, ya no exclusivamente representados por los Estados sino también por compañías multinacionales y organizaciones internacionales gubernamentales, entre otros. La soberanía, característica del Estado-nación, cede su paso a la necesidad de incrementar el bienestar gracias a la especialización y la división internacional del trabajo. Los gobiernos civiles tratan de imponer recortes substanciales en los gastos militares a efectos de mejorar las posibilidades de progreso socioeconómico. El objetivo consiste en mantener un mundo regido por la paz y la seguridad, pues ello permitirá liberar los recursos humanos y materiales necesarios para la promoción y el fortalecimiento de la democracia. La seguridad, por ende, es entendida fundamentalmente en términos económicos. Pero la agenda también incluye el interés por resolver cuestiones transnacionales, tales como los problemas ambientales, el terrorismo y el narcotráfico; o subnacionales, como los derechos humanos y la violencia étnica, pues se constituyen en amenazas a la estabilidad política y económica. Esto da lugar a que, en nombre de la seguridad colectiva, fuerzas multinacionales intervengan en defensa de la democracia; en alivio del sufrimiento por razones humanitarias, o bien ante intentos desestabilizadores del sistema. De manera que el concepto de seguridad ya no se encuentra tácitamente asociado a la defensa militar de los Estados, sino a la de individuos y pueblos.

En los 90, el principal actor dentro del continente americano sigue siendo Estados Unidos, pero la naturaleza de sus intereses adquiere, por lo expuesto, otras características. Si bien sigue existiendo un actor principal dentro del continente, se formula una nueva agenda. La tarea desarrollada por la ONU y las Operaciones de Mantenimiento de la Paz constituyen una clara manifestación de ello. Al principio de seguridad colectiva se agrega el de seguridad cooperativa, asociado a la prevención de los conflictos a través de medidas de incremento de la confianza y disminución de la capacidad y el potencial de agresión de cada Estado. En el mismo sentido, la OEA comienza a estructurar un andamiaje jurídico que acompaña la tarea desarrollada por la ONU. En Latinoamérica, si bien existen recelos por los móviles hegemónicos de Estados Unidos, ahora el principal gendarme a nivel mundial, rige un mayor compromiso con la tarea desarrollada por los organismos internacionales.

La Argentina en el contexto internacional. Paradigmas y política exterior

Durante la Segunda Guerra Mundial, el régimen militar (1943-1946), en el que tendría un creciente protagonismo el coronel Juan D. Perón, había adoptado una postura neutral, a pesar de las crecientes presiones de Estados Unidos. Recién en marzo de 1945, consciente de la posibilidad de un futuro y perjudicial aislamiento, declaró la guerra al Eje. Se iniciaba entonces la búsqueda de la reinserción en el sistema internacional.[5] El desafío sería asumido por Perón, quien ascendería a la presidencia a través de elecciones

[5] Sobre la Argentina ante los inicios de la Guerra Fría, pueden consultarse: Silvia T. Álvarez, "Argentina y los orígenes de la Guerra Fría en Europa", en *La Argentina y Europa (1930-1950) II*, Departamento de Humanidades, Universidad Nacional del Sur, Bahía Blanca, 1998; E. J. Chambers, "Some Factors on the Deterioration of Argentina´s External Position, 1946-1951", en *Inter-America Economic Affairs* (Winter, 1954); CARI, *La política exterior argentina y sus protagonistas, 1880-1995*, Buenos Aires, 1996; Carlos Escudé, "Crónicas de la tercera posición. La ratificación del TIAR en junio de 1950", en *Todo es Historia* 142 (1979); Rita Giacalone, *From Bad Neighbors to Reluctant Partners: Argentina and the United States, 1946-1950*, Indiana University, 1977; Daniel J. Griennberg, "From Confrontation to Alliance: Peronist Argentina´s Diplomacy with the United States, 1945-1951", en *Norte/Sur: Canadian Journal of Latin American Studies* 7/24 (1987); Callum A. Mac Donald, "The United States, the Cold War and Peron", en Christopher Abel y Colon M. Lewis (eds.), *Latin American Economic Imperialism and the State*, London, 1985; Mario Rapoport, *Política y Diplomacia, las relaciones con EE. UU.y la URSS*, Buenos Aires, 1986; Constantine Richardson, *The United States and Argentina, 1945-1947: a case study in diplomatic practice*, New York, 1994; Carlos Spinosa, *Ingreso de la Argentina a la Organización de las Naciones Unidas, Buenos Aires*, Universidad de Belgrano, 1984; Jane van der Karr, *Perón y los Estados Unidos*, Buenos Aires, 1990; Juan Archibaldo Lanús, *De Chapultepec al Beagle*,

democráticas, en medio de una campaña política en la que se entremezclaba la oposición interna, liderada por la Unión Democrática, y la de Washington, por medio de su embajador en la Argentina, Spruille Braden, encargado de difundir la imagen de Perón asociada al nazismo. El apoyo provendría del Ejército, la Iglesia y, fundamentalmente, los sectores obreros, los más sensibles a la bandera de la Tercera Posición. Según Juan D. Perón (1946-1955), el fin de la Segunda Guerra Mundial dejó frente a frente no sólo a potencias imperialistas poderosísimas con tendencias predispuestas al choque -representadas por Estados Unidos y la Unión Soviética- sino estilos de vida y formas de civilización que aspiraban a defenderse unas y a imponerse otras. En su opinión, del enfrentamiento entre ambas formas de imperialismo, el comunismo tendría mayores posibilidades de triunfo debido a que el sistema capitalista no podía ofrecer otra doctrina que el fracasado individualismo liberal. Por lo tanto, no quedaba para Occidente otra solución que adoptar un capitalismo humanizado.

Su propuesta consistía en construir un Estado que asegurara la felicidad del individuo en comunidad. La doctrina de la "Tercera Posición"[6] se presentaba como el medio a través del cual el Estado podría cumplir con su misión, ya que defendía la justicia social, la independencia económica y la soberanía política. La paz universal, sostenía Perón, sería posible cuando la justicia social reinara en

Buenos Aires, 1986; Carlos Moneta, "La política exterior argentina durante la primera década de la Guerra Fría", en *Revista Argentina de Relaciones Internacionales* 2 (1978); Carlos Puig, *América Latina. Políticas exteriores comparadas*, 2 tomos, Buenos Aires, 1984; Mario Rapoport y Claudio Spieguel, *Estados Unidos y el peronismo*, Buenos Aires, 1990; Raanan Rein, *Peronismo, populismo y política. Argentina 1943-1955*, Buenos Aires, 1998; Mario Rapoport, *Política y Diplomacia en la Argentina. Las relaciones con EE.UU. y la URSS*, Buenos Aires, 1987; Joseph Tulchin, *Argentina y Estados Unidos*, Buenos Aires, 1990; Gary Wynia, *Argentina in the Post-War Era. Politics and Economy Policy in a Divided Society*, Albuquerque, 1978.

[6] Sobre la Tercera Posición, consultar: *El pueblo quiere saber de qué se trata.* Discurso social pronunciado por el Secretario de Trabajo y Previsión Social durante el año 1944, /s.l./, /s.e./, /s.f/; *The theory and complete doctrine of General Perón*, Buenos Aires, Ministerio de Relaciones Exteriores y Culto, Departamento de Información para el exterior, 1956; *Perón expone su doctrina. Teoría y doctrina del peronismo*, Buenos Aires, 1947; *Doctrina peronista (Filosofía, política, sociedad)*, Buenos Aires, 1947; *La Política Internacional Argentina*, Buenos Aires, 1948; *La Comunidad Organizada. Esbozo filosófico*, Buenos Aires, 1949; *La Tercera Posición en la Prédica y el Ejemplo de Perón*, Buenos Aires, 1951; *Conducción política*, Buenos Aires, 1952; *Los mensajes de Perón*, Buenos Aires, 1952; *Descartes, Política y estrategia (No ataco, critico)*, Buenos Aires, 1951.

cada pueblo. Pero, dado que ésta sólo podría existir cuando el Estado ejerciera el dominio económico sobre sus riquezas, una prioridad era el logro de la independencia económica, que se constituía en la base de la Tercera Posición. Finalmente, lograda la justicia social y la independencia económica, era posible la soberanía política y, por lo tanto, estaban dadas las bases para una política propia e independiente que pudiera oponer resistencia al avance de los imperialismos a través de la Defensa Nacional, garante estatal de la seguridad territorial. La soberanía interna estaba representada por el mantenimiento del orden y el cumplimiento de las leyes dentro del territorio nacional, en el marco del respeto a la justicia y el bien común. La soberanía externa significaba la independencia de todo Estado respecto de otro, el respeto a la autodeterminación de los pueblos y la no ingerencia en sus problemas internos. Sin embargo, ésta también tenía límites en el Derecho Internacional y los acuerdos entre los Estados. Dado que la soberanía era considerada sagrada, el país iría en auxilio de cualquier nación vecina que fuera agredida por potencias lejanas y poderosas. Y, en este sentido, no toleraría la intromisión de otros países en los asuntos internos de la Argentina ni las presiones externas tendentes a hacer olvidar los preceptos nacionales sobre esta cuestión.[7]

Su interpretación de la estructura y el funcionamiento del sistema internacional puede inscribirse en el marco del "paradigma tradicional". Los Estados se constituyen en los actores centrales. La característica específica de las relaciones internacionales es la legitimidad del recurso a la fuerza y la separación de las esferas de la política interna y externa. En un sistema anárquico, el poder es el principal componente de las relaciones internacionales y el equilibrio de poder, la dinámica que pretende asegurar un mínimo orden en pos de la supervivencia de los propios Estados. Se trata, por tanto, de una interpretación estatocéntrica, en donde Estados Unidos y la URSS son los principales actores y donde el conflicto, representado por las ambiciones imperialistas, constituye la principal amenaza a la paz y seguridad del sistema internacional. Debido a que la condición esencial para que un Estado pueda perseguir el

[7] Juan Carlos Puig, "La política exterior argentina y sus tendencias profundas", en *Revista Argentina de Relaciones Internacionales* 1 (1975); "La política exterior argentina: incongruencia epidérmica y coherencia estructural", en Juan Carlos Puig (comp.), *América Latina. Políticas exteriores comparadas*, Buenos Aires, 1984; *Doctrinas internacionales y autonomía latinoamericana*, Caracas, 1980.

interés nacional en un mundo anárquico consiste en garantizar su supervivencia frente a la competencia de los otros Estados, la visión del interés nacional se centró en la seguridad, directamente vinculada con la igualdad jurídica de los Estados. Los organismos internacionales ejercen una función mediadora y en su accionar pueden enfrentarse a los Estados que sostienen el principio de soberanía, la autodeterminación de los pueblos y el rechazo a la intervención.

Desde este paradigma, la Tercera Posición, definida como una doctrina independiente, alejada de los extremismos, buscaba mantener buenas relaciones con Estados Unidos, ya que si bien el orden vigente era de naturaleza bipolar en términos estratégicos y políticos, desde un punto de vista económico existía una potencia hegemónica. De ahí que pese a que las diferencias con Washington se mantuvieron, y en ocasiones se agravaron, ello respondió a la distinción entre los intereses de la comunidad occidental en su conjunto y los propios de Estados Unidos, en su carácter de potencia hegemónica. Tal como lo definiera Juan Carlos Puig, la política exterior de Perón se inscribía dentro de una "autonomía heterodoxa". La ratificación de las Actas de Chapultepec y del TIAR, la posición ante la Guerra Fría, así como las reiteradas declaraciones oficiales en relación a la postura prooccidental del país, eran manifestaciones del acercamiento a Estados Unidos. Sin embargo, la insistencia de Perón en el principio de independencia económica, aun después de 1950, cuando propició el ingreso de capitales estadounidenses al país, y su interés en impulsar la integración económica y cultural con Latinoamérica, fueron manifestaciones de una orientación autónoma.[8]

[8] Sobre la posición argentina ante el nuevo orden mundial, en los inicios de los años 90, pueden consultarse: Raúl Bernal Meza, *América Latina en la economía política mundial*, Buenos Aires, 1994; Atilio Borón, "Las desventuras del realismo periférico", en *América Latina/Internacional* 8/29 (1991); Analía Busso, "La política exterior argentina hacia Estados Unidos (1989-1993): reflexiones para su análisis", en *Serie Estudios* 7, Rosario, 1993; CARI, *Argentina y Estados Unidos. Fundamentos para una nueva alianza*, Buenos Aires, 1997; Jorge Castro, "La Argentina y Estados Unidos en la década del 90", en *La Argentina y el mundo del siglo XX*, Bahía Blanca, 1998; CERIR, *La política exterior de Menem*, Rosario, 1994; Carlos Escudé, *Realismo Periférico. Fundamentos para la nueva política exterior argentina*, Buenos Aires, 1992; Guillermo Miguel Figari, *Pasado, presente y futuro de la política exterior argentina*, Buenos Aires, 1993; José Paradiso, *op.cit.*; Roberto Russell, *La política exterior argentina en el nuevo orden mundial*, Buenos Aires, 1992; "Las relaciones Argentina-Estados Unidos: del 'alineamiento heterodoxo' a la 'recomposición madura'", en Mónica

En los inicios de los 90, la Argentina se enfrenta con un contexto mundial diferente[9] y, consecuentemente, con otros desafíos. También en el ámbito interno la situación es otra.En 1983 se ha reinstaurado la democracia bajo la presidencia de Raúl Alfonsín, tras siete años de dictadura militar. El centro de la escena política hacia finales de su gestión está ocupada por las demandas económicas y sociales. El aumento de la deuda externa, el incremento de las prácticas proteccionistas en el comercio internacional, el deterioro permanente en los términos de intercambio, el drenaje de divisas de los países subdesarrollados, la emergencia de un nuevo paradigma tecnológico productivo y el afianzamiento de los bloques económicos tornan necesario reformular las estrategias de desarrollo.Pero el detonante final se produce en el ámbito interno con la hiperinflación de 1989 y el consecuente desborde social, que han obligado a Alfonsín a dejar el poder unos meses antes de lo establecido por la Constitución. Es entonces cuando asume la presidencia Carlos S. Menem.

Menem (1989-1999) percibe la existencia de una aldea global, liderada por Estados Unidos, donde la interdependencia y la integración son principios fundamentales.La seguridad y la defensa nacional adquieren un nuevo significado. La seguridad es definida en términos de objetivos comunes a cumplir por toda la humanidad: defensa de la democracia, la libertad, los derechos humanos, el desarrollo y la justicia social. De este modo, desaparece el interés nacional asociado a la necesidad de seguridad en un mundo anárquico y, por el contrario, se constituye en sinónimo de bienestar, sólo alcanzable a través de la integración supranacional. Las fronteras ya no actúan como barreras entre los Estados sino como formas de integración. La soberanía es definida como poder a través del cual el Estado ha de promover el desarrollo y la seguridad

---

Hirst (compiladora), *Continuidades y cambio en las relaciones América/Estados Unidos*, Buenos Aires, 1987; "Los ejes estructurantes de la política exterior argentina: apuntes para un debate", en *Serie de Documentos e Informes de Investigación*, Buenos Aires, 1994.

[9] Jorge Castro, "La política exterior del segundo mandato de Menem", en *Archivos del Presente* 1/2 (1995): 67-72; Alberto de Núñez y Jorge Osella, "Argentina y Estados Unidos. Del desencuentro a la cooperación", en *Archivos del Presente* 5/18 (1999): 163-175; Alberto Hutschenreuter, "Las Naciones Unidas y la búsqueda de la seguridad internacional. Tercera oportunidad", en *Geopolítica. Hacia una doctrina nacional* 59, Año XXI (1996): 32-39.

de toda la comunidad, y de los individuos que la integran, en el marco de sus fronteras y fuera de ellas. De acuerdo a tales percepciones, Menem, que ha transformado al Estado de acuerdo a los principios del neoliberalismo y que, por lo tanto, asigna al individuo un nuevo papel, propone la reinserción económica de la Argentina y, en la búsqueda de esa reinserción, acepta participar dentro de la comunidad mundial para hacer frente a las oportunidades y desafíos que ésta ofrece, propiciando el alineamiento con Estados Unidos, consciente de la marginalidad de la Argentina en el contexto internacional y del liderazgo hegemónico de aquel país. La política exterior se definirá entonces, principalmente, por la relación que asuma el país con Estados Unidos, sobre todo en el área de la seguridad.[10] La seguridad y la soberanía aparecen nuevamente relacionadas, pero con un alcance muy distinto al asignado casi cincuenta años atrás.

Su interpretación del sistema internacional puede inscribirse en el "paradigma de la sociedad mundial", pues adquiere importancia la dimensión transnacional, y esencialmente económica, en el marco de un sistema de naturaleza cooperativa. En este sentido, asumen un especial protagonismo los organismos internacionales, entre ellos, la ONU y la OEA. La autoridad que se les reconoce conduce a una relativización del derecho de intervención, que se transforma en derecho de ingerencia. La soberanía deja de ser una barrera entre los Estados para constituirse en principio vinculante entre los Estados y en el marco de éstos.

Desde este paradigma, Menem denomina a la política exterior de su gestión como "Idealismo Pragmático" o "Realismo de Interés,"[11] y ello debido a que las transformaciones a implementar dentro del país no responden a ideas de derecha o izquierda, sino a los

[10] Sobre la postura de Menem ante la política exterior, consultar: *La esperanza y la acción*, Buenos Aires, 8 de julio 1989-19 de junio 1990, 1990; *Estados Unidos, Argentina y Carlos Menem*, Buenos Aires, 1990; *Integración americana*, Buenos Aires, 1990; *Discursos del presidente Dr. Carlos Saúl Menem, del 1 al 30 de noviembre de 1989*, Buenos Aires, Secretaría de Prensa y Difusión, Presidencia de la Nación, noviembre 1989; *Discursos del presidente Dr. Carlos Saúl Menem. Año 1992*, Buenos Aires, Dirección General de Difusión, Secretaría de Comunicaciones, Presidencia de la Nación, República Argentina, Buenos Aires, 1994; *Discursos del presidente Carlos S. Menem. Año 1993*, Buenos Aires, 30 de junio de 1994; *Diarios de Sesiones de la Cámara de Diputados de la Nación*, Buenos Aires, 1990-1994.

[11] Sobre Carlos Escudé y el "Realismo periférico", consultar: *Realismo Periférico. Fundamentos para la nueva política exterior argentina*, Buenos Aires, 1992; *El Realis-*

beneficios o perjuicios que puedan acarrear a sus habitantes. Tal como lo sostiene Carlos Escudé, la propuesta se inscribe dentro de un "realismo periférico".[12] De esta manera, decidida a asumir el alineamiento con Estados Unidos, y aun cuando dentro de sus prioridades se encuentre la integración económica en el ámbito del MERCOSUR, la administración menemista auspicia desde los organismos internacionales la política de Washington, interviene en operaciones de paz, se retira del movimiento de No Alineados, condena al gobierno de Cuba por no respetar los Derechos Humanos, renuncia al Proyecto Cóndor, ratifica el Tratado de Tlatelolco y participa de conferencias y acuerdos tendentes a la preservación del medio ambiente, la prohibición de armas químicas y el empleo de la energía nuclear con fines pacíficos.

La posición oficial argentina: las crisis de Guatemala y Haití

En 1950 el coronel Jacobo Arbenz era elegido presidente de Guatemala. Su filiación comunista fue percibida por Estados Unidos como una amenaza a la seguridad del sistema internacional y americano en particular, en momentos en que el contexto global se hallaba regido por la Guerra Fría.[13] Su programa incluía la expropiación de ciento sesenta mil hectáreas de tierra a una compañía estadounidense. Washington manifestó entonces que se estaba ante el peligro de que en Guatemala se estableciera una cabeza de puente comunista. Por ello, buscó la sanción de principios que condenaban el comunismo como extraño al orden político de la región y propuso su aplicación al caso de Guatemala. Bajo sus instancias, el caso fue analizado en la X Conferencia Interamericana que tuvo lugar en Caracas entre el 1 y el 28 de marzo de 1954. El resultado fue la condena al comunismo internacional y la decisión de convo-

---

mo de los estados débiles. La política exterior del primer gobierno de Menem frente a la teoría de las relaciones internaciones, Buenos Aires, 1995; "La Argentina y sus alianzas estratégicas", en *Archivos del Presente, Revista Latinoamericana de temas internacionales* (Julio/Agosto/Septiembre 1998), 61-62.

[12] Sobre la cuestión de Guatemala, consultar Gordon Connell-Smith, *Los Estados Unidos y la América Latina*, México, 1977; Oscar G. Paleas Almengor, *Guatemala, 1944-1955: los rostros de un país*, Guatemala, 1999.

[13] Jerónimo Remorino, *Política internacional argentina. Compilación de documentos 1951-1955*, Buenos Aires, 1968, tomo I, 268.

car a una Reunión de Consulta para la adopción de medidas concretas.

En aquella oportunidad, la Argentina estuvo representada por Jerónimo Remorino, ministro de Relaciones Exteriores, Hipólito J. Paz, embajador en Estados Unidos, Juan Carlos Vittone, Rodolfo Muñoz, Julio Tezanos Pinto, Julio Abal, Oscar L. Pelliza, Luis Camps y César Bunge, delegados ante la OEA.

La propuesta de resolución de Estados Unidos, presentada por John Foster Dulles, establecía "que si el movimiento comunista internacional llegase a dominar las instituciones políticas de cualquier Estado del continente, ello representaría una amenaza a su soberanía e independencia política y, por lo tanto, exigiría una respuesta de conformidad con los tratados vigentes". Tal proyecto abría las puertas a la intervención estadounidense en cualquier país "amenazado" por el comunismo.

Si bien el programa incluía asuntos jurídico-políticos, económicos y culturales, el referido a la intervención del comunismo internacional en el continente fue el que dominó la agenda porque, para Estados Unidos, obtener una resolución sobre el tema constituía el principal propósito. Por su lado, los países latinoamericanos pusieron énfasis en los problemas económicos y sociales. En este sentido, la Conferencia fue aprovechada por la Argentina para defender los principios de la Tercera Posición; hacer un llamado en pos de una solidaridad continental que había de traducirse en el apoyo económico de Washington al resto del continente; defender el principio de soberanía; rechazar el derecho de intervención y, principalmente, denunciar el colonialismo en el continente americano.

Según Remorino, la misión del interamericanismo debía definirse y explicarse como la lucha por convivir al amparo de un Derecho que tuviera en consideración las necesidades sociales, en el ámbito interno, y el respeto a la soberanía, en el área internacional.[14] De ahí la importancia de la democracia integral, por la cual se reconocían los derechos económicos y sociales de un pueblo. De ahí que la prosperidad económica de un país debía conducir al bienestar social, entendiendo por éste la realización de los fines humanos del individuo dentro de una comunidad organizada. Sin embargo, y en una evidente alusión a los Estados Unidos, para el gobierno

[14] *Ibídem*, 270.

argentino existía un obstáculo fundamental a la implementación de tales principios: las "injusticias del individualismo capitalista". Por lo tanto, si bien admitía que el comunismo representaba una amenaza para la seguridad de los países americanos, tal como lo sostenía Estados Unidos, consideraba que la verdadera amenaza encontraba sus raíces en la pobreza de sus pueblos, los cuales depositaban sus esperanzas en ideologías que, aunque contrarias a su formación, prometían proveer el bienestar buscado. También en una implícita alusión a Estados Unidos, señalaba que "[...] sólo el reconocimiento de la necesidad de facilitar por todos los medios, sin escatimar ninguno, el desenvolvimiento económico acelerado de los países en desarrollo o menos evolucionados, permitirá que esa transformación ineludible pueda llevarse a cabo sin que la paz y la seguridad de la humanidad sean perturbadas [...]".[15]

El 8 de marzo, Remorino abandonaba las sesiones y regresaba a Buenos Aires. Como refiere Juan A. Lanús, su partida es un hecho que no ha podido explicarse.[16] Su precipitado alejamiento parecía revelar la intención del gobierno argentino por mantener un perfil bajo en la Asamblea.[17] Los discursos, a partir de entonces, asumieron un tono más moderado en las críticas al sistema internacional y, más precisamente, hacia Estados Unidos.[18]

Para Muñoz, quien a partir de entonces presidió la delegación, la solución a los problemas americanos se hallaba en la solidaridad, la cooperación y la superación de los graves problemas económicos que padecían los pueblos latinoamericanos, y debía tener por base el respeto a la igualdad jurídica de los Estados, la soberanía y el principio de no intervención.[19] De ahí que la Argentina sostuviera que era prerrogativa de los pueblos elegir el sistema de gobierno que prefirieran, ya que, en el caso contrario, equivaldría a dar "un golpe mortal a América". De ahí también que, en una evi-

[15] Juan A. Lanús, *De Chapultepec*, tomo I, 189.

[16] Hipólito Paz, *Memorias, Vida pública y privada de un argentino en el siglo XX*, Buenos Aires, 1999, 230.

[17] En este sentido, la delegación presentó un proyecto en el cual se solicitaba la restitución de los territorios ocupados por estados extracontinentales. El mismo sería aprobado con algunas modificaciones, contando con la abstención de Estados Unidos.

[18] Discurso pronunciado por el delegado plenipotenciario argentino, embajador doctor Rodolfo Muñoz. Remorino, *Política internacional argentina*, 304-305.

[19] *Ibídem*, 306.

dente referencia al caso de Guatemala, negara facultades a la Conferencia para constituirse en tribunal que juzgara cuestiones propias de otro Estado. En este sentido, la Argentina estaba dispuesta a suscribir una fórmula que expresara la condena a una ideología foránea sólo cuando constituyera una intervención en los asuntos internos de los Estados americanos. Finalmente, esta fórmula debía tener como pilar el derecho de los pueblos a darse sus propias instituciones.[20]

Las enmiendas argentinas al proyecto original se correspondían con los postulados referidos: la solidaridad americana como única e indivisible, aplicable a cualquier amenaza extracontinental; la condena a las actividades del movimiento comunista internacional cuando éstas llegasen a representar una intervención en los asuntos internos de los Estados americanos; la consulta y aplicación de los tratados existentes a fin de contrarrestar la amenaza sólo en el momento en que se produjeran los hechos y, base fundamental de las enmiendas, el respeto al principio de autodeterminación de los pueblos.[21]

Hasta aquí las observaciones realizadas al proyecto de resolución presentado por Estados Unidos. Los motivos por los cuales la Argentina adoptó esta postura encuentran su más clara expresión en las palabras del delegado Juan Carlos Vittone, quien entonces definió el intervencionismo como sinónimo de "bradenismo".[22]

El 13 de marzo se aprobó la Resolución XCIII, con el voto en contra de Guatemala y las abstenciones de México y la Argentina. Durante la sesión de la Asamblea y, más tarde, en declaraciones públicas, Muñoz se limitaría a referir que la votación había quedado claramente fundamentada en el desarrollo del debate. Señaló que sólo había votado favorablemente dos párrafos de la resolución: el que reiteraba la fe en la democracia representativa y el relativo al reconocimiento inalienable de cada Estado americano a elegir libremente su propia forma de gobierno, su sistema económico y su propia vida social y cultural.[23] "El voto argentino no respondió a una instrucción oficial. La delegación había producido y enviado a Buenos Aires un memorando sobre las posibles actitu-

[20] *Ibídem*, 307.
[21] *Ibídem*, 303.
[22] "La Décima Conferencia Interamericana tuvo un día de gran actividad", *La Nación*, 16-III-1954, 1.
[23] Lanús, *De Chapultepec*, 191.

des a adoptar, pero la Cancillería no envió respuesta. Días después, cuando un miembro de la delegación regresó a Buenos Aires, un empleado le entregó un sobre cerrado. Dentro de él estaba el memorando que se había preparado. El ministro Remorino nunca lo había abierto [...]."[24]

Ante las objeciones latinoamericanas, finalmente la cláusula anticomunista presentada por Estados Unidos establecía que el dominio o control de las instituciones políticas de cualquier Estado americano por parte del movimiento comunista internacional, que tuviera por resultado la extensión del sistema de una potencia extracontinental al territorio americano, constituiría una amenaza a la soberanía e independencia política de los Estados americanos, pondría en peligro la paz y exigiría una reunión de consulta para considerar la adopción de las medidas procedentes de acuerdo con los tratados existentes. Su importancia radicaba, por lo tanto, en que señalaba el entronizamiento del comunismo en cualquier Estado americano como un supuesto para aplicar el Tratado Interamericano de Asistencia Recíproca (TIAR).

En mayo de 1954, Guatemala recibía un cargamento de armas proveniente de Checoslovaquia. Ante este hecho, mientras fuerzas conjuntas hondureño-estadounidenses, dirigidas por Carlos Castillo Armas –un oficial exiliado en Honduras– derrocaban a Arbenz, Estados Unidos solicitaba una reunión de la OEA para considerar el desembarco de armas en Guatemala y proponer, en caso de que la invasión fracasara, un bloqueo al país con el propósito de impedir nuevos desembarcos, invocando para tal caso el artículo 6 del TIAR. Por su parte, Guatemala llevaba el asunto al ámbito del Consejo de Seguridad de las Naciones Unidas. Sin embargo, la intervención del Organismo Regional y la invocación del TIAR evitarían que el Consejo de Seguridad incluyera el tema en su agenda. Estados Unidos no deseaba que la ONU abordara la cuestión, porque habría dado lugar a que la URSS denunciara la intromisión de Washington en los asuntos de Guatemala. El 26 de junio, diez miembros de la OEA, entre los cuales se hallaba Estados Unidos, convocaron a una reunión de consulta debido a la intervención evidente del movimiento comunista internacional en la República de Guate-

[24] El Presidente de la Junta Militar de Guatemala, teniente coronel Monzón, y el representante de las fuerzas revolucionarias, coronel Carlos Castillo Armas, habían terminado exitosamente las negociaciones para establecer un Gobierno Provisional.

mala y al peligro que entrañaba para la paz y la seguridad del continente americano. Si bien el 28 de junio la OEA aceptaba la propuesta estadounidense, la reunión de consulta programada para el 7 de julio en Río de Janeiro fue aplazada *sine die* y el caso oficialmente cerrado.[25] Mientras era claro que los organismos regionales prevalecieron sobre las Naciones Unidas, la crisis fue resuelta a través de la fuerza de las armas. La invasión había sido exitosa. Estados Unidos había logrado que ni la OEA ni la ONU pudieran acudir en apoyo de Arbenz, conociéndose luego que la Agencia Central de Inteligencia había integrado la invasión.[26]

La Argentina, a través del embajador Vittone, había apoyado la convocatoria de la reunión.[27] Respecto de la discusión sobre si un país podía dirigirse a las Naciones Unidas, apoyó la libertad de todo Estado americano de acudir a dicho organismo.[28] Esta declaración había sido defendida también con argumentos jurídicos y políticos por Rodolfo Muñoz, meses antes, en el propio ámbito de la OEA, donde destacó la importancia de la ONU en la salvaguarda de la paz y la seguridad internacionales y su preeminencia sobre el organismo regional.[29]

La delegación argentina sostuvo también que debían agotarse los métodos pacíficos antes de recurrir a los procedimientos establecidos en el Tratado de Río. Si la reunión se realizaba, debían tratarse todas las acciones internacionales que violaban el principio de la no intervención, haciendo una alusión indirecta al apoyo dado por ciertos países del continente –entre los cuales se hallaba Estados Unidos– a las fuerzas de invasión encabezadas por el coronel Castillo Armas.[30]

La votación argentina estuvo a cargo de Hipólito Paz. Fundamentó su abstención en el hecho de que si bien era cierto que el presidente Arbenz había sido derrocado, la reunión de consulta era necesaria para tratar no sólo la acción del comunismo internacio-

[25] Stephen G. Rabe, *Eisenhower and Latin America. The Foreign Policy of Anticommunism*, Chapel Hill, 1988.

[26] Sin embargo, la Argentina no había figurado entre los países que pidieron la convocatoria.

[27] Intervención del embajador argentino, José Carlos Vittone, en el Consejo de la OEA el día 28-6-1954, Washington.

[28] Cfr. Arts. 52 y 53 de la Carta de San Francisco señalados por Muñoz. En Remorino, *Política internacional argentina*, 301-302.

[29] Connell-Smith, *Los Estados Unido*, 247-248.

[30] Hipólito Paz ante el Consejo de la OEA el 2 de junio de 1954, Washington.

nal, sino también la intervención militar contra el gobierno de Guatemala.[31] Años más tarde, Paz recordaría su sorpresa ante la requisitoria del gobierno argentino para que reemplazara a Vittone en el momento de la votación con la instrucción de abstenerse de aprobar la propuesta de Estados Unidos de postergar la reunión *sine die*. "[...] No podía entender lo que leía. ¿Por qué yo, embajador ante la Casa Blanca, debía sustituir al embajador Vittone y votar de una manera no considerada contra el Departamento de Estado? ¿Por qué a mí, que era el intérprete y ejecutor de una política de entendimiento con los Estados Unidos, se me ponía en el trance de asumir esa posición? ¿Por qué crearme lo que podría haber sido un roce con el embajador Vittone? No lo sé [...]".[32]

De acuerdo a lo expuesto, la posición oficial de la Argentina ante la crisis de Guatemala puede ser interpretada desde el "paradigma tradicional", pues fue considerada como una manifestación de las aspiraciones imperialistas por intervenir en la vida interna de un Estado americano. Primaron la defensa de la soberanía y el rechazo al derecho de intervención. La posición argentina revelaba la decisión de poner obstáculos al "imperialismo estadounidense". Precisamente en relación a estos principios, cabe destacar las referencias de la delegación argentina a la misión de los organismos internacionales en la salvaguarda de la paz y la seguridad internacionales. La delegación sostuvo siempre la preeminencia de la ONU sobre la OEA. Esa posición encontraba sus orígenes en el proceso que condujo a la adhesión a la Carta de San Francisco y la ratificación de las Actas de Chapultepec (1944-1946), y que se encontraban directamente vinculadas con la defensa del principio de soberanía política y la autodeterminación de los pueblos. Las instrucciones que, en carácter de Ministro de Guerra durante el gobierno de Farrell, brindara Perón a la delegación militar que se dirigió a Washington con la misión de participar en los trabajos de la Junta Interamericana de Defensa, son ilustrativas al respecto. Su estrategia contra el peligro que para las naciones débiles representaba el imperialismo preveía "el imperio del derecho, de la justicia y del

[31] Ibídem, 230-231.

[32] Al respecto, es importante destacar la posición del sindicalismo argentino ante el tema. La Agrupación de Trabajadores Latinoamericanos Sindicalistas (ATLAS), organización cuya piedra basal estaba representada por el sindicalismo argentino dirigido por Perón. Vide: Manuel Urriza, *CGT y ATLAS. Historia de una experiencia sindical latinoamericana (década del 50 – década del 60)*, Buenos Aires, 63-86.

respeto de la soberanía" y "la unión automática de todos los demás países contra el agresor". En dichas instrucciones también señalaría que por entonces el uso de la fuerza por parte del más poderoso –Estados Unidos– no podría ser contrarrestado ni aun a través de la reunión de los restantes estados americanos. Por ello, desde el punto de vista militar, para la Argentina tenía más importancia la participación en las Naciones Unidas que en el sistema interamericano.

Por otra parte, la elección de los delegados reflejaba las dos posturas que el oficialismo intentaba mostrar en el escenario internacional e interno. Jerónimo Remorino, personaje ligado a una actitud autónoma y aun confrontacionista con Estados Unidos, participaría en la primera parte de las sesiones que tuvieron lugar en la OEA, asumiendo una postura contraria al intervencionismo estadounidense en Latinoamérica. Parecía responder con ello a los reclamos de un importante sector de la sociedad civil argentina –representado principalmente por los obreros y grupos sindicales, sobre los cuales se sustentaba en buena medida el apoyo electoral de Perón– y se correspondía también con la posición general asumida por los países latinoamericanos.[33] Las felicitaciones del ministro al representante guatemalteco luego de su discurso, el envío de una misión técnica ministerial a la URSS para examinar maquinaria agrícola y equipos petrolíferos y carboníferos en función del intercambio bilateral, y la visita a Buenos Aires de una delegación comercial de la República Popular China constituían signos de la distancia entre la Argentina y el gobierno estadounidense. A ello se agregaba que, en los meses siguientes a la Conferencia, el gobierno argentino despachó aviones para recibir en el país a numerosos exiliados guatemaltecos.

Sin embargo, la identificación que Rodolfo Muñoz hiciera durante la Conferencia entre "bradenismo" e intervencionismo era un indicio del intento por evitar un enfrentamiento directo con Estados Unidos. La delegación argentina había recibido instrucciones de no atacar la política estadounidense en América Latina sino el "bradenismo", una fórmula que personalizaba el conflicto en el ex embajador en Buenos Aires, Spruille Braden, enemigo de Perón y partícipe en el derrocamiento del gobierno de Guatemala.[34] En el

[33] García Lupo, Roberto, *Clarín*, 17-I- 1999.

[34] En sus memorias, Paz señala que "Cuando viajé a Buenos Aires y le expliqué a

mismo sentido debe interpretarse la elección de Hipólito J. Paz como delegado que votó por la abstención en ocasión de tratarse el diferimiento de la reunión de consulta. Paz era considerado entre los círculos oficiales de Washington como un personaje que propiciaba el acercamiento con Estados Unidos.[35] Su discurso, además, constituía una "perfecta" expresión del tercerismo peronista. Allí planteó la necesidad de investigar los sucesos militares que condujeron a la destitución del Presidente, otra forma de intervención en la vida interna en los estados americanos, pero también comulgaba con el anticomunismo estadounidense. Más aún, el 28 de junio Perón enviaba una carta a Milton Eisenhower, en donde sugería que se realizara una reunión de consulta hemisférica sobre el problema del comunismo, cualquiera fuera el resultado del conflicto en Guatemala, y ofrecía a Buenos Aires como sede de la misma. Otra muestra del compromiso argentino en la lucha contra el comunismo fue la garantía de que, ante los reclamos de la embajada de Estados Unidos, el ex embajador de Arbenz no pronunciaría conferencias públicas y que ningún legislador oficialista concurriría a una reunión, a efectuarse en Santiago de Chile, solidaria con el gobierno derrocado. Además, algunos exilados fueron detenidos en la cárcel de Villa Devoto y enviados luego a Polonia. También se endureció la represión anticomunista y en reiteradas ocasiones Perón ratificó ante funcionarios estadounidenses su compromiso en tal sentido, así como su cooperación con el gobierno de Washington.

Los diez años de la denominada Primavera Democrática (1944-1955) habían representado la posibilidad de instrumentar vías legales para la implementación de cambios. Respuestas a demandas sociales, como los derechos otorgados por la constitución de 1945 a la ciudadanía general y a los grupos indígenas, el Código de Trabajo de 1946, la Reforma Agraria de 1952, entre otras, posibilitaron la formación de organizaciones y movimientos sociales en el campo (como los comités agrarios) y en la ciudad (sindicatos, organizaciones profesionales, estudiantiles, partidos políticos, etc.), así como

Perón mi voto, me guiñó un ojo, se echó a reír y se limitó a decir 'Ha procedido bien, doctor Paz'. El General sí lo había entendido. El relato que acabo de hacer justifica las expresiones del sagaz embajador norteamericano Nufer: 'Perón sigue aferrándose a su política amistosa hacia los Estados Unidos pese al enfriamiento de su ministro de Relaciones Exteriores'," 231.

[35] *El País Digital*, jueves 11 de marzo de 1999, N° 1042.

canales políticos para la participación. Tras 1954 surgieron nuevos planteamientos de autoritarismo, y desde la esfera del poder gubernamental se recurrió al empleo de la violencia ilimitada contra la oposición. Guatemala se sumió en una larga guerra civil. La paz se firmaría en 1999. Entonces, el presidente Bill Clinton afirmó que el apoyo dado en el pasado por Estados Unidos a la represión en ese país fue "un error que no debe volver a repetirse".[36] Aquella declaración debía comprenderse en el marco de un contexto decisional caracterizado por la existencia de un "Nuevo Orden Mundial". Se presentaba una renovada agenda asociada a la seguridad, entendida en términos económicos y avalada por valores democráticos. La crisis de Haití se desarrollaría en el marco de este proceso, en donde, nuevamente, Estados Unidos y los organismos internacionales ocuparían el papel central.[37]

En Haití, ante el denominado "Nuevo Orden Mundial", la caída del gobierno constitucional de Jean Bertrand Aristide, el 29 de septiembre de 1991,[38] por obra de un golpe de estado, es considerada por Estados Unidos como una amenaza a la seguridad política internacional. A partir de entonces, la Organización de Estados Americanos y las Naciones Unidas intentarán buscar los medios a través de los cuales presionar al gobierno de facto para dejar el poder. Finalmente, el 31 de julio de 1994, el Consejo de Seguridad de la ONU aprueba la Resolución 940, que autoriza a una "fuerza internacional" a emplear todos los medios necesarios para restaurar a

[36] Wilfredo Lozano, *Cambio político en el Caribe. Escenarios de la Posguerra Fría: Cuba, Haití y República Dominicana*, Caracas, 1998, 263; G. Pope Atkins, *América Latina en el Sistema Político Internacional*, Buenos Aires, 1991, 150 y ss.

[37] Los hitos que jalonan la crisis fueron seleccionados sobre la base de la información recogida en *The United Nations and the situation in Haiti*, Department of Public Information, United Nations, *Anuario de Relaciones Internacionales del IRI* (CD), Universidad Nacional de la Plata, 1991-1998 y actas oficiales de la OEA y el Consejo de Seguridad de Naciones Unidas, así como en Katlyn Sabá, *Bosnia, Rwanda y Haití: dos fracasos y una esperanza*, Fundación CIDOB, 9-10.

[38] El acuerdo negociado entre Carter y los militares haitianos contempla la colaboración entre las Fuerzas Armadas y la policía de Haití con la misión militar de Estados Unidos. A cambio, se acuerda una ley de amnistía y se concede a Raoul Cedrás el plazo de un mes para abandonar el poder. Raoul Cedrás anuncia el 10 de octubre su decisión de abandonar Haití y el presidente Jean-Bertrand Aristide retorna al país. Las tropas estadounidenses deben ser reemplazadas por una fuerza de 6000 cascos azules, encargados de reconstruir el Ejército, crear una fuerza de policía civil y colaborar en la organización de nuevas elecciones, previstas para finales de 1995.

las autoridades legítimas en Haití. Pocos días antes, el depuesto presidente Aristide solicita una "acción rápida y definitiva para terminar con el gobierno golpista". La decisión de cómo y cuándo intervenir queda así en manos de Estados Unidos. El 15 de septiembre, anuncia la intervención. Pero la mediación del ex presidente Carter transforma la invasión, ya en marcha, en una ocupación pactada con los militares haitianos.[39]

La posición oficial de la Argentina ante la crisis de Haití difiere de la asumida casi cincuenta años antes. En 1954, según la percepción gubernamental, la amenaza a la seguridad del continente americano provenía del comunismo, pero sólo en tanto constituyera una intromisión en su soberanía. No obstante, el verdadero peligro provenía del propio individualismo capitalista, liderado por Estados Unidos, por desconocer las demandas económicas y sociales de los pueblos de América y conducir a éstos en la búsqueda de ideologías que, aunque extrañas a su formación, fueran capaces de proveerles de la justicia social buscada. De ahí que se pusieran obstáculos al derecho de intervención propuesto por Estados Unidos en Guatemala, porque la mayor amenaza provenía del propio intervencionismo de Washington y, por ende, de su política de poder. Primaron entonces los conceptos de soberanía y autodeterminación de los pueblos. De ahí, la abstención de la Argentina en la X Conferencia Panamericana y su apoyo a que los estados americanos acudieran a la ONU en la búsqueda de una solución a los problemas regionales en los que se vieran amenazadas la paz y la seguridad. De ahí también la insistencia en que el caso de Guatemala fuera investigado en la OEA, aun cuando la crisis se hubiese superado por obra de la intervención de fuerzas extranjeras y a causa de la instauración de un gobierno anticomunista.

En 1991, la amenaza proviene de las propias instituciones haitianas, porque la seguridad del continente americano depende, entre otros factores, de la existencia de gobiernos democráticos garantes del orden y la estabilidad necesarios para llevar adelante políticas que permitan el funcionamiento de una economía mundial basada en la transnacionalización, la interdependencia y la integración. De ahí que la soberanía y autodeterminación de los pueblos encuentren sus límites en el derecho de intervención, pues

[39] "Menem calificó de asesinos a los golpistas haitianos", en *La Nación*, Buenos Aires, 5-X- 1991, 3.

éste ha de salvaguardar la democracia y los derechos humanos. Por ello, la Argentina apoya permanentemente las gestiones realizadas por Estados Unidos en pos de una solución a la crisis, trabaja activamente desde el seno de los organismos de la OEA y la ONU y llega a proponer el uso de la fuerza cuando considera que la tarea de los organismos internacionales, pese a sus esfuerzos diplomáticos, no obtiene los resultados esperados. Apoya la posición estadounidense, proclive a la intervención armada en Haití, participando en la fuerza internacional auspiciada por la ONU, encargada de garantizar el cumplimiento del embargo petrolero y de armas decretado por el Consejo de Seguridad el 16 de octubre de 1993, y en el despliegue de fuerzas de la ONU para relevar a la fuerza de intervención encabezada por Estados Unidos, el 1 de febrero de 1995.

La postura oficial, crítica al golpe de estado y comprometida con la intervención en Haití, se pone de manifiesto inmediatamente ocurridos los hechos. El 1 de octubre de 1991, la Cancillería distribuye un comunicado en el cual se manifiesta una enérgica condena a los sucesos y expresa que el presidente Aristide y todas las autoridades constitucionales deben ser inmediatamente repuestas en sus funciones. En el mismo comunicado se advierte que no se reconocerá a ningún gobierno surgido de actos facciosos e invita a la comunidad internacional a que acompañe las decisiones que se adopten con el propósito de restaurar la democracia. De manera que la amenaza no es extracontinental ni ideológica, como ocurriera en la crisis de Guatemala, proviene de las propias instituciones de un estado americano y se cierne sobre su democracia y los derechos humanos de ese estado. Se abre paso al derecho de intervención, justificado por Carlos Menem del siguiente modo: "El principio de no intervención tuvo su razón de ser en otras épocas, pero hoy ha dejado de ser absoluto para pasar a ser relativo. Hoy el mundo se ha convertido en interdependencia".[40]

Los fundamentos de esta postura se encuentran en una nueva interpretación del concepto de seguridad. La amenaza a la soberanía de un estado no proviene del exterior sino que surge del mismo y, en un mundo interdependiente, puede perturbar la estabilidad

[40] Discurso de Guido Di Tella, en Organización de los Estados Americanos, Asamblea General Vigésimo Segundo Período Ordinario de Sesiones, Nassau, Las Bahamas, del 18 al 23 de mayo de 1992, *Actas y Documentos*, Vol. II, Primera Parte, *Actas de las Sesiones Plenarias y de la Comisión General*, 132.

necesaria para el funcionamiento del orden mundial.[41] La defensa, por lo tanto, no incluye solamente la esfera militar sino, básicamente, la consolidación de la democracia representativa junto con la promoción y protección de los derechos humanos, la lucha contra la pobreza y el mejoramiento de la calidad de vida de los pueblos americanos. Sin embargo, la democracia constituye un valor fundamental y fundacional sobre el que descansan los restantes. La nueva interpretación dada al concepto de seguridad y la naturaleza de las amenazas que se ciernen sobre el continente americano obligan a la OEA, según la percepción oficial argentina, a asumir un nuevo protagonismo que incluye, por tanto, su derecho de intervención en los Estados. Aun en medio de las diferencias que se evidencian en el seno del gobierno ante la cuestión de Haití,[42] existe una posición oficial que tiene por finalidad presentar una imagen que refleje la decisión del estado argentino por demostrar su alineamiento junto con Estados Unidos, pese a las críticas que ello despierte en el seno de los países latinoamericanos. Por eso, el ministro Guido Di Tella, desde aquel organismo regional, y el embajador Emilio J. Cárdenas, desde la ONU,[43] promueven y apoyan medidas en pos del derecho de intervención. Así, por ejemplo, Di Tella declara entonces ante la OEA que ésta "[...] a veces en el pasado ha sido vista injustamente como una vía de penetración de algunos países con respecto a otros. Esto no ha sido cierto y ciertamente no es cierto hoy, ni de los países más grandes, como en el caso de los Estados Unidos con respecto al resto de la región, ni de los países grandes con respecto a países medianos, y los medianos con respecto a los chicos. La OEA es un organismo que nos contiene a todos, es nuestro mecanismo, nuestra arma de defensa de cada país y de la soberanía de cada país. Esto, en la medida en que lo creamos vivamente, nos va a hacer menos reticentes a otorgarle a la OEA nuevas atribuciones y nuevos poderes, porque son los po-

[41] Si bien los principales actores vinculados a la cuestión de Haití censuran los hechos ocurridos en aquel país, difieren al momento de diseñar la estrategia política a seguir en relación con la conveniencia de participar de la invasión a Haití en 1994. Tal el caso del Ministro de Defensa, Oscar Camillón. Vide, "Las Naciones Unidas autorizaron la invasión a Haití. Estarían listos en 15 días los efectivos argentinos", en *La Nación*, 1, 2 y 4-VIII-1994.

[42] La Argentina forma parte del Consejo de Seguridad de las Naciones Unidas, como miembro no permanente, entre 1994 y 1995.

[43] Organización de los Estados Americanos, 127.

deres nuestros, no son los poderes ajenos o de algún organismo ajeno, que no los controlamos entre todos".[44]

De acuerdo a esta perspectiva, el 4 de octubre el diario *La Nación* anuncia en sus titulares que "la Argentina podría intervenir militarmente". Di Tella señala entonces que el país se encuentra dispuesto a tomar esta decisión si los responsables del golpe no reponen a Aristide. En este sentido, reconoce que el uso de la fuerza constituye una medida sin antecedentes y un cambio de percepción, resultado del nuevo orden mundial, así como una clara advertencia a todos los "aspirantes golpistas que tenemos en la región". Afirma también que, para quienes interpreten que se estaría violando el principio de ingerencia en los asuntos internos de los Estados, "antes de esa consideración está el principio de no permitir la violación de los derechos humanos".[45] Estos conceptos son ampliados unos días después por el propio ministro. Declara entonces que la Argentina pretende liderar en el continente una iniciativa por la cual se repudie enérgicamente cualquier "aventura golpista", iniciativa que no excluye la intervención militar y reconoce la influencia de la Doctrina Betancourt, que propiciaba el no reconocimiento de los regímenes de facto.[46]

Por lo expuesto, corresponde a la OEA la responsabilidad de abocarse al rediseño del sistema de seguridad hemisférico, a la luz de las nuevas circunstancias internacionales. En este sentido, la Argentina, en octubre de 1991, propone modificaciones a la Carta del Organismo Regional tendentes a hacer que éste tenga un mayor poder de resolución. La propuesta de intervención militar fren-

[44] Dentro de la Argentina, una actitud más cautelosa con relación al envío de tropas es asumida por el Ministro de Defensa, Antonio Erman González: "Mi opinión personal es que debemos obrar con la máxima prudencia y respeto por los problemas internos de cada uno de los países latinoamericanos. Solo podríamos llegar a una intervención si es convocada por la OEA, dentro de las obligaciones y derechos que tenemos en esa organización". En "Menem calificó de asesinos a los golpistas haitianos", *La Nación*, Buenos Aires, 5-X-1992.

[45] Discurso del Presidente de la República de Venezuela, Rómulo Betancourt, ante el Consejo de la OEA, el 20 de febrero de 1963. "Queremos encabezar una respuesta regional", en *La Nación*, Buenos Aires, 7-X-1991, 2. La Doctrina Betancourt establece "que debe negarse reconocimiento diplomático a las Juntas o Jefes de Estado autoelectos, después de ser abatido por la fuerza un orden de cosas político de origen comicial [...]".

[46] Entrevista realizada por *Jornal da Tarde* al Ministro de Relaciones Exteriores de Brasil, Francisco Rezek. En *La Nación*, Buenos Aires, 20-III-1991.

te a golpes de estado registra un antecedente en la sugerencia realizada a países del Cono Sur en los primeros días de marzo de 1991.[47] El gobierno realiza una presentación formal en la OEA a través de Hernán Patento Meyer, proponiendo una modificación en la Carta que contemple contar con fuerzas de paz a fin de defender la democracia.[48] Al año siguiente, también ante una iniciativa argentina, la OEA decide suspender a los gobiernos de los países miembros que surjan de golpes de estado.[49]

Pero la Argentina también participa de las sesiones del Consejo de Seguridad en carácter de miembro no permanente durante el período 1994-1995.[50] Desde allí, el delegado ante aquel organismo, Emilio J. Cárdenas, continuará con los argumentos esgrimidos desde la OEA para dar solución a la crisis de Haití.

El 31 de julio de 1993, el Consejo de Seguridad de las Naciones Unidas decide acudir al uso de la fuerza en Haití y, de esta manera, allana el camino para una invasión encabezada por Estados Unidos con la intención de reinstalar en el poder al derrocado Jean Bertrand Aristide. La resolución, auspiciada por Estados Unidos, Canadá, Francia y la Argentina, es aprobada por doce votos a favor, ninguno en contra, y tiene la abstención de Brasil y China. Mientras tanto, países latinoamericanos como México, Uruguay, Venezuela y Cuba, aunque no participan del Consejo, cuestionan la intervención. La Argentina y el gobierno derrocado de Haití se constituyen así en los únicos países que respaldan la propuesta.[51]

En la 3376ª sesión del Consejo de Seguridad del 6 de mayo de 1994, Emilio J. Cárdenas señala que: "La tragedia de Haití, por su dimensión, excede a sus fronteras. Ya la comunidad internacional no acepta que la violación grave y sistemática de los derechos hu-

[47] México se opone a la militarización de la OEA.

[48] *El Cronista Comercial*, Buenos Aires, 12-XII-1992.

[49] La propuesta argentina tiene treinta votos a favor, un voto contrario (México) y dos abstenciones (Bahamas y Trinidad Tobago). Cuando se le pregunta el motivo por el cual México ha votado en contra, Di Tella responde que ese país sostiene "en soledad" que la propuesta constituye una intervención en asuntos internos de otros Estados.

[50] Guido Di Tella, "El renacer de las Naciones Unidas", en *Archivos del Presente. Revista latinoamericana de temas internacionales* 1, Año 1 (1995): 20. Sobre la participación argentina en fuerzas de paz, consultar: Estanislao Zawels, "La Argentina y las operaciones de mantenimiento de la paz", en *Contribuciones argentinas a las Naciones Unidas*, Buenos Aires, Comisión Nacional de la República Argentina para el 50° aniversario de las Naciones Unidas, 1995.

[51] "Autorizó la UN usar la fuerza contra Haití", *La Nación*, 1-VIII-1994, 1.

manos en el territorio de un estado nacional sea simplemente un asunto de su exclusiva incumbencia".[52] El mismo Cárdenas amplía estos conceptos en la sesión correspondiente al 31 de julio. En aquella ocasión afirma que "Este Consejo de Seguridad tiene bien claro que la solución de la crisis haitiana pasa por la restauración del régimen democrático. Esto, en rigor, supone tanto respetar y respaldar la soberanía del pueblo de Haití, que fuera avasallada y usurpada por quienes hoy detentan ilegítimamente el poder en ese país, como también poner término a una crisis humanitaria de proporciones en un mundo abierto, en la que este Consejo consideraba que hay un nivel de atrocidades que ya no puede esconderse detrás de una frontera".[53]

A diferencia de lo que ocurriera ante la crisis de Guatemala, se asiste a la colaboración entre las Naciones Unidas y la OEA a través de una gestión compartida que llega a organizar Operaciones de Mantenimiento de Paz. La Argentina, ahora, no sólo vota favorablemente por la intervención en el ámbito de un estado, también colabora en dichas operaciones a través de sus Fuerzas Armadas. En este sentido, el gobierno trata de evitar que las medidas implementadas en Haití afecten a quienes se hallan en las peores condiciones humanitarias. Para ello se organiza, en estrecha cooperación con la Organización Panamericana de la Salud, un régimen de excepción a la prohibición general de importación de combustibles, a fin de posibilitar la coordinación de la asistencia de las organizaciones internacionales, gubernamentales y no-gubernamentales. En el mismo sentido, las sanciones financieras y las referidas a los visados se personalizan, de modo de dirigirlas efectivamente contra quienes aparecen como los responsables reales de no cumplir con los compromisos asumidos con la ONU.

Los buques de la Armada cooperan con la Fuerza Multinacional que –en cumplimiento del mandato de la ONU– desplaza a la dictadura militar del poder.[54]

[52] Naciones Unidas, Consejo de Seguridad, Cuadragésimo Año, 3376ª sesión, Nueva York, 6.

[53] Naciones Unidas, Consejo de Seguridad, Cuadragésimo Año, 3413ª sesión, Nueva York, 18-19.

[54] Emilio J. Cárdenas, "La República Argentina en el Nuevo Consejo de Seguridad", en *Archivos del Presente. Revista Latinoamericana de temas internacionales* 2, Año 1 (1995): 85-86.

En 1994, la Gendarmería colabora en el cierre de la frontera de Haití con la República Dominicana a través del Grupo Multinacional de Observadores (MOG). Desde octubre de 1993 y hasta octubre de 1994, los buques de la Armada cooperan con los de otros países con el propósito de asegurar el cumplimiento del embargo comercial, dispuesto por el Consejo de Seguridad, por medio de las corbetas ARA Grandville, ARA Guerrico y ARA Drummond.

Desde el 25 de septiembre de 1994, la Argentina también participa de la Fuerza Multinacional (MNF), autorizada por la resolución 940 del Consejo de Seguridad, para lo cual proporciona una unidad de 107 policías civiles de la Gendarmería Nacional. Interviene primero para asegurar que la resolución que la aprueba incluya toda una novedosa serie de garantías, aceptadas por el Consejo, para delimitar el accionar: la especificidad del respectivo mandato, la determinación de un límite temporal para la operación y la presencia de observadores de la ONU que –junto a la Fuerza Multinacional– aseguren el respeto a los derechos humanos de la población haitiana. Posteriormente, participa con efectivos de la Gendarmería Nacional y con un avión de la Fuerza Aérea Argentina en la Operación para el Mantenimiento de la Paz.

A partir del 1 de abril de 1994, fecha de traspaso de la operación de la Fuerza Multinacional a la Misión de las Naciones Unidas en Haití (UNMIH), la Argentina participa por medio de una unidad de 101 efectivos de la Gendarmería Nacional. En septiembre, la mencionada unidad se ve reducida, por razones presupuestarias, a 45 integrantes. Asimismo, se envía un avión Fokker F-27 con 15 efectivos.[55]

La colaboración con las OMP se reitera también en Kuwait, Chipre, Croacia, Bosnia-Herzegovina, Angola, Camboya, Ruanda, el Medio Oriente, Sahara Occidental, El Salvador y Guatemala. El apoyo a la ONU, considerada escenario central de la política exterior argentina, se constituye en un instrumento de diálogo y acercamiento con las grandes potencias, especialmente con Estados Unidos.[56] Sin embargo, el compromiso con los organismos inter-

[55] Debido a que las pistas de aterrizaje en UNMIH no son adecuadas para este tipo de aeronaves, aquélla sufre un incidente que motiva su regreso a la Argentina.

[56] Emilio J. Cárdenas, "Las relaciones Argentina-Estados Unidos en el marco de las Naciones Unidas", en CARI, Consejo Argentino para las Relaciones Internacionales; *Argentina y EE. UU. Fundamentos de una nueva alianza*, Asociación de Bancos de la República Argentina, 1997, 280.

nacionales, respondiendo a una tradición histórica argentina, crítica a los móviles hegemónicos de Estados Unidos, se expresa a través de ciertos agentes de la política exterior. Emilio Cárdenas sostiene que el aval a tales organismos también representa una manera de contrarrestar los intereses de las grandes potencias. Si las cuestiones atinentes a la paz y seguridad internacionales son resueltas fuera de las instituciones abocadas a esa tarea, se corre el riesgo de permitir el triunfo de los más fuertes, quienes ocuparán el espacio reservado a la comunidad internacional organizada. De manera que el derecho de ingerencia también es entendido como una vía a través de la cual defender el propio principio de soberanía y autodeterminación de los pueblos.

No obstante, la posición oficial argentina ante la crisis de Haití, al igual que ocurriera cincuenta años antes, guarda una estrecha relación con la naturaleza de las relaciones entabladas con Estados Unidos y América Latina. Emilio Cárdenas sostiene que durante la administración menemista, éstas atraviesan un momento particularmente propicio. En su opinión, prueba de ello ha sido, por ejemplo, el papel protagónico del país en los esfuerzos por restaurar la democracia en Haití. Por su parte, Carlos Escudé, un intelectual, por entonces asesor del ministro Di Tella, que adscribe y acompaña los lineamientos de la política exterior del gobierno de Carlos S. Menem, señala en 1994 que la intervención militar argentina en Haití constituye una demostración del alineamiento con Estados Unidos.[57] Según Escudé, la Argentina se halla "desarmada" frente a Chile e Inglaterra. Las relaciones políticas con Chile son excelentes, pero el poder detrás del trono allí sigue estando en manos de los militares, que son antiargentinos porque (al igual que los militares argentinos) han sido adoctrinados para percibir al estado trasandino como su enemigo y porque, además, el colapso del poder militar registrado en la Argentina les resulta repulsivo. Por otra parte, con la guerra de Malvinas la Argentina supo conseguirse un enemigo peligroso en Gran Bretaña. De ahí que, para Escudé, la alianza político-militar con Estados Unidos, desde una perspectiva geopolítica, sea crucial para la Argentina, y de ahí también la conveniencia de acompañar a aquel país en Haití.[58] Tiempo más tarde,

[57] La intervención argentina en la Guerra del Golfo Pérsico constituyó la primera manifestación en ese sentido, y que además representó una ruptura con la tradicional neutralidad.

[58] Carlos Escudé, "Hay que ir a Haití", en *Clarín*, Buenos Aires, 4-VIII-1994, 23.

el compromiso con Estados Unidos y el llamado "alineamiento automático" se pondrá de manifiesto en el ingreso de la Argentina como miembro extra-OTAN, en 1997, cuestionado por gran parte de la comunidad latinoamericana.

La presencia de observadores de la ONU y la OEA y la cooperación de Estados Unidos y la Unión Europea, entre otros, obtienen algunos logros en Haití, como la reducción de las violaciones de los derechos humanos, pero los esfuerzos son impotentes para detener los crecientes síntomas de crisis absoluta. En el año 2000 se alerta sobre la manipulación en los resultados de los comicios presidenciales. Dos años más tarde, desde la comunidad internacional, se denuncia a Aristide como un mandatario ilegítimo y, principalmente desde Estados Unidos, se presiona para que Haití se inicie en el camino de la democracia y de reformas económicas necesarias para garantizar su estabilidad económica. Nuevamente, se conjugan las limitaciones de los organismos internacionales y la presión de Washington en Centroamérica.

Consideraciones finales

Durante los años 50, en un mundo anárquico, amenazado por las pruebas de fuerza, la seguridad se hallaba asociada a la defensa militar de los territorios y las fronteras estatales. Se trataba de una época en la cual los Estados se constituían en los principales actores de un sistema internacional regido por políticas de poder. El principio de soberanía y autodeterminación de los pueblos adquiría una importancia capital para aquellos Estados que, independientes o en vías de serlo, se consideraban amenazados por las políticas emprendidas por Estados Unidos y la URSS. En este orden, los organismos internacionales pretendían representar un compromiso entre el principio de igualdad entre los Estados y la realidad del poder. Pero estos instrumentos del Derecho Internacional, en las creencias de ciertos actores, fueron interpretados como la manifestación de políticas de las grandes potencias, como "el cúmulo de recursos o capacidades de que dispone un estado y otros actores internacionales para conducir sus relaciones con otros actores y hacer que éstos se adapten a sus intereses".[59]

[59] Luciano Tomassini, *Teoría y práctica de la política internacional*, Santiago, 328.

En este marco histórico, desde el "paradigma tradicional", Perón percibió un sistema internacional anárquico dominado por los anhelos hegemónicos de Estados Unidos y la Unión Soviética. Las condiciones de paz y seguridad debían ser provistas por los organismos internacionales y, fundamentalmente, la ONU. La OEA constituía un instrumento que podía ser utilizado por Estados Unidos para realizar sus móviles de hegemonía hemisférica. No existía, por lo tanto, una autoridad suprema capaz de imponer un orden jurídico mundial. De ahí que el interés nacional fuera entendido como la exigencia de seguridad propia, vinculada ésta al principio de soberanía política, la autodeterminación de los pueblos y el rechazo al principio de intervención.

La Tercera Posición, definida como una doctrina independiente, alejada de los extremismos y defensora de un capitalismo humanizado, buscaba lograr prestigio en Latinoamérica, disponer de la libertad necesaria en la conducción de la política exterior y permitir el acercamiento a los Estados Unidos a través de su compromiso con Occidente en la causa de la Guerra Fría. Era claro que si bien el sistema era de naturaleza bipolar en términos estratégicos y políticos, desde un punto de vista económico existía una clara potencia hegemónica. De manera que el intento por lograr el desarrollo del país a partir del principio de independencia económica, según las pautas de un capitalismo nacional humanizado, sólo podía llevarse adelante aceptando el liderazgo de Washington, con quien compartía el anticomunismo.

Hacia 1954, Perón había abandonado la intransigencia del principio de independencia económica para aproximarse más a Estados Unidos y atraer sus capitales a la Argentina. Sin embargo, ello no impidió que continuara asumiendo una posición autónoma cuando se vieran afectados los intereses del país o sólo se tratara de los intereses exclusivos de Washington. La postura adoptada ante Guatemala constituía un ejemplo de ello. La Argentina se abstuvo al votarse la declaración anticomunista que se pensaba aplicar contra Guatemala y, más tarde, en ocasión de tratarse la posibilidad de una reunión de consulta, se abstuvo nuevamente y manifestó su oposición al diferimiento, cuando la amenaza comunista había pasado y no parecía necesario investigar los hechos ocurridos en Guatemala.

Desde el punto de vista económico, esta crisis sirvió a la administración peronista para señalar los intereses de la Argentina y de América Latina al plantear la necesidad de que Estados Unidos fuera solidario con aquella región, no para protegerla de una supuesta amenaza extracontinental, sino para evitar que sus pueblos optaran por el comunismo en la búsqueda del bienestar deseado. Su postura encontraba fundamentos en la necesidad de asegurar un Estado guiado, al menos nominalmente, por los principios de la independencia económica, la justicia social y la soberanía política, pero también hallaba su explicación en la intención de lograr apoyo en el ámbito de la sociedad civil y prestigio dentro del contexto latinoamericano como país contrario a los intentos hegemónicos estadounidenses en el continente. En el mismo sentido ha de interpretarse la preeminencia otorgada a la ONU sobre la OEA. Ello no impidió que en la crisis de Guatemala se pusiera de manifiesto la adscripción ideológica del peronismo, más cerca al gobierno de Washington, y el compromiso en su lucha contra la infiltración comunista.

En los años 90, ante la crisis de Haití, el bipolarismo llega a su fin con la caída del comunismo en la URSS y cede paso a un orden multipolar liderado por Estados Unidos. En el sistema internacional dominan los principios de interdependencia e integración. Si bien los estados continúan siendo actores importantes, los organismos internacionales asumen un nuevo protagonismo debido a la resignificación tanto de las amenazas que se ciernen sobre los estados como de los principios de soberanía, autodeterminación de los pueblos y derecho de intervención.

Desde el "paradigma de la sociedad mundial", el idealismo pragmático propuesto por Menem se plantea en un mundo que, según su percepción, se encuentra ante la existencia de un sistema multipolar dominado por Estados Unidos, la democracia, el liberalismo y el triunfo de la razón sobre la fuerza, en donde la ONU parece finalmente asegurar el respeto a un orden jurídico mundial. Percibe, además, la existencia de una aldea global, donde la interdependencia y la integración son principios fundamentales, en la que los países se enfrentan con oportunidades y desafíos comunes. Desaparece el interés nacional asociado a la necesidad de seguridad en un mundo anárquico y, por el contrario, se constituye en sinónimo de bienestar sólo alcanzable a través de la integración supranacional, en donde las fronteras ya no actúan como barreras entre los Estados sino como formas de integración. De acuerdo a tales percepciones, Menem, que ha transformado al Estado de acuerdo a los principios del neoliberalismo, propone la reinserción económica de la Argentina y, en la búsqueda de esa reinserción, acepta participar dentro de la comunidad mundial para hacer frente a los desafíos y oportunidades que ésta ofrece, propiciando el alineamiento con Estados Unidos, consciente de la marginalidad de la Argentina en el contexto internacional. El respaldo dado a la OEA constituye una manifestación del compromiso con todo el continente americano.

El contexto internacional y las necesidades del país en el área de la política exterior explican, entonces, la interpretación que se da a los conceptos de seguridad, estado, soberanía y derecho de intervención. De ahí, una postura decididamente intervencionista ante la crisis de Haití. Se trata de demostrar el alineamiento con Estados Unidos, claramente expresado en el respaldo dado a los organismos internacionales, necesario para la recuperación económica del país y para su desarrollo integral, aun cuando dentro de las propias filas gubernamentales no exista consenso absoluto y aun cuando actúe en soledad dentro del ámbito de los estados latinoamericanos. La intervención en Haití, por último, asegura también la inserción de las Fuerzas Armadas en la vida institucional argentina y tiene como propósito promover su prestigio interno y externo,[60] en momentos en que la misma se ve aún cuestionada por su accionar político, fundamentalmente durante el Proceso de Reorganización Nacional.

Por lo expuesto, ambos paradigmas responden fundamentalmente a los contextos internacionales dentro de los cuales se implementa la política exterior. Desde ambos, se intenta reinsertar al país en el sistema internacional. Sin embargo, mientras Perón busca la confiabilidad política necesaria para llevar adelante sus propuestas económicas basadas en la independencia, justicia y soberanía frente a las amenazas del orden bipolar, Menem busca la confiabilidad político-económica necesaria para incorporarse a una aldea global dominada por Estados Unidos. Pero son las palabras de Menem las que brindan la síntesis final:

> "El pragmatismo es una condición necesaria de la conducción política porque es la única posibilidad que tenemos de concretar aquello que creemos justo y necesario para nuestro pueblo y para nuestra Nación. La Tercera Posición nunca se definió como el antagonismo

[60] Guido di Tella, "El renacer de las Naciones Unidas", 19.

> con ningún país o potencia internacional, sino como el desafío por consolidar la propia identidad y el propio poder en el marco de una situación internacional caracterizada por la competencia de dos superpotencias absolutamente hegemónicas. Esa filosofía o doctrina de la Tercera Posición, por ejemplo, no fue obstáculo en el momento de mayor despliegue del poder peronista, para que el General planteara explícitamente la posibilidad de una alianza con los Estados Unidos".[61]

Sin embargo, ambos paradigmas dejan un interrogante: los costos y beneficios que significan para la Argentina. En ambas crisis, el país toma participación activa en el ámbito de los organismos internacionales, en los cuales Estados Unidos desempeña un rol tutelar. La misión de salvaguardar la "estabilidad" de Guatemala y Haití no responde a las expectativas planteadas al momento de optar por la intervención. Y la Argentina, en ambos casos, no responde plenamente a los intereses de los Estados latinoamericanos, sino a intereses que considera propios y que se hallan asociados a un sistema internacional dominado por los intereses de Estados Unidos, subsumiéndose, de ese modo, en las propias limitaciones de un sistema que no trae la recomposición de un orden político-institucional. El panorama que se presenta en Guatemala y Haití, tras sus respectivas intervenciones, constituye una prueba de tales limitaciones.

[61] "Del aislamiento a la conexión. Conversaciones con Carlos S. Menem", en *Actualización Política* 5, Año 1 (1992): 7- 9.

Esta obra se terminó de imprimir en los talleres Gráficos
de ***Mac Tomas,*** Murguiondo 2160,
ciudad de Buenos Aires, Argentina.
En el mes de Abril de 2005.